AMERICA

Romain Sardou

AMERICA

tome 1

La Treizième Colonie

roman

XO
EDITIONS

ISBN : 978-2-84563-468-8

À Francesca

One, driven by strong benevolence of soul,
Shall fly, like Oglethorpe, from pole to pole.

Celui-là, porté par une belle âme désintéressée,
Volera, comme Oglethorpe, pour une grande odyssée.

Alexander POPE
Satires et Épîtres imitées d'Horace

Première partie

Des terres nouvelles 1688-1712

1688

Le jeune Indien pouvait avoir entre treize et quinze ans, les yeux noirs, basané de peau, les cheveux noués en fines tresses tirées vers la nuque, dégagés aux oreilles, torse nu.

De discrets tatouages de griffes d'ours étaient piqués à la naissance de son cou ; motifs qui, suivant l'usage de la tribu des Yeohs, l'élevaient au-delà de l'enfance mais pas encore dans l'âge d'homme.

Sans un bruit, le jeune chasseur s'était extrait de la forêt de *red cedar* et de pins géants qui dominait les rives du Sawanwaki. Les eaux du fleuve commençaient à miroiter au soleil ; le matin sentait la résine et les relents fades des marécages tropicaux ; c'était l'heure de tous les attroupements et des attaques éclairs.

L'Indien se retourna pour savoir s'il avait été suivi : son frère et ses trois compagnons yeohs, partis à l'aube pister les hardes de daims et terminer les lots de peaux destinés aux Blancs, avaient disparu.

Les semer avait été un jeu d'enfant.

Le jeune archer appuya son arme et son carquois contre le tronc mince d'un genévrier. Il resta un moment à contempler le fleuve : tout un système d'îlots effilés était né en son milieu. Peu d'adultes yeohs osaient s'aventurer à la nage avec autant d'aplomb que lui : le garçon plongea dans les eaux du Sawanwaki pour franchir les cent brasses qui le séparaient de l'une des îles désertes.

L'étroit rivage atteint, l'Indien l'arpenta, évalua l'épaisseur de son bois, la qualité des arbres, sonda le sol pour savoir s'il supporterait des cultures.

L'îlot était le plus considérable, par son étendue – six cents mètres de large sur deux kilomètres de long – et par son élévation, quatre à cinq pieds au-dessus de l'étiage moyen du Sawanwaki ; formant un arc de lune, il était mêlé de broussailles, couvert de pins, d'érables et de noyers noirs. Nulle part ne se lisait le moindre vestige de présence humaine.

Le garçon ressentit une bouffée d'ivresse à se savoir seul au monde.

Son inclination à la solitude, sa tendresse grandissante pour les lieux reculés inquiétaient ses frères indiens. Ce jeune homme ne s'imaginait aucune voie de salut auprès des siens.

Certes il était le fils du *mico*, le chef de la tribu des Yeohs, mais cela ne lui donnait pas le droit à l'éligibilité royale ; en outre, il n'avait jamais réussi à s'intéresser aux enseignements des chamans qui auraient pu, s'il avait été doué et adoubé, l'élever au-dessus du simple destin de chasseur (ou alors, pour conserver une chance de briller, il eût fallu que les querelles des Yeohs avec la nation des Yamasees en finissent par la guerre, ce que le garçon n'allait pas jusqu'à espérer). Pas davantage souhaitait-il se rendre utile en apprenant les dialectes des hommes blancs.

Les sages de son village s'étaient entendus sur son cas : il succombait à un démon rusé, soit un Tlanuwa soit un Uktena, qui se distrait en rendant les jeunes adolescents indisciplinés et fiers.

En réalité, le vague à l'âme du garçon avait été causé, l'année auparavant, par la découverte d'un nouveau campement d'Écossais dressé à l'embouchure du Sawanwaki, sur l'île nommée Tybee, « sel », par les Yeohs, car les eaux du fleuve, mariées au bleu et au vert de l'océan, y devenaient saumâtres.

Une seule famille logeait là : un Blanc natif de la péninsule des Rhins de Galloway, sa femme de sang-mêlé, mi-écossaise mi-cherokee, et leurs enfants, un garçon âgé de six ans et deux fillettes plus jeunes.

Les contacts entre les Yeohs et ces anciens habitants de l'éphémère colonie de Stuart Town furent d'emblée cordiaux ; alors qu'il revendiquait la possession de son île d'après une lettre patente signée des Lords Propriétaires de la Caroline, l'Écossais insista pour « dédommager » les Yeohs et leur acheter cette parcelle de terre en échange de colliers, de ceintures et de beaux draps anglais.

Les Indiens lui demandèrent les raisons de son établissement si loin des forts et des villes de sa province de Caroline :

— Ma maison a été incendiée par les Espagnols, mes compatriotes sont morts ou enfuis. Aujourd'hui j'aspire à vivre dans la paix, à nourrir ma famille par mon travail, sans rien devoir à personne, sinon à Dieu.

Les Indiens le jugèrent fou :

— L'animal qui se dissocie de son troupeau, les chasseurs l'exécutent le premier ! lui répondirent-ils. Mauvais pour une bête, mauvais pour un homme !

Seul le jeune Indien comprit les motivations de l'Écossais ; dès lors, insidieusement, il ne cessa plus de l'envier.

Lui aussi voulait quitter sa tribu, élire une compagne, se retirer en marge des villages, ignorer leurs chicanes et le commerce avec les Blancs, fonder une famille, assurer ses besoins et vivre en paix.

Depuis plusieurs mois, il avait décidé que cette île sur le Sawanwaki constituerait un asile sûr et tranquille pour sa femme et ses enfants. Le fleuve abondait en poissons, la baie permettrait de se repaître d'huîtres, le gibier d'eau ne manquerait en aucune saison, enfin l'onde des grandes marées se faisait sentir jusqu'ici et il arrivait que le sens du courant du Sawanwaki se renverse de curieuse façon, avec des tourbillons fatals, rendant le site inexpugnable.

Au nord se dressait une ville de Blancs, Charles Town, fondée depuis une vingtaine d'années par les Anglais, peuplée d'un peu moins de deux cents colons et nommée d'après leur roi, ou leur dieu, le jeune Indien l'ignorait.

Au midi, plus lointaine, se situait Saint-Augustin, ville espagnole de la Floride où stationnait une importante garnison de soldats.

Les Français, eux, progressaient le long de la vallée du Mississippi, au-delà de la chaîne appalachienne où le Sawanwaki prenait sa source.

La conviction du jeune Indien était que son île était assez distante des Blancs, et écartée des nations indiennes comme les Bas-Creeks et les Apalachees, toutes trop belliqueuses à son goût.

De mémoire d'Ancien, elle n'avait jamais porté de nom. Le garçon laissa son regard errer un moment puis décida, solennellement, de lui décerner le sien.

— Ceci est l'île de Tomoguichi, dit-il, et le Grand-Esprit veillera à ce qu'elle le demeure à jamais.

Au plus haut de sa rêverie, l'Indien entendit un claquement percer les airs ; il n'eut pas le temps de comprendre ce qui arrivait, une seconde détonation percuta à ses oreilles et il s'effondra.

Le ciel bleu, les reflets du Sawanwaki, les oiseaux qui se dispersaient, les pins, son île : le monde entier disparut.

Un Blanc apparut sur la rive septentrionale du fleuve.

Grand, bâti en force, il comptait une quarantaine d'années, le bas du visage plat et mangé par une barbe épaisse, les cheveux noirs hirsutes. Il tenait un mousquet entre les mains. Son nom était John Lamar. Il possédait seize mille acres de terre au nord du Sawanwaki. Derrière lui, dissimulés entre les serpentaires, se relevaient timidement son fils de seize ans, Thomas Lamar, et Pat Caldwallader, un interprète de Charles Town.

John Lamar se félicita de son coup d'adresse. Il examina le mousquet fumant, un mécanisme à percussion anglais sur canon espagnol :

— Ces armes nouvelles sont de tout premier ordre. Il faudra s'en entretenir avec les lords de la colonie.

Cela dit, il lança le mousquet dans le fleuve, ainsi que celui avec lequel il avait fait feu la première fois, au grand dam de l'interprète qui voyait une fortune disparaître.

— Pas de traces, décréta John Lamar. Ils sont rusés, pas vrai.

Il considéra les alentours.

— Toujours personne. Allons voir.

Le groupe de trois Anglais était accompagné d'un âne tirant un travois chargé d'outils divers.

John Lamar résolut de franchir le Sawanwaki jusqu'à l'île de Tomoguichi à l'aide d'un vieux pin échoué sur les hauts-fonds. Il ordonna à son fils de mettre en joue trois alligators qui se tenaient à proximité et de l'attendre sur la rive.

— Si ces têtes plates s'agitent, tu ouvres le feu.

Le jeune Thomas, grand et maigriot, les épaules serrées, coinça la crosse sous son menton, visa les animaux, le canon du mousquet appuyé sur une fourche de bois.

Lamar et l'interprète atteignirent péniblement la dépouille de Tomoguichi.

La balle de plomb l'avait atteint au flanc gauche, lui enfonçant des côtes et perforant le cœur.

— Ça vous inspire quelque chose, cet accoutrement et ces tatouages ? demanda Lamar penché au-dessus de sa victime.

— La coiffure montre qu'il s'agit bien d'un Yeoh, dit Pat Caldwallader, comme je vous l'ai annoncé sitôt son apparition. Les oreilles sont dégagées pour favoriser le tir à l'arc : c'est un chasseur.

Il effleura les tatouages au bas de son cou :

— Les griffes d'ours tournées vers le haut révèlent qu'il est lié à la famille royale de son clan.

— Bien. Très bien.

En dépit de l'enjouement de Lamar, l'interprète porta des regards inquiets en direction de la rive méridionale.

— Pourvu que personne ne nous ait vus. Ou entendus.

— Le garçon était seul. Il cherchait à être seul, cela se sentait. Allons, ne traînons pas.

John Lamar bascula le corps de Tomoguichi sur ses épaules et retraversa le Sawanwaki avec l'interprète.

Il alourdit son âne du poids du mort.

— Où se situe-t-elle, cette tribu de Yeohs ? demanda-t-il.

— À une bonne heure de marche en amont du fleuve. Elle ne compte qu'une centaine de membres et guère plus de huit guerriers.

— Rendons-nous-y.

Les trois Anglais remontèrent le Sawanwaki.

L'interprète expliqua que le fleuve devait son nom à une tribu, les Shawnees ; ce qui avait donné le Savannah en faveur chez les Anglais de la province de Caroline.

Lorsque le trio de Blancs arriva au village des Yeohs planté sur une éminence qui dominait le fleuve, tous les hommes de la tribu se tenaient auprès de leur grand chef, Squambô, prêts à le défendre.

Debout sur une estrade, Squambô avait une petite cinquantaine d'années, le torse à la peau brune noirci de lignes de tatouage, les épaules recouvertes d'une peau d'ours, la chevelure identique à celle de Tomoguichi, mais avec des tresses plus élaborées.

Une vingtaine de huttes constituaient son village, chacune pouvant abriter une quinzaine de personnes. Non loin des habitations s'étendaient deux parcelles labourées : l'une servait à la culture entremêlée du maïs, des courges et des haricots, l'autre était en friche, jonchée de chaume.

John Lamar compta une dizaine d'établis souillés de moisissures sur lesquels les chairs des animaux dépecés étaient râclées, avant d'être fumées et serrées dans des lots.

John Lamar avança vers le chef.

À mi-voix, l'interprète le mit en garde contre les Yeohs :

— Ils sont fort habiles à reproduire les bruits de la nature, leur oreille est d'une finesse inouïe ; ils apprennent nettement plus vite les rudiments de notre anglais que nous leur dialecte muskogee, sans rien en laisser paraître. Tenez votre langue…

L'échange rituel de salutations s'effectua entre Squambô et Lamar.

Pour faire reconnaître ses intentions pacifiques, l'Anglais mit son mousquet à terre, ainsi que la bourse en peau de serpent où il rangeait sa poudre et ses balles de plomb.

De son côté, le grand chef des Yeohs ordonna que l'on dépose sur le sol, en gage similaire de paix, une longue flèche empennée dotée d'une pointe de cuivre.

Lamar s'exprima, traduit par Caldwallader :

— En venant jusqu'ici, nous avons découvert le cadavre de l'un des vôtres.

Tout le monde avait reconnu le jeune Tomoguichi. Le chef, dont c'était l'un des fils, ne réagit pas. John Lamar eut un geste qui surprit, alors que les frères de Tomoguichi s'apprêtaient à emporter sa dépouille :

— Attendez.

Il sortit un couteau et se pencha sur le mort. Il fit pénétrer la lame dans la plaie ouverte par son coup de feu, fouilla les chairs et ressortit la balle de plomb. En percutant les côtes, elle s'était déformée.

Lamar la saisit et la donna à Squambô :

— Espagnole, fit-il observer. Malgré le démantèlement de leurs missions par les Anglais, leurs troupes continuent d'infester vos terres. Le coup est récent. Ils sont proches.

Il porta la main à son cœur :

— Moi, John Lamar, je vous aiderai à vous protéger d'eux.

Il déclama cela spontanément, persuadé que ce vœu pieux inspirerait aux Indiens un sentiment immédiat de gratitude.

La dignité tranquille du chef resta inchangée. Il se contenta d'étudier la balle.

Depuis l'essor du commerce des armes à feu avec les Indiens, quarante ans auparavant, Lamar savait qu'un chef de tribu se devait de reconnaître les différents types d'armes et de munitions. Il *devait* convenir que cette balle était espagnole, tirée par un mousquet espagnol.

Squambô glissa deux doigts sous son pagne et sortit une autre balle de plomb de sa ceinture en cuir, elle aussi endommagée :

— Il y a trois ans, dit-il, traduit par Caldwallader, l'un des nôtres a été tué de la même manière ; les Espagnols ont rapporté sa dépouille et nous ont montré cette balle, garantissant que c'étaient les nouveaux Anglais de Charles Town qui l'avaient assassiné.

La balle était effectivement anglaise.

— Qui es-tu pour te croire plus malin qu'eux ? questionna le chef indien.

John Lamar cracha un long filet de salive au sol afin de masquer son dépit. Il répondit, d'un ton sentencieux :

— Mon nom est Lamar, et toutes les terres que vous pouvez embrasser du regard au-delà du fleuve, depuis le littoral jusqu'au cours d'eau que vous nommez Ogotochi, sont aujourd'hui miennes. Je les revendique d'après un traité de partage ratifié l'hiver dernier entre les Lords Propriétaires de la Caroline, la tribu des Yamasees et moi-même.

Il produisit un document libellé en anglais et dans la langue muskogee des Yamasees, la plus importante tribu de la région du sud de la Caroline, alliée des Blancs.

Squambô hocha la tête, puis indiqua que ces termes pouvaient être valides ou pas, ils ne le concernaient nullement, sa tribu occupant l'autre rive du fleuve, hors des possessions yamasees.

— Et je ne suis pas venu réclamer de droits sur vos terres, reconnut Lamar. Mais vous proposer un marché.

Originaire de la Barbade d'où il avait débarqué avec un lot d'une cinquantaine d'esclaves noirs, Lamar s'était installé en Caroline depuis deux ans, espérant trouver dans la nouvelle colonie anglaise des terres arables plus vastes que celles, limitées et ruineuses, de son île du sud des Antilles.

— Nous sommes voisins, fit-il posément remarquer à Squambô, plus de cinquante milles de frontière nous sont communes, il importe que nos relations soient saines, fondées sur une confiance réciproque et installées dans la durée. Quelques dispositions, arrêtées pas plus tard qu'aujourd'hui, pourraient y aider.

Squambô contempla le corps de son fils qu'on emportait en direction du wigwam où les rites funéraires allaient être préparés.

— Qu'avez-vous à offrir ? demanda-t-il.

— C'est très simple : pour l'heure, toute ma fortune repose sur les épaules de mes Nègres. Mes terres ne produiront aucun rendement avant plusieurs saisons, il faut abattre des milliers d'arbres, creuser des canaux d'irrigation, éprouver différentes semailles de riz ; mes esclaves me sont indispensables. Seulement, alors même que je m'efforce de leur faire inculquer la vraie religion de Dieu avec l'aide d'un pasteur convié à mes frais, il s'en trouve toujours pour préférer la liberté !

Squambô ne répondit pas. Son père avait été brûlé vif par des missionnaires espagnols qui avaient voulu, eux aussi, sauver son âme en le convertissant.

— Ma proposition est la suivante, reprit Lamar : si un ou plusieurs de mes esclaves venaient à emprunter vos terres pour s'échapper et rejoindre ces Espagnols de la Floride, vos Yeohs les captureraient et me les ramèneraient. Pour chaque tête de nègre vivante, je leur céderai deux tonneaux de rhum, et un tonneau pour une morte. De même, si vous surpreniez des Espagnols propagés trop près de ma rive du Sawanwaki, je vous offrirai six fusils et deux jeux complets de munitions pour chaque information jugée valable à Charles Town.

Il se tourna et montra du doigt le travois de son âne.

— Je vous cède aujourd'hui ce généreux chargement, en gage de ma bonne volonté. Jugez-en !

Pour la première fois, les propos de Lamar parurent intéresser Squambô et ses hommes. Les Yeohs s'emparèrent du chargement et procédèrent à la répartition des biens. L'Anglais leur offrait des perles de verroterie et des articles en toc, tous très en vogue chez les Peaux-Rouges. Mais aussi des paires de ciseaux, des marteaux, des hachettes et une douzaine de mousquets anglais usagés.

Lamar remarqua que Squambô se détourna au premier coup d'œil des bijoux au profit des outils et des armes à feu. Il lui parut moins écervelé que les précédents chefs de tribu rencontrés qui aimaient, plus que tout, se parer de breloques réfléchissant la lumière. De véritables bonnes femmes !

John Lamar désigna les piles de peaux de daim amoncelées dans le village.

— Vendues ?

Squambô acquiesça.

— Nous commerçons depuis huit saisons avec le représentant de l'un de vos lords, Peter Colleton.

— À compter d'aujourd'hui, répliqua John Lamar, je vous achète, moi, l'intégralité de vos toisons de l'année, et je paierai pour chaque lot une velte de rhum de mieux que Peter Colleton !

Squambô accueillit favorablement ce surcroît de prix de ses marchandises.

— Entendez-moi : je paye d'avance !

Les Indiens pensèrent que ce Blanc devait être fou pour payer la peau de bêtes qui n'avaient pas encore été tuées !

— Quel genre de marchand est-ce là ? murmura pour ses amis Taori, le neveu de Squambô, futur *mico* des Yeohs.

Lamar ajouta :

— Encore une chose : si vous détenez des esclaves, je suis preneur. Pour le labeur des champs, personne ne surpasse le Noir, mais quant au transport des marchandises, je me suis laissé dire que les Indiens de ces contrées étaient incomparables.

Squambô lui répondit que les Yeohs n'étant pas des guerriers, ils ne trafiquaient pas la chair humaine ; en revanche, les raids des Shawnees qui vivaient plus au nord étaient très réputés : chez eux, Lamar trouverait en quantité des Westos fugitifs, des Cherokees des montagnes, des Chatots du golfe du Mexique et même des Winyahs du nord de la Caroline et des Appomattox de Virginie offerts au troc contre des biens anglais.

Il fut décidé que Lamar, son fils et l'interprète demeureraient au village jusqu'au lendemain afin de prendre le temps de rédiger en bons termes la transaction entre les Indiens et le nouveau producteur de riz anglais, et de la célébrer.

— Tout va bien, se félicita Lamar.

L'interprète Caldwallader avait toutefois attrapé quelques regards hostiles émanés d'Indiens proches de Squambô.

— Vous n'auriez pas dû abattre ce Yeoh, dit-il. C'était inutile. Ils ne sont pas dupes.

— Bah ! Le Seigneur l'aura voulu. Qu'avait-il à faire sur ma route, ce garçon ? Quant à ces sauvages, j'ai connu des vauriens de Bridgetown qui les duperaient en moins de rien. Tu te laisses aveugler par les dehors grotesques de leur roi. Si nous étions à l'époque biblique, Dieu aurait effacé cette engeance de la face de la Terre depuis des siècles !

— Vous les sous-estimez... Pour moi, je ne fermerai pas l'œil de la nuit : ils seraient bien capables de nous scalper la peau du crâne au moment où nous nous y attendrons le moins.

Les cérémonies d'inhumation de Tomoguichi débutèrent avec le coucher du soleil.

Le chef Squambô partit s'isoler dans un marais sombre et vaporeux où, en tant que chef et mage, il délibérait avec les Esprits. Il revint avec l'ordre intimé par les Esprits de brûler le corps de Tomoguichi sur le feu sacré afin « que son âme eût son content de toutes choses ».

Le bûcher fut dressé. Les hommes de la tribu se couvrirent le visage et le corps de jaune, de rouge et de blanc. Les femmes se parèrent de grelots aux hanches et aux chevilles. On souffla dans des conques et dans des flûtes en os de chevreuil. La cérémonie funèbre s'avéra être, aux yeux des Blancs, autant un acte de deuil qu'une fête rituelle célébrant la délivrance de Tomoguichi et son retour auprès du Grand-Esprit.

Les danses tribales accompagnèrent la crémation, mélange de grâce rythmée et de lutte douloureuse, ponctuées de cris et de battements de tambour. Les corps des danseurs tournaient autour du grand bûcher, colorés et luisants quand on les regardait derrière les flammes, changés en d'inquiétantes silhouettes noires lorsqu'ils passaient devant le brasier.

Insensible à ce spectacle inouï pour un chrétien, John Lamar se contenta de dévorer une oie sauvage ruisselante de gras avec ses doigts et son couteau.

En revanche son fils Thomas, qui l'accompagnait pour la première fois dans ses virées exploratoires auprès des Indiens, tomba sous la fascination du ballet et des invocations des Yeohs.

Le garçon de seize ans, mal venu, long et tout en os, était affligé d'un terrible bégaiement que ses parents ridiculisaient ; cette tare l'embarrassait au point de ne presque jamais ouvrir la bouche. Pourtant sa réserve naturelle sembla s'atténuer au contact des Indiens ; alors que John Lamar et l'interprète refusèrent de boire un breuvage à base de sang de couguar, Tommy l'ingurgita sans faiblir, ce qui fut très bien reçu par les Yeohs.

L'exaltation de la tribu atteignit son point culminant quand une petite brise nocturne se leva. C'était le signe que les Esprits venaient emporter l'âme libérée de Tomoguichi. Les chants et les danses redoublèrent.

Thomas Lamar se laissa gagner par la frénésie.

Pour la nuit, les trois Blancs se virent attribuer la hutte d'une petite famille. Allongé sur la plate-forme-lit aménagée sur le pourtour des murs, John Lamar ronfla jusqu'au matin. L'interprète, lui, resta agrippé à la crosse de son mousquet et Thomas rêva aux légendes des ancêtres yeohs qui avaient accueilli le retour de l'âme de Tomoguichi.

À l'aube, le contrat entre Lamar et Squambô fut rédigé en anglais et en dialecte muskogee, daté pour le chrétien du jour du mois de l'année, le 15 juillet 1688.

Pour sceller l'acte, Squambô comptait respecter l'usage qui dictait d'offrir en mariage à John Lamar une jeune Indienne de sa tribu, en l'occurrence l'une de ses nombreuses filles.

Rien ne pouvait plus horripiler l'homme de la Barbade.

Depuis son arrivée en Caroline, cette tribu était la cinquième et dernière avec laquelle il devait traiter pour consolider les frontières de son vaste domaine. Il s'était déjà encombré de trois « épouses » indiennes qui offensaient sa morale chrétienne ; sans parler de la colère que l'arrivée de chacune d'elles sous son toit avait déclenché chez sa femme légitime, Mary. Il avait atténué les cas de conscience de cette dernière en lui remettant les Indiennes pour esclaves. Mary Lamar était une dévote qui faisait payer cher aux jeunes femmes leur condition de sauvages.

Agacé, John Lamar conféra avec l'interprète sur les chances de déroger au mariage sans trop offenser les Yeohs, lorsque son fils Thomas prit la parole. Il avait aperçu la jeune et belle Kitgui que Squambô destinait à son père ; petite, timide, avec des hanches bien dessinées, une peau beaucoup plus claire que celle de ses sœurs, d'une rare finesse, et de grands yeux, il la trouva mieux qu'à son goût, il la trouva parfaite, et se proposa de la recevoir pour épouse à sa place.

— Voilà qui résoudrait tout ! dit Caldwallader. Squambô vous sacrifie sa fille, vous lui dévouez votre fils. Cela est presque mieux.

— Soit, décréta Lamar. Mais tu prends en charge cette indigène et ses futurs marmots ! avertit-il Thomas.

— Ou-oui, père.

La proposition séduisit Squambô. Le mariage fut célébré le matin même.

Le chef des Yeohs emmena Thomas et Kitgui aux marais prodigieux pour la cérémonie proprement dite.

Le jeune Blanc, timide et bègue, reproduisit avec assurance les mots et les gestes que lui prescrivait Squambô. Kitgui était parée d'une robe blanche d'écorces de mûrier, les bras et les seins frottés avec du souchet odorant. Afin de témoigner qu'elle serait pour lui une bonne épouse, elle présenta à Thomas un bol de maïs pilé cuit par ses soins. Thomas n'était pas un chasseur, il ne pouvait donc présenter le couguar tué qui prouverait sa valeur, le chef lui permit cependant de donner à Kitgui une pièce de monnaie anglaise : cet argent prouvait qu'il était propre à subvenir aux besoins de son épouse. Squambô lut l'émotion peinte sur le visage du garçon et bénit avec plaisir le jeune couple.

Pendant ce temps, au village, les Indiens se divertissaient avec des cailloux peints et des tiges de roseaux en guise de cartes et de dés. John Lamar, après avoir été vaincu au chunkey et au bonneteau, voulut faire une démonstration de force et d'adresse. Il épaula un des mousquets offerts aux Yeohs et fit valoir sa précision et son temps raccourci de rechargement. Il visa et tira sur une peau de bête tendue à une cinquantaine de mètres. Fier d'avoir atteint sa cible, il invita les Indiens à venir admirer la peau criblée de cinq petits trous.

— Ce n'est pas avec vos arcs que vous infligeriez des ravages pareils !

Taori, le neveu de Squambô, prétendant légitime à la succession, grand Indien musculeux et tatoué, se munit de son arc fétiche, un immense exemplaire en bois de caryer. Il se posta au même endroit que John Lamar, visa la peau tendue et décocha cinq grandes flèches à pointes de cuivre. Le Blanc n'en crut pas ses yeux : l'Indien avait tiré si vite que ses cinq traits se retrouvèrent en l'air en même temps ! Et les cinq atteignirent la cible, la déchiquetant bel et bien, là où les plombs de Lamar n'avaient occasionné que de minces trous.

Thomas et Kitgui revinrent des marais au moment où la tribu des Yeohs se moquait bruyamment de Lamar. Ce dernier, ulcéré, s'écria :

— Tu es marié ? Alors on part ! Je n'en puis plus de cette bande d'indigènes !

La jeune Kitgui parvint à glisser à sa famille et à ses amis qu'elle était soulagée d'avoir échappé au mariage avec le pesant Lamar pour s'allier avec ce jeune fils, sans doute encore mal dégrossi, mais qui lui semblait doux et bon.

Thomas Lamar, lui, était aux anges ; cette expédition chez les Yeohs s'était avérée plus inattendue et propice que prévu.

— Si vous le souhaitez, j'apprendrai l'anglais à votre femme, offrit Caldwallader.

— Non, bégaya Tommy, enseignez-moi plutôt à parler son dialecte.

À midi, les trois Blancs et l'Indienne quittaient le campement, chargés d'offrandes yeohs. Ils franchirent les eaux du Sawanwaki pour retourner vers la colonie anglaise de Caroline : John Lamar, satisfait d'avoir conforté la limite sud de ses terres, Tommy, enjôlé par sa jeune épouse, et Caldwallader, soulagé d'avoir survécu à l'épisode de Tomoguichi, se jurant de ne plus jamais escorter ce bourreur de crâne de Lamar.

Après leur départ, un Conseil se tint au village des Yeohs. Ceux qui s'étaient abstenus de critiquer les choix de Squambô voulaient faire entendre leurs voix :

— Ce Blanc est un fourbe, nous n'aurions jamais dû consentir à passer de traité avec lui.

— Il a tué Tomoguichi et nous le recevons pour allié ?

— Que tu les brûles devant la dépouille de ton fils, voilà ce que le Grand-Esprit attendait de toi, Squambô !

Le chef laissa s'installer un long silence. Il était très respecté de ses hommes ; tous louaient sa sagesse et sa vue qui, disaient-ils, « porte au-delà des illusions ». Il n'était ni menteur, ni cruel, ni despote. Lorsqu'il s'emportait, on le ramenait à la raison sans difficulté ; il se réconciliait toujours avec ceux qu'il avait offensés ; son règne faisait prévaloir l'égalité, au point de ne jamais mépriser l'avis du dernier des frères.

Pour répondre à ses détracteurs, il évoqua le vénéré Passaconaway, chef indien qui, comme lui, reçut l'insigne honneur d'être à la fois chef de tribu et guide spirituel. En dépit de ses nombreux pouvoirs magiques – Passaconaway faisait brûler l'eau, danser les arbres, déplaçait les rochers à distance, se métamorphosait en lance de flammes – il dut reconnaître devant les siens que ses dons ne pouvaient rien contre l'arrivée croissante des Blancs dans la province du Massachusetts : « J'étais aussi ennemi que personne des Anglais à leur arrivée et j'ai tout essayé pour les anéantir, mais je n'y suis pas parvenu ; je vous recommande donc de ne jamais les combattre ni de leur faire la guerre. »

— Le conseil de Passaconaway est sage, dit Squambô. Nous autres Yeohs, nous le suivrons, quoi qu'il nous en coûte. Nous sommes en trop petit nombre pour nous en prendre à un propriétaire blanc. Tuer et brûler John Lamar ? Que croyez-vous qu'il nous serait arrivé ?

Il tira une large bouffée de tabac dans sa pipe d'argile.

— Les Blancs sont comme des enfants. Ils sont ignorants, un rien les exalte, un rien les effraye. Il convient de faire preuve, à leur égard, de la même patience qu'on réserve aux enfants. Il s'indignerait en vain celui qui prend trop à cœur les erreurs et les fautes commises par les petits. Il en va de même pour les Blancs.

— Lorsqu'ils auront « grandi », rétorqua alors Taori, le neveu de Squambô, ne seront-ils pas plus redoutables ? La seule chose que je reconnais volontiers aux enfants, c'est qu'ils sont inoffensifs. Mais les Blancs le resteront-ils ?

Squambô sourit :

— Avec l'âge, les sentiments s'usent, le sang se refroidit, l'homme se révèle moins querelleur. Nous verrons un jour venir à nous l'un de ces Blancs « grandis » : les impairs du passé seront enfouis au fond des mémoires et l'ère de la bonne entente commencera. Tous n'ont pas à cœur de nous assujettir à leurs extravagances et à leurs vices.

Il raviva le souvenir du *mico* Audusta qui, en son temps, avait rencontré un Blanc exemplaire. Ce chef indien conserva un si bon souvenir de leurs entretiens qu'il demanda à être enterré au lieu même de leur premier contact.

— D'autres Blancs comme celui d'Audusta viendront.

— En es-tu si sûr, Squambô ?

Le chef acquiesça et osa même prétendre que cet âge d'or pourrait arriver de son vivant.

Il conclut :

— Consolez-vous. Nous ne sommes pas sans armes contre ce John Lamar. Ainsi que sa mère et sa grand-mère avant elle, ma fille Kitgui est aimée du Grand-Esprit. J'ai vu briller le regard du jeune Blanc : par les beaux sentiments qu'elle saura lui inspirer, elle défendra la cause des Yeohs mieux que nos guerriers. La douceur aussi sait déplacer des montagnes.

Les membres du conseil firent mine de se satisfaire de ses explications, mais Squambô n'était pas dupe. Il savait que des Yeohs, emmenés par Taori, voulaient imiter leurs voisins des montagnes et devenir un village de guerriers. Il interrompit la réunion des sages et préféra rendre visite à sa seconde épouse, la mère de Tomoguichi. La malheureuse avait conservé dans une urne les cendres encore brûlantes de leur jeune fils. Squambô lui prodigua des paroles d'amour et de consolation puis la quitta en emportant l'urne.

Il s'écarta du village et descendit vers le fleuve. Seul, il monta à bord d'une petite pirogue et navigua sur le Sawanwaki en direction du lieu où les Blancs prétendaient avoir retrouvé la dépouille de Tomoguichi.

Le chef indien reconnut le carquois de flèches et le grand arc de son fils appuyés contre le genévrier.

Sur le sable de l'île, les traces de pieds de son jeune fils étaient encore fraîches.

Tomoguichi avait arpenté toute l'île. Que recherchait-il ?

Squambô aperçut une tache noire au sol.

Le sang de Tomoguichi.

Et les empreintes, à ses yeux obscènes, des semelles des Blancs qui avaient piétiné autour.

Muni de l'urne funéraire, il répandit les cendres de son fils sur l'île déserte. Pour l'éternité, ce bout de terre arrosée par les eaux du Sawanwaki serait l'île de Tomoguichi.

Avant de remonter à bord de sa pirogue, le vieil Indien resta un moment debout à la pointe est de l'île, fixant l'horizon.

Enfant, il avait vu apparaître le tout premier navire européen au large de l'embouchure du Sawanwaki. Ses frères et lui l'avaient confondu avec une « île en marche ». Pour eux, le mât était un arbre, les voiles, des nuages blancs, et ses coups de canon, des éclairs et le tonnerre.

Ce n'était qu'un navire français qui fut coulé par deux galions espagnols, mais Squambô se souvenait de l'exaltation qui l'avait saisi ; il n'avait jamais perdu cet espoir de voir un jour un homme blanc providentiel venir de l'est, le cœur pur et la main tendue.

Le soleil était passé de l'autre côté du zénith, dans l'immense vide bleu du ciel. Les animaux s'étaient abrités pour fuir les grandes chaleurs de l'été, les alligators avaient enfoui leurs carapaces dans les eaux grasses ne laissant plus que des yeux inexpressifs aux aguets. L'immensité des terres sauvages comprises entre le fleuve Sawanwaki, celui d'Altamaha et les monts Appalaches ne sortirait de sa torpeur qu'au commencement du soir. Le vieux chef indien sentait l'esprit de son garçon défunt flotter autour de lui ; cette présence augmentait, se densifiait, comme si Tomoguichi allait prendre forme dans l'air brûlant.

En quittant l'île, Squambô promit :

— Je reviendrai, mon fils.

Les Bateman
1691

Toute la nuit des messagers avaient été lancés depuis l'est de l'Irlande afin de couvrir les cinquante lieues qui les séparaient de Dublin, s'arrêtant aux étapes pour se désaltérer mais sans descendre de cheval tant leur message était urgent :

— Hier, près du village d'Aughrim, la dernière armée des Irlandais a affronté celle des Anglais.

— Elle l'a emporté ?

— Non.

— Perdu ?

— Que me chantes-tu de perdre ? Elle a été taillée en pièces ! C'est nous qui sommes perdus...

Les messagers qui parvenaient à pénétrer dans Dublin se précipitaient à l'auberge du *Vieux Norrois*, dernier quartier général des catholiques de la capitale.

L'un des témoins oculaires de la défaite arriva dans un état effroyable. Il était jeune, trempé de boue, maculé de sang. Il fut rassasié et pansé avant de pouvoir prendre la parole. Le jeune homme arracha le haut de son plastron. Ce n'était point un soldat, comme tous l'avaient pensé, mais un diacre.

Il relata la sanglante journée du 12 juillet :

— Tout avait pourtant commencé pour le mieux, fit-il remarquer. Le nouveau général de notre armée, le marquis français de Saint-Ruth, avait fixé la prochaine bataille dans un défilé de marais et de tourbières dominé par une longue crête, haute d'une soixantaine de mètres. Hier, les armées anglaises commandées en chef par le général de Ginkel arrivèrent vers nous au point du jour, sans imaginer ce qui les attendait. Un épais brouillard empêchait de se repérer à plus de vingt pas ; aveugles, trente mille soldats protestants s'approchaient de vingt mille soldats catholiques, sans que rien ne s'entendît nulle part. Les premiers assauts ont tourné à notre avantage : le sang des Anglais débordés s'accumula au bas de la crête jusqu'à recouvrir une nappe d'eau dormante ; nos soldats y plantaient leurs bottes et les désembourbaient avec un affreux bruit de succion. À ce moment, la victoire semblait acquise, Ginkel était prêt à capituler mais la chance lui a souri insolemment : le ronflement de nos canons a cessé d'un coup. Ç'a été la stupeur. Les nouvelles munitions britanniques qu'on nous avait fournies ne correspondaient pas au calibre de nos pièces d'artillerie françaises ! Saint-Ruth, voyant nos artilleurs harcelés, a foncé à leur rescousse, convaincu que ce fait d'armes serait décisif. On l'entendit s'exclamer, en plein galop : « Le jour est à nous ! » Moins d'une minute plus tard, il avait la tête emportée par un boulet ennemi. Le rapport de force s'inversa.

La salle de l'auberge du *Vieux Norrois* était silencieuse ; la trentaine de catholiques présents écoutaient le diacre, comme au supplice.

— Dieu m'est témoin, reprit-il, la nuit seule a sauvé ce qui demeurait de l'infanterie du marquis de Saint-Ruth. Les Anglais ont abandonné, sans sépulture, plus de quatre mille des nôtres, voués à être dévorés par les chiens errants et les corbeaux. Nos rares rescapés se sont retranchés dans la cité de Limerick. Mais la débâcle n'est pas discutable. Ils ne tarderont pas à déposer les armes. Partout, les protestants exultent. Nous sommes vaincus…

Le diacre se signa.

— Pour l'heure, Dieu s'est rangé du côté des réformés.

Pendant qu'il parlait, le clocher de la cathédrale St Patrick se mit à résonner, bientôt suivi par beaucoup d'autres. Les Dublinois protestants fêtaient leur victoire sur les partisans du pape. On entendit des roulements de tambours et des tirs de mousquets.

La défaite d'Aughrim réduisait à néant des années de lutte irlandaise contre l'envahissement de ses terres par son voisin anglais ; résistance doublée d'un combat spirituel : catholiques, les Irlandais refusaient de se convertir au protestantisme de l'occupant.

Parmi les catholiques présents au *Vieux Norrois*, tous stupéfiés par le récit du diacre, se trouvaient Harry et Lilly Bateman.

Lui avait seize ans, elle, dix-neuf. Ce couple, marié depuis la veille selon le rite romain clandestin, était assis à une table d'angle, devant une bouillie de gruau intacte. Bouleversés et inquiets, ils se tenaient la main.

Dans la salle, un homme se leva : l'évêque Wight Oglethorpe, le prélat qui avait uni Harry et Lilly. Un vêtement usé de batelier remplaçait ses effets sacerdotaux.

Âgé de quarante-cinq ans, les cheveux déjà gris, les yeux cernés de jaune, creusés par la fatigue, bien que né anglais, Wight Oglethorpe incarnait la haute conscience de l'Irlande catholique. Grand résistant, pourchassé par les parlementaires protestants, il était en France l'ami de Bossuet, en Angleterre l'intime des Stuart fidèles au pape, en Amérique le confident de William Penn.

— Un navire attend dans la rade de Ringsend, annonça-t-il ; le *Bucentaure*. Son équipage est des nôtres, il appareille ce midi pour Nantes. Tâchez de monter à son bord, à n'importe quel prix !

Avant la fuite, les catholiques déposèrent des baisers sur ses mains.

— Séparez-vous de vos crucifix, leur dit-il, faites disparaître vos effigies de la Vierge et des saints. Rien ne doit trahir votre appartenance à notre église romaine !

Dehors les manifestations de joie s'intensifiaient.

Les catholiques d'Irlande ne craignaient rien moins qu'une nouvelle Saint-Barthélemy, mais une Barthélemy *à l'envers*, où les protestants, assoiffés de revanche, massacreraient les papistes sur leur sol comme eux-mêmes avaient été massacrés à Paris, sans aucune pitié. La déconfiture de l'armée de Saint-Ruth pouvait légitimement pousser les protestants de Dublin à commettre l'irréparable.

La porte de l'auberge s'ouvrit et un gamin de onze ans, fils d'un veloutier partisan de la papauté, entra. Il s'écria :

— Des Anglais s'arment de torches et parlent de réduire le *Vieux Norrois* en cendres !

Au milieu de l'affolement, Harry et Lilly Bateman, toujours assis, étaient les seuls à montrer du calme. Leur jeunesse leur donnait davantage l'air d'être une sœur et un frère que deux époux. Irrésolus, ils étaient surtout terrifiés.

L'évêque s'approcha d'eux :

— Si rien ne vous retient à Dublin, rendez-vous vite dans le village de Dondalk, au sud de Belfast. C'est un fidèle bastion catholique, encore inconnu de l'occupant anglais. Vous y serez à l'abri, protégés par d'autres frères en Christ.

— Et vous, monseigneur ? osa demander Harry. Où irez-vous ?

— J'embarque pour la France. Si faible soit-il, le roi en exil Jacques II est notre unique allié, il faut lui redonner courage.

Alors que la salle se vidait par une issue dérobée, la porte de l'auberge fut bombardée de pierres. Oglethorpe aperçut par la fenêtre un fat coiffé d'une mitre garnie de rats empaillés qui singeait les attributs du pape. Trois hommes approchaient de l'auberge, précédés par la lueur menaçante de flambeaux.

— Venez ! ordonna l'évêque aux Bateman.

Harry et Lilly saisirent leurs paquetages et franchirent une porte à l'arrière du *Vieux Norrois ;* ils se retrouvèrent dans Dublin, sur les talons du prélat.

L'atmosphère était au désastre et aux mauvais présages. De toutes parts, les protestants sortaient de chez eux, certains dressaient des tables devant leurs seuils et offraient à boire pour fêter la victoire.

— Suivez-moi jusqu'au fleuve, dit Oglethorpe à Harry et Lilly après s'être couvert le visage. Ne me perdez jamais de vue.

Le pas rapide, il fendit la foule, ouvrant le passage pour ses protégés.

Sur *Dumphrey Mile,* Harry et Lilly reconnurent l'un des leurs, le bon Jeremy Cook, pendu à la hampe d'une enseigne pour avoir voulu sauver des flammes sa *Vie des saints*. Plus loin, des mannequins de paille à l'effigie du roi déchu Jacques II, de Louis XIV et du pape Alexandre VIII étaient souillés d'eaux croupies avant d'être jetés dans des feux de joie, au son des fifres.

Ils étaient terrifiés ; n'était l'impressionnante assurance de Wight Oglethorpe au milieu du chaos, leur stupeur les aurait trahis.

Suivant l'évêque, ils se glissaient le long des maisons, se cachaient dans les renfoncements de porte et dans l'angle des murailles, sitôt qu'une patrouille apparaissait, ils retenaient leur souffle, jusqu'à ce que la menace fût éteinte, et alors, reprenaient leur course.

Ils arrivèrent ainsi au bord du fleuve Liffey qui séparait Dublin en deux ; une embarcation y attendait l'évêque Oglethorpe. Le batelier, ardent catholique, lui abandonna les avirons et la gaffe.

L'évêque, Harry et Lilly voguèrent vers l'aval du fleuve. Autour d'eux, des colonnes de fumée marquaient l'emplacement des maisons catholiques incendiées ; la ville s'embrasait ; le spectacle se tenait à mi-chemin entre un état de siège et une fête païenne sur le point de dégénérer.

— Des temps difficiles nous attendent, dit soudain l'évêque, la gorge nouée. Des temps où nous devrons tous nous montrer dignes de notre baptême.

Harry et Lilly firent le signe de croix avec lui.

Les observant, blottis, effrayés, livrés à eux-mêmes, Oglethorpe songea à l'exhortation de saint Paul qui défendait aux Corinthiens de vivre auprès des païens, de peur de tomber dans leurs mœurs corrompues : *Sortez du milieu d'eux et séparez-vous !*

« Ces deux enfants sont à l'image de la faiblesse de l'Irlande et de son église », songea-t-il en se promettant de faire vivre la recommandation de saint Paul.

Ils arrivèrent à Ringsend, port maritime de Dublin.

Oglethorpe se fit reconnaître de ses coreligionnaires. Il accapara un certain Shelby Frost, jeune prêtre originaire d'Armagh, et lui désigna Harry et Lilly Bateman, prodiguant de sérieuses recommandations à leur égard :

— Je les remets à votre loyauté.

Shelby Frost promit de veiller sur eux.

— Le père Frost va vous conduire sur le *Fairmont*, leur dit Oglethorpe, un navire en partance pour Newry, au sud de l'Ulster. De là vous rejoindrez plus aisément la route de Belfast.

Le *Bucentaure* séjournait dans la rade de Ringsend, prêt à appareiller pour le continent. Embarqué sur un canot en direction du navire français, l'évêque leur adressa des saluts de la main :

— Servez Dieu en esprit et en vérité, et le ciel vous exaucera, mes enfants ! Je vous recommanderai au prône.

Ses adieux déchirants, en cette journée mêlée de pluie et de soleil, étaient aussi pour l'Irlande.

Les Bateman demeurèrent un moment sur l'estacade ; elle, petite dans une robe sombre, les bras croisés, lui tout en longueur, les bagages à ses pieds, mal couvert par un pantalon de coutil et une veste de casimir bleu ; Shelby Frost leur intima l'ordre de se presser. Il les fit monter à bord du *Fairmont*, un brigantin qui jaugeait un peu moins de deux cents tonneaux. Le navire, de facture neuve hormis le grand-mât, était bord-à-bord avec des vaisseaux plus impressionnants mais mangés aux rats ou aux coques couvertes de tarets.

Le père Shelby Frost se chargea de leur enrôlement de dernière minute. Il s'entendit avec le capitaine ; le nom d'Oglethorpe semblait aplanir tous les obstacles.

Le capitaine, vieille connaissance de l'évêque, dit à propos de Lilly :

— Beau brin de jeune femme.

Bientôt l'équipage tira les amarres, malgré la marée défavorable.

Harry s'inquiéta de voir l'homme de barre conduire le *Fairmont* loin des côtes irlandaises.

— Si j'ai bien entendu les instructions de l'évêque Oglethorpe, nous devrions descendre à Newry pour nous rendre à Belfast et ensuite à son refuge de Dondalte, répéta-t-il à l'intention de Shelby Frost. Dans combien d'heures l'escale aura-t-elle lieu ?

Le prêtre secoua la tête :

— « Il faut épargner ces petits », m'a déclaré Oglethorpe. « Ils n'ont nulle part où aller ; en Irlande ou en France, leur faiblesse les perdra. Ils seront arrêtés, exploités, ou pire : on leur fera abjurer leur vraie foi. »

— Je ne comprends pas.

Il sourit :

— Le *Fairmont* fait route pour l'Amérique, mon fils.

— L'Amérique ?

Shelby Frost acquiesça :

— Wight Oglethorpe souhaite vous voir débarquer à Philadelphie, où le culte chrétien est libre et où réside une petite communauté d'Irlandais catholiques prête à vous accueillir. Vous n'êtes pas les premiers qu'il sauve de cette manière. Je le sais, j'ai déjà effectué deux séjours là-bas, conclut-il.

Les Bateman refusèrent d'être abandonnés de la sorte en terre inconnue, supplièrent qu'on les débarque sur-le-champ.

— Oglethorpe s'attendait à votre réaction, fit remarquer Shelby Frost, aussi a-t-il jugé plus sage de vous cacher ses réelles intentions.

Harry et Lilly se précipitèrent pour réclamer qu'un canot les reconduise à terre, mais on leur répondit qu'il n'était plus temps.

— Où s'effectuera la première escale ? imploraient-ils. Quand pourrons-nous descendre ?

— Une escale ? Si une avarie survient dans le premier tiers de la traversée, nous rallierons peut-être le nord de l'Écosse ou l'Islande ; autrement, dans sept à huit dizaines de jours, nous embouquerons sur les eaux douces du Delaware.

Lilly fondit en larmes.

Harry scruta l'horizon pour tâcher de distinguer le *Bucentaure* parti pour la France avec Wight Oglethorpe à son bord.

En vain.

S'il l'avait repéré, il l'aurait certainement montré du poing et maudit...

Les Muir
1691

La victoire anglaise sur les Irlandais fut révélée à Londres deux jours après la bataille d'Aughrim.

Les Britanniques se félicitaient d'en avoir terminé avec ces « brutes » d'Irlandais :

Ce ne sont pas des Hommes mais des Bêtes. Nulle part on ne peut espérer rencontrer un Peuple aussi amoral, mécréant, indiscipliné et sale. De Chrétiens, les Irlandais n'auront jamais que le Nom.

Telle opinion de saint Bernard, prononcée au XIIe siècle, illustrait un article de la *London Gazette,* daté du 18 juillet 1691.

Sur la même parution, un encart titrait :

Armement en course de la flotte commerciale de lord Joseph Monroe, au port de Gravesend, le 20 juillet, à la mi-journée.

Le journal avertissait :

L'éclat de cet événement public sans précédent promet d'être rehaussé par la présence de membres de la famille de Leurs Gracieuses Majestés, du Premier Lord du Trésor, du Lord-Maire de Londres, du Maître des Rôles, du Ministre de l'Amirauté, du Commissaire du Bureau naval, du Surintendant de la Marine, etc.

Le matin du 20 juillet, les quais de Gravesend sur la Tamise furent submergés par la populace des curieux.

Le mot avait circulé : la célèbre famille Monroe, détentrice de la plus importante flotte de navires commerciaux du pays, réceptionnait trois puissants vaisseaux de ligne ; trois bâtiments de guerre armés pour la protection de ses cargaisons de marchandises qui assuraient la navette entre la mère patrie et les colonies d'Amérique.

Jamais le peuple des docks et des échoppes de Gravesend n'avait pu admirer autant de perruques frisées et de robes à queue. Tout ce que le palais royal de St-James et le Parlement de Westminster comptaient de personnalités s'était donné rendez-vous dans cette cité portuaire du Kent située à quinze lieues de Londres.

À midi, les rangs des spectateurs de Gravesend ne cessaient de grossir ; certains eurent l'heur d'apercevoir le long de la Tamise les trois navires qui approchaient et s'écrièrent :

— Ils arrivent !

Ils avaient pour noms l'*Endymion*, le *Fortitude* et le *Rappahannok*.

Les deux premiers étaient des trois-mâts à voile carré de troisième rang, longs de cent quarante pieds, jaugeant plus de neuf cents tonneaux et présentant deux batteries complètes de soixante pièces de canon chacun.

Mais c'est le *Rappahannok* qui suscita le plus d'applaudissements ; il supportait sept étages de voiles. Avec ses deux cents pieds de long, il jaugeait treize cents tonneaux, sa carène était doublée de cuivre et sa batterie de feu supérieure à soixante-douze canons.

Les enfants, les marins, les badauds, montrèrent du doigt la poupe et la proue du *Rappahannok* : huit pièces d'artillerie étaient installées sur le haut bord, de quoi ouvrir le feu par-devant et par-derrière.

Du jamais vu.

Lord Joseph Monroe, juché sur une estrade, flanqué de ses deux fils et de sa fille aînée, déclara :

— N'en déplaise aux Espagnols, aux Français et aux Hollandais, l'Atlantique nous appartient ! Nous ferons la course à ces corsaires qui infestent nos routes et assaillent nos marins sans égards pour les droits des vaincus ou les règles de la morale !

Il fut acclamé.

Même le petit peuple mesurait ce qu'il y avait d'exceptionnel à voir une compagnie mercantile privée s'armer de vaisseaux de combat que pourraient lui envier le roi et les commodores de la marine royale.

Des membres éminents du Bureau naval, des ingénieurs des chantiers royaux de Deptford, même le vieux Samuel Pepys, avaient fait le déplacement jusqu'à Gravesend, intrigués par « la plus redoutable machine de combat qui se soit rencontrée sur les mers » et par son pas de tir original. Mais la rumeur voulait que le plan du *Rappahannok*, ses réelles innovations, ne soient connus que de trois personnes au monde. Tous le scrutaient en essayant de deviner ses secrets.

À côté d'eux, les princes, les lords et les parlementaires s'adressaient aux Monroe comme à des égaux. Le comptoir exerçait le juteux monopole du sel expédié vers les colonies ; il était si lucratif que les maisons les plus distinguées de la couronne se disputaient ses parts, qui bénéficiaient d'un retour sur investissement de cent vingt-deux pour cent par an. L'addition d'une force de combat aussi conséquente pour assurer l'intégrité du précieux fret laissait présager des revenus encore plus inouïs.

Lord Joseph paradait. C'était le plus beau jour de sa vie.

Cependant, au sein de cette foule considérable de seigneurs, une personne qui aurait dû retenir l'attention de quelques-uns restait totalement ignorée.

Il s'agissait d'un homme d'une trentaine d'années, au profil un peu épais, habillé assez grossièrement ; d'origine allemande, son nom était Augustus Muir, mari de la troisième fille de lord Monroe, Tracy, avec laquelle il avait trois enfants. Il assistait impavide au triomphe de son beau-père, sans que nul daignât lui adresser la parole.

Seul un magistrat de Guidehall lui lança :

— Quelle chance de vous être allié à une si remarquable famille !

Quelqu'un se doutait-il que rien de ce qui était aujourd'hui fêté ne l'aurait été sans son intervention ?

Le sel, qui avait décuplé la fortune des Monroe, était extrait des mines de Pologne appartenant à la famille Muir. Ses fonds personnels avaient été engagés pour acheter les parlementaires de Westminster pouvant autoriser l'armement au canon d'une flotte privée. Enfin, seules ses relations allemandes avaient permis l'acquisition des trois navires sortis des chantiers d'Amsterdam ; la Compagnie néerlandaise des Indes orientales n'aurait jamais traité directement avec des Anglais.

Malgré tout cela, pas un Monroe n'avait gratifié Augustus Muir d'un compliment ; sa femme elle-même, Tracy, accomplissait ses mondanités sans songer à l'impliquer auprès d'elle.

Né et élevé à Osnabrück, Augustus ne vivait sur le sol d'Angleterre que depuis douze ans ; il s'exprimait toujours avec un accent prononcé et n'était jamais parvenu à affecter les manières délicates des Anglais. On lui reprochait son allure rustre : à Londres, il était le « bon Germain ».

Les trois navires accostaient.

Une annonce formidable circula dans tout Gravesend : Anne Stuart, la propre sœur de la reine, héritière présomptive du trône, était en route pour complimenter la bonne fortune des Monroe et les assurer des sentiments loyaux du couple royal.

Lord Joseph Monroe était aux anges.

Le carrosse d'Anne arriva sous les acclamations de la foule.

Sur chacun des vaisseaux, le gros écusson du Comptoir Monroe était recouvert d'un drap blanc. Il fut demandé à la princesse de bien vouloir baptiser le *Rappahannok* en dévoilant l'écu de son propriétaire.

La sœur de la reine tira le bout d'une corde et un magnifique « M » doré apposé sur un écu à fond bleu apparut.

— Vive la princesse Anne ! Vive mylord Monroe !

Augustus Muir jugea le moment opportun pour faire un signe à un jeune homme de son âge, Bat Glasby, son seul véritable allié à Londres.

Ce dernier s'approcha de Tracy Monroe-Muir pour lui glisser un mot à l'oreille. Elle interrompit ses applaudissements, stupéfaite, laissa son regard errer jusqu'à trouver l'endroit où se tenait son mari ; elle fonça vers lui.

— Il n'est pas question de vous en aller, mon ami ! protesta-t-elle. Père pourrait avoir besoin de vous !

Elle voulut repartir mais Augustus lui saisit le bras :

— Nous nous sommes mal compris. Je ne vous fais pas avertir de mon départ, je vous dis que *nous* partons sur-le-champ.

Tracy haussa les épaules :

— Tous nos actionnaires sont présents. La sœur de la reine est parmi nous !

Augustus pressa son bras :

— Inutile de discuter. Venez-vous ?

— Non !

Elle se dégagea et voulut s'éloigner.

Cette fois, Bat Glasby lui barra le passage.

— Libre à vous de provoquer un esclandre, murmura Augustus. Je doute cependant que le moment et l'endroit soient opportuns ; mais, au besoin, j'ajouterai du scandale au scandale !

Il avait haussé le ton.

— Mon père exigera des explications !

— J'y compte bien.

Deux heures plus tard, sans qu'Augustus ait répondu une seule fois aux réprimandes de Tracy, leur carrosse entrait dans Londres, suivant la route du quartier de la City.

— Où allons-nous ? s'étonna Tracy.

— Chez nous, dit-il enfin.

— Cela n'en prend pas le chemin.

Il ne lui répondit plus.

Sur Roderick Park, le carrosse s'arrêta devant un large portail en bois plein.

Les Muir pénétrèrent dans une cour carrée au pied d'une immense demeure d'architecture jacobéenne.

— Voici où vous logerez désormais, dit Augustus à sa femme. À mes côtés.

Bâti sur trois niveaux, flanqué de deux ailes proéminentes, le palais avait une façade de brique rouge marquée de fenêtres blanches.

Depuis le règne d'Henry VIII, le clan Monroe résidait dans un ancien monastère de Clapham. Lord Joseph Monroe était inflexible sur ce point : tous ses enfants devaient demeurer dans la demeure familiale, sans exception. Depuis dix ans, Augustus subissait sa tyrannie domestique.

— Père ne tolérera jamais de se voir privé de l'une de ses filles ! protesta Tracy.

Du large parvis en escalier descendirent les trois jeunes enfants Muir : Walter, Clemens et Hannah. Ils s'agitaient, poussaient des cris, voulaient dépeindre la maison à leur mère ; avait-elle visité les jardins ? Les Folies ? L'arboretum ? Les écuries où se tenaient trois fois plus de chevaux que chez lord Joseph ? Et les carrosses dorés venus de Paris ? Et la salle d'armes digne de sir Walter Raleigh ? Et les cheminées de cuisine à l'intérieur desquelles une quinzaine d'hommes pouvaient se tenir debout ?

Augustus faisait rénover depuis deux ans, dans le plus grand secret, cette immense bâtisse du début du siècle. Il n'avait donné qu'une consigne à ses architectes : tout exécuter en plus vaste et en plus sophistiqué que chez les Monroe.

Sa gigantesque bibliothèque avait été composée par des érudits de Bodley.

— Mylord votre père peut se féliciter de ses neuf cents livres et chicaner avec Pepys, dit-il à Tracy de son accent chuintant. Tout en étant aussi piètre lettré que lui, je le surpasse de mille ouvrages.

La salle des banquets, vaste comme une cour d'honneur, était marquetée à la française et illuminée de lustres de deux fois la taille de ceux qu'on admirait chez le roi au palais de Whitehall. La vaisselle y était d'or et d'argent, les glaces si grandes que l'on s'y mirait des pieds à la tête :

— Là où les Monroe reçoivent deux cents convives, les Muir en recevront six cents et plus.

Augustus précéda Tracy au deuxième étage pour ouvrir son appartement privé : chambre, petits salons, boudoirs et garde-robes. Le lit provenait de Milan, encadré par deux gigantesques vases de vermeil.

Tracy demeura stupéfaite devant le luxe de ses nouvelles toilettes.

— Venues de Venise et de Paris, déclara son mari. La Londonienne qui souhaitera vous faire concurrence sur le registre de la robe n'est pas née ; la reine elle-même devra s'avouer vaincue.

Elle estima qu'il y en avait pour des milliers de livres.

— Ne cherchez nulle part vos anciennes tenues, ajouta Augustus. Nous délogeons de chez votre père sans emporter le moindre morceau de tissu. J'y mets un point d'honneur.

Tracy hésitait entre l'émerveillement et la consternation. Il ne faisait aucun doute que cette demeure de Roderick Park enlevait à la maison des Monroe le titre de plus prestigieuse de Londres, en l'humiliant ouvertement, ce qui provoquerait l'ire du patriarche Monroe.

Augustus fit à sa femme la visite de son cabinet de travail au milieu duquel, sur un beau tapis des Gobelins, trônait un clavecin italien paré d'ornements floraux laqués.

Muir, en bon allemand luthérien, raffolait de musique ; depuis sa venue à Londres, l'inculture et le goût déplorable des Britanniques pour cet art le consternaient.

— Vous n'avez qu'un musicien de valeur : Purcell, et vous n'en êtes pas même dignes !

Lord Monroe dédaignait la musique ; aussi Muir avait-il souffert d'en être privé pendant dix ans.

Il s'assit derrière son bureau, dans un grand fauteuil gothique :

— Voilà ce qu'il en est, dit-il à Tracy : lors de la prochaine livraison de la *London Gazette*, un article apprendra à vos compatriotes que pas un rivet des trois vaisseaux de ligne qui valent aujourd'hui tant de louanges à votre vénéré père ne lui appartient !

Tracy haussa les épaules :

— Qui voudra vous croire ?

Augustus saisit son sceau de cuivre et le fit rouler entre ses doigts :

— Les gens raisonnables. Parmi eux, ceux qui savent compter. J'ai obtenu seul la dérogation du Parlement sur le droit d'armer des navires de commerce au canon ; ces navires ont été commandés auprès d'un chantier naval d'Amsterdam à mon nom ; enfin c'est moi qui ai constitué les équipages, et leurs capitaines ont ordre de ne répondre qu'à ma personne.

Tracy se dit que si Augustus avait bénéficié d'une telle latitude, c'était bien que son père l'avait voulu :

— Et puis après ? fit-elle.

Augustus sourit :

— Un second article dans la *Gazette* rendra publiques les instructions données à mes porteurs allemands, pas plus tard que ce matin : plus un grain de sel des mines appartenant aux Muir ne transitera par les bateaux de votre père.

— C'est donc cela : vous le trahissez !

— Mieux, ma chère : je le tue.

Il jeta son sceau sur la table. Tracy lui trouvait un ton et une gravité qu'elle ne lui connaissait pas.

— Vous rêvez ! s'écria-t-elle. Si vous faites cela, lord Monroe s'entendra pour vous interdire toute relation avec les armateurs anglais et vous vous retrouverez avec vos tonnes de sel sur le dos sans pouvoir en tirer un penny !

Augustus se leva et s'approcha d'une des fenêtres ouvertes.

— C'est en effet ce qu'il va choisir de faire, dit-il en contemplant la vue de ses jardins. Il n'a pas d'autre solution. En ce qui me regarde, je ne vois aucun inconvénient à laisser mes cargaisons de sel au port de Douai le temps nécessaire.

Il observa ses trois enfants qui jouaient avec leurs gouvernantes :

— Mylord votre père m'a toujours fait sentir combien j'étais… comment dire ? Trop allemand à son goût. C'est égal : il a toujours été trop anglais au mien. Lord Monroe ne peut s'empêcher de se donner en spectacle, de vouloir éblouir la galerie de ses actionnaires. Voyez les dépenses inconsidérées qu'il a faites aujourd'hui pour l'accueil des trois navires. Je les ai vues, ses joues pâles de vieillard rosir à l'apparition de la sœur de la reine.

— Dans ce monde, pour recevoir des faveurs, il faut être en position d'en donner. Mon père le sait. Et vous tout aussi bien qu'un autre.

— Votre père s'en est surtout donné les moyens du moment que mon sel, après notre mariage, a providentiellement consolidé le socle du Comptoir Monroe. Comme il s'est alors empressé d'ouvrir son capital aux riches investisseurs, courtisant des relations haut placées ! Force est de reconnaître que ses actionnaires sont parmi les personnes les plus dignes du royaume.

— Le Trésor lui-même détient des parts Monroe !

Augustus sourit. Il se retourna, croisant les bras :

— Hélas, oui. Lorsque mes positions seront rendues publiques, ces loyaux investisseurs vont s'inquiéter quant à l'exercice de l'année en cours, et certains ne manqueront pas de demander le retour de leurs mises initiales, nanties des bonis accumulés, pour certains d'entre eux, depuis dix ans. Quelque chose aux alentours de huit cent cinquante pour cent de bénéfice, si je ne me trompe ?

Votre père couvrira les premières sommes, mais se retrouvera, avant longtemps, en manque de liquidités. Privé de mon sel comme garant, dépossédé de ces trois vaisseaux qui ont fait bondir son titre ces derniers jours, les banques lui refuseront leur soutien et, d'ici à un mois, ce sera la débâcle. Son cours effondré, Monroe devra tout vendre, y compris ses trente navires que je me ferai un plaisir de lui racheter. Alors mon sel stocké à Douai n'aura pas attendu en vain.

Tracy blêmit. Elle détourna la tête et fit mine de contempler un ensemble de deux tableaux composé par Gabriel Metsu. Elle répéta, d'une voix moins affermie :

— Et puis après ?

— Rien de très spécial. Je reprendrai mon négoce avec les colonies d'Amérique, sans même m'embarrasser de changer d'intermédiaires, excepté que le Comptoir Monroe sera rebaptisé Muir et que mon sel ne servira plus qu'à m'enrichir moi, et non à couvrir les dépenses folles de vos deux frères ou à ventiler des bénéfices entre des actionnaires haut placés que votre père arrose de titres pour gagner leurs bonnes grâces.

Il fit une moue de répugnance face à ces méthodes :

— Un nouveau siècle approche : le commerce est une affaire de gens sérieux. L'heure des Muir a sonné ; cela tombe à merveille, Tracy, c'est aussi votre nom, vous en souveniez-vous ?

Elle ne dit plus rien, la tête toujours tournée.

— Je n'ignore pas ce que vous pensez en ce moment, reprit Augustus. Vers quel camp pencher ? Dans moins de cinq ans, nous allons devenir, non seulement la famille la plus riche d'Angleterre, mais peut-être la plus riche qu'il s'est jamais rencontré en Occident. Je serais surpris de voir la pitié filiale l'emporter sur votre appétit pour l'argent et les honneurs.

Elle le regarda de nouveau, d'un air vaincu.

Il approcha et posa une main sur son épaule :

— Soyons francs : je ne vous aime pas. Vous ne m'aimez pas. Je ne vous ai jamais aimée, vous ne m'aimerez jamais. Notre mariage a été une convention ; renouvelons-la : contentez-vous de tenir votre rang et de faire vivre ce palais. Vous n'aurez rien à changer à vos habitudes, hormis que vous ne serez plus l'épouse du

« brave Germain » dont on aime se moquer, mais du « méchant Muir » qu'on va adorer haïr !

Dans les jardins, les enfants jouaient à la balle en compagnie de leurs gouvernantes. Tracy remarqua avec un frisson que ces dernières s'adressaient à eux en allemand.

Encore un point de friction avec lord Joseph : le patriarche anglais s'était toujours opposé à ce que ses petits-enfants soient instruits dans la langue natale de leur père.

— Une dernière chose, dit Augustus en rejoignant son fauteuil. Cette fantaisie qui aura voulu que mes enfants et vous-même soyez affublés de ce double nom de Monroe-Muir, au prétexte que le premier serait plus prestigieux que le second, est aussi arrivée à son terme. Désormais, mes enfants sont des Muir et rien d'autre que des Muir. J'espère m'être fait comprendre.

Il lui fit un signe de la main.

— Vous pouvez disposer.

Elle se leva.

— Ici, le souper est servi à six heures trente.

Resté seul, Augustus ouvrit son clavecin et pianota quelques mesures de Schütz, musique sacrée inaccessible à ces bouchés d'Anglais. Luthérien, il termina en entonnant : « *Ein feste Burg ist unser Gott...* »

Cependant à Gravesend, les festivités autour des trois vaisseaux des Monroe se poursuivaient.

Lord Joseph invita la princesse héritière Anne et les autres parents de la famille royale à le précéder sur le pont du *Rappahannok* afin de leur faire visiter ses batteries de canons.

Les commissaires du Bureau naval et les ingénieurs de Deptford en furent pour leurs frais : ils restèrent à quai, les secrets du *Rappahannok* ne leur seraient aucunement dévoilés.

Au moment où l'élégante délégation allait poser le pied sur la passerelle du vaisseau amiral, Bat Glasby, l'homme de Muir, ferma brutalement le passage à lord Monroe ; il était flanqué de deux soldats, hallebardes à l'épaule.

— Que faites-vous, Glasby ? tonna le vieux Monroe. Ôtez-vous de là.

— Vous n'êtes pas autorisé à monter à bord, monsieur. Ni vous ni aucun membre de votre clan.

— J'aimerais voir cela… Qui me défendra de monter à bord de mes navires ?

Glasby désigna du doigt l'écu bleu dont étaient frappés les trois bâtiments.

Au bas du « M » monumental, en lieu et place de la devise ancestrale de la famille Monroe : *Arda para subire,* « Brûle de t'élever », était inscrite une nouvelle devise, celle de Muir : *Deus providebit,* « Dieu pourvoira ».

Le grand « M » n'était plus celui des Monroe mais celui des Muir !

S'étranglant de rage, lord Joseph cria :

— Amenez-moi Augustus Muir !

Cet homme, dont personne ne s'était occupé jusque-là, devint tout à coup la préoccupation générale.

On le chercha partout.

L'inconnu brilla d'autant plus qu'il était absent.

Son nom circulait de bouche en bouche.

La plupart demandaient :

— Mais au fait, qui est Augustus Muir ?

Les Bateman
1699

Ce fut d'abord un vol de cormorans, puis celui d'un couple de mouettes qui donnèrent l'alerte, longtemps avant que l'homme de vigie du *Fairmont* n'annonce, en hurlant, la terre en vue.

Une odeur vivifiante avait fait irruption sur le pont. Après neuf semaines sur les flots, cette senteur venue de l'ouest, tous les passagers du *Fairmont* la reconnurent : mélange goûtu de sève, de terre grasse, d'oxygène régénéré – qu'importe ce qu'elle était véritablement – le corps en entier des voyageurs y répondait, trépidait ; ils sentaient venir à eux tout ce dont la vie en mer les privait, l'eau douce, des aliments frais, un sol immobile, des paysages variés, un clocher où rendre grâce au Seigneur ; leur élément naturel en somme.

— Qui n'a pas souffert d'attendre en mer qu'un signal déclare la trêve du voyage ignore ce que frémir veut dire, déclara le prêtre Shelby Frost.

Harry et Lilly Bateman en eurent les larmes aux yeux.

L'Amérique se présenta à eux sous la forme d'une interminable bande de sable blanc, bosselée de dunes éparses, les terres surmontées de forêts de sapins. Au loin, confondue à hauteur des nuages, une ligne montagneuse barrait l'horizon. Nulle part ne se voyait de présence humaine.

Le capitaine du *Fairmont* et son pilote s'interrogeaient : le temps bouché des derniers jours et des instruments défectueux les avaient privés de relevés de navigation, ils pouvaient flotter dans un espace compris entre l'enclave la plus au nord des colonies anglaises d'Amérique, le Maine, et les plages désolées du haut de la baie de Chesapeake : mille kilomètres d'incertitude.

La compagnie d'une baleine à tête noire qui attendait le retour du soleil pour se chauffer le dos, puis le vol des cormorans et quelques glaces qui dérivaient incitaient à la prudence : les courants arctiques n'étaient pas éloignés. Le capitaine opta pour une route vers le midi. Le Nord, avec ses bastions plantés à l'embouchure du Saint-Laurent, était trop « français » à son goût.

Des rafales rejetèrent le *Fairmont* au large ; la côte disparut mais le navire gagna en vitesse. Lorsque le littoral redevint visible, ce fut pour dévoiler l'anse habitée de Cape Cod.

Du haut du pont, Harry et Lilly découvrirent la petite colonie de Plymouth. Une centaine de séparatistes anglais avaient choisi d'y fonder une communauté de croyants, pieuse et étroitement unie, où les préceptes de Dieu seraient respectés à la lettre. Seulement, soixante ans après l'accostage du *Mayflower*, Plymouth dépérissait et ses pèlerins, comme les puritains de Boston, se persécutaient, au nom même de leurs idéaux.

Peu importait aux voyageurs, la ville fortifiée survenait à temps : les réserves d'eau potable du *Fairmont* atteignaient le fond visqueux des barriques, la bière manquait et la viande salée était accordée en rations de famine.

Les Bateman souffraient davantage de l'épuisement des provisions ; ils n'avaient ni payé leur passage ni apporté à bord leur part de beurre et de chair ; leur nourriture était prélevée, bribe par bribe, sur le dû des autres.

Cette traversée depuis Dublin n'avait été pour eux qu'une longue crise morale. Le *Fairmont* pouvait aussi bien sombrer qu'atteindre le Nouveau Monde, ils ne se voyaient nulle part en liberté : *Parce que le raisin qu'ont mangé nos ancêtres était vert, nos dents en sont aujourd'hui encore agacées,* disait un proverbe biblique.

Les descendants étaient les otages des péchés commis par leurs prédécesseurs.

Proches ou antiques.

Et ils devaient payer.

Réprouvés, Harry et Lilly ne se voyaient pas autrement : victimes de leurs parents. À propos d'Harry, sa mère n'avait jamais dit : « Mon fils », ni : « Mon garçon », mais : « Mon ardillon », du nom de cette pointe recourbée à l'extrémité de l'hameçon qui le retient dans la gueule du poisson.

Jamais femme ne fut moins mère que cette prostituée.

Harry lui était né d'un vieux matelot faisant escale ; sa petite enfance se borna à suivre cette mère indigne qui faisait tout pour se débarrasser de lui (mais un évêque itinérant, le futur grand Wight Oglethorpe, l'avertit que si Dieu pouvait, *fex urbis*, pardonner son existence de fille des rues, jamais l'abandon ou la mort volontaire de son petit ne lui serait remis au Ciel). Catholique, elle jura sur sa foi de garder son rejeton.

Le garçon grandit chétif, côtoya la foule des bas quartiers et des maisons d'abattage de Dublin où de rudes gaillardes fumaient la pipe et se disputaient les clients ; il se laissa brimer par les camarades de son âge sans jamais se mettre en colère. Lorsqu'il entra dans sa douzième année, sa mère voulut en faire un marin, l'embarquer comme mousse :

— Il m'est venu de la mer, objectait-elle, faisant référence au père de l'enfant, qu'il y retourne et que le vent et le dos des flots en disposent à leur guise, c'est de la même au même : je ne me tiens plus pour responsable de cet avorton.

Sauf que la mer ne daigna pas s'encombrer d'Harry Bateman. Enfant, ce dernier pâlissait à la seule vue d'un ponton.

Condamné à passer son existence sur la terre ferme, il fut réduit au service d'une amie de sa mère qui tenait une pension de filles dans la banlieue de Dublin. Là, il apprit, sous l'œil d'excellents maîtres, à mentir et à voler, et se forma dans l'idée que pour s'enrichir, appauvrir les autres suffisait.

À seize ans, sa mère décida que le temps était venu de le marier :

— Si la providence me sourit, je lui fais épouser la première idiote catholique venue !

Elle possédait dans sa clientèle un parlementaire de Dublin, très entiché, dont elle menaça d'attaquer la réputation s'il refusait de provoquer l'union de son Harry avec Lilly, une bâtarde qu'il traînait du côté de sa sœur.

Dans une chapelle clandestine de Dublin, l'évêque Wight Oglethorpe ne cacha pas son étonnement de voir paraître Harry Bateman et Lilly Brewster devant l'autel : le mariage du *clou-dans-le-pied* de la prostituée et de l'*épine-dans-le-flanc* de l'homme de loi était inattendu.

Avant de prononcer leurs vœux, Harry et Lilly ne se connaissaient pas ; le jour même, ils n'avaient pas encore échangé un mot en particulier.

Oglethorpe leur fit présent d'une bible de poche ; il nota sur les premières pages réservées aux inscriptions des faits insignes de la vie d'une famille : *Ce 12 juillet 1691, mariage d'Harry et Lilly Bateman, contre leur gré, mais avec la bénédiction de Dieu.*

Après avoir été avertie qu'une chambre les attendait pour leur nuit de noce au *Vieux Norrois,* Lilly se vit gratifiée d'une dot de quatre guinées, reliquat d'héritage de sa mère, et les époux Bateman furent invités à entrer dans la vie comme bon leur semblerait, à condition de ne plus jamais faire parler d'eux.

Harry et Lilly purent enfin se parler dans leur petite chambre du *Vieux Norrois*, un galetas, la seule qui fût pour eux.

— Ma mère est la sœur aînée d'Archibald Brewster, avoua Lilly ; je lui dois la vie, à elle et à son amour de jeunesse, un inconnu dont le nom est toujours resté tu.

Elle expliqua qu'en mettant au monde une fille illégitime, sa mère avait compromis les espoirs de sa famille de se hausser dans la gentry grâce à un mariage avantageux.

— On m'a rapporté que l'une de mes tantes a eu des paroles si grossières à son égard que ma mère s'est défenestrée le jour de mes deux ans.

Lilly grandit marquée du sceau de l'infamie. Cachée aux yeux de la bonne société dublinoise, elle ne fut nullement éduquée et demeura confinée auprès des enfants des domestiques.

— Crois-tu fort en Dieu ? demanda-t-elle à ce mari qu'on lui avait imposé.

— Il me semble… Oui.

— Alors tout ira bien. « Ceux qu'Il aime, le Seigneur les châtie, puis il essuie les larmes de leurs yeux. » En disant cela, monseigneur Oglethorpe prêche le vrai : nos larmes sécheront un jour. Il le faut.

Le lendemain matin, les Catholiques de Dublin apprenaient la débâcle décisive d'Aughrim.

Huit semaines plus tard, à bord du *Fairmont*, Harry et Lilly, s'interrogeaient encore pour savoir en quoi ils méritaient de telles vies.

Lui n'avait rien fait pour endurer une enfance brimée et des vices insufflés de force. Elle, demandait par où elle avait péché, sinon en naissant dans une famille qui n'avait pas supporté l'écart de jeunesse de sa mère.

Ce sentiment partagé d'injustice et d'abandon les rapprocha.

Le prêtre Shelby Frost s'amusait à les observer : « L'amour, pour être convaincu, a souvent besoin qu'on lui ouvre les yeux » disait-il.

Harry comprit que Lilly était belle dans le regard que lui portaient les hommes d'équipage. Lilly comprit qu'Harry était bon en voyant une passagère minée par la fièvre, reconnaissante pour celui qui lui sacrifiait ses mesures d'eau douce.

Au moment où tous deux découvraient l'Amérique, ils ne s'aimaient pas encore mais avaient appris à se plaire.

L'escale à Plymouth suffit à renouveler les provisions du *Fairmont* et la route reprit vers le midi.

L'île de Manhattan enchanta les Bateman : les quais nombreux, les débarcadères, les dizaines de navires marchands qui allaient et venaient, le redoutable Fort George, la position dominante à l'embouchure de l'Hudson, tout était digne des cités portuaires d'Europe les mieux implantées. Pourtant cinquante ans plus tôt, un modeste bastion hollandais se tenait là, sous le nom de New Amsterdam, tirant profit de la traite des fourrures, seul, cerné de moulins.

Les Bateman essayèrent d'un moyen :

— Pourquoi ne pas débarquer à New York ?

— Cette colonie anglaise est sujette à l'influence des Hollandais qui l'ont fondée, leur fut-il expliqué. On y reçoit tous les gens de bonne volonté. Excepté les catholiques.

Une semaine plus tard, le capitaine du *Fairmont* fit percer un tonneau de bière acheté à Plymouth : le cap May et la gigantesque baie du Delaware étaient en vue.

Harry et Lilly dissimulèrent mal leur déception : le littoral était d'une platitude affligeante, sablonneux et mouillé de marécages.

Les eaux se rétrécirent ; sitôt sur le fleuve du Delaware il y eut affluence sur le pont : on s'inondait à coups de seaux d'eau douce, soit pour étancher sa soif soit pour se décrasser de quatre-vingts jours d'océan.

Les Bateman se crurent arrivés quand ils virent un fort planté comme un reposoir sur la rive occidentale.

— Christana, leur dit-on. Érigé il y a soixante ans par les Suédois qui revendiquaient ce pays pour leur souverain.

— La Nouvelle-Suède, la Nouvelle-Hollande, la Nouvelle-France, la Nouvelle-Angleterre, tout est neuf sur ce continent ! fit remarquer Harry. Où trouve-t-on la Nouvelle-Irlande ?

La réponse tomba, suivie d'un ricanement mal contenu :

— Dans les fantasmes des Irlandais…

Le *Fairmont* remontait lentement le fleuve. Si les berges redevenaient vertes et giboyeuses, après plusieurs milles, Philadelphie demeurait invisible.

— Quelle idée d'ériger une ville si loin de l'océan !

Le 17 novembre 1691, Harry et Lilly étaient loin de découvrir une nouvelle New York : Philadelphie n'avait pas dix ans. Seules quelques maisons construites en briques, visibles depuis le fleuve, assuraient qu'il s'agissait d'une ville en voie de prospérer et non d'un gros village de colons poussé là sans ordre ni nécessité. Elle était assise sur une berge escarpée haute d'une quinzaine de mètres, ce qui compliquait son accès au fleuve.

Harry s'étonna que, pour la première fois depuis son exploration de la côte américaine, nulle fortification ni palissade ne cernassent Philadelphie.

— En fondant sa colonie, lui répondit le capitaine, le but de William Penn était d'ouvrir un refuge à tous les persécutés chrétiens. Si les catholiques sont brimés en Irlande, les huguenots le sont en France, les presbytériens en Écosse, les mennonites sur le Rhin, les piétistes à Francfort, les remontrants en Hollande... Quaker lui-même, Penn a voulu une terre de liberté pour tous ceux qui souffraient dans l'exercice de leur foi. Fidèle à cet esprit, il a opté pour une pacification sans conditions avec les Indiens de la région. Partant, armer et fortifier sa ville eût été contraire à sa doctrine. Le nom choisi pour sa capitale exprime tout du noble projet de sieur Penn : la « Ville de l'Amour fraternel ».

La décision de Wight Oglethorpe de les déporter ici plutôt que n'importe où en Irlande n'était pas infondée, reconnurent les Bateman.

Le capitaine réunit sa cinquantaine de passagers sur le pont.

En plus d'Harry et Lilly, le *Fairmont* embarquait un docteur en médecine avec sa femme et leurs huit enfants, un capitaine français, un pâtissier hollandais, un apothicaire et son fils, un souffleur de verre, un maçon, un chapelier, un tailleur et son jeune frère, un jardinier et des fermiers.

Liste à la main, le capitaine vérifia l'âge, la taille, le poids, la santé, la situation matrimoniale et l'activité professionnelle de chacun.

Pour l'heure, le *Fairmont* fut embossé au milieu du Delaware et nul n'eut le droit de débarquer.

Le capitaine remit son autorité à son second avant de descendre dans une chaloupe pour aller à la rencontre des propriétaires de Philadelphie.

Le jeune prêtre Shelby Frost, l'homme qui avait fait monter Harry et Lilly à bord du *Fairmont* à Dublin, fut aussi celui qui aida à leur débarquement à Philadelphie.

Il rappela au capitaine que les deux Irlandais étaient les protégés de Wight Oglethorpe :

— Il n'est pas question de les mettre aux enchères.

Le capitaine fit une moue affirmative.

— Aux enchères ? s'étonna Harry.

— Bien des passagers du *Fairmont* n'ont pu payer les trois livres et dix shillings que coûte la traversée, expliqua Frost, aussi sont-ils, pour l'heure, la possession du capitaine qui va faire sa « publicité » en ville et tâcher de les placer à bon prix auprès des marchands et des producteurs en quête de main-d'œuvre. Ces derniers le dédommageront ; ensuite les nouveaux colons serviront pour une durée de quatre à sept ans afin de rembourser l'argent avancé. S'ils veulent vivre en Amérique, ils n'ont pas le choix. Votre cas est différent. La protection d'Oglethorpe fait de vous des citoyens sans servitude.

À terre, Harry et Lilly constatèrent l'empressement des habitants autour du capitaine, avides d'apprendre ce qu'il allait leur proposer.

La ville comptait un peu moins de deux mille habitants : on s'interpellait dans toutes les langues ; une majorité de maisons étaient mises en chantier, preuve de l'expansion de la colonie. Vingt-deux marchands et une centaine d'artisans divers étaient déjà implantés : des briquetiers, des plâtriers, des bûcherons, des menuisiers, des tailleurs, des bottiers, des tisserands, des boulangers, des bouchers, des brasseurs, des dinandiers, des barbiers, tous venus du continent ou des colonies voisines. William Penn espérait imposer Philadelphie comme le port crucial du Delaware et de toute sa vallée.

— Il va nous falloir vous trouver un toit et une activité lucrative, annonça Shelby Frost aux Bateman. Avez-vous quelques ressources ?

Harry lui avoua l'existence de la dot de quatre guinées de Lilly, relief de l'héritage de sa mère disparue.

— Surtout n'en dites rien à personne ! s'effraya le prêtre. Très peu d'argent en espèces circule dans les colonies. L'Angleterre poursuit une politique monétaire très sévère : la circulation des pièces de monnaie ne doit pas quitter le sol de la mère patrie. Ici, tout s'achète au troc ou avec des billets à ordre pour les Antilles. Ma foi, une bonne et vraie guinée, en Amérique, c'est un trésor ! De quoi attiser des jalousies. Montrez-vous discrets.

Shelby Frost réfléchit et dit :

— Nous allons essayer de vous faire acquérir un lopin de terre où bâtir une maison et vivre du produit de votre sol.

— À Philadelphie ?

— Non, les prix y ont déjà beaucoup grimpé. En revanche, des lots situés plus à l'ouest, sur la rive du fleuve Schuylkill, ont été surévalués lors d'enchères conduites à Londres. Leurs propriétaires veulent à présent les revendre, même à perte. C'est notre chance.

— Nous payerons en puisant dans la dot de Lilly ?

Le prêtre fit non de la tête :

— Inutile. Ici le crédit règne. Vous deviendrez les acquéreurs d'un lot en promettant de le rendre fertile, de quoi payer ultérieurement des traites à votre vendeur.

Une réunion se tint dans la taverne de James West, située sur Dock Creek, le centre commercial de la ville. Le capitaine du *Fairmont* les invita à l'y suivre.

Harry et Lilly furent étonnés par la configuration en damier des rues de la ville qui tranchait avec les quartiers méandreux de Dublin.

Tous les hommes de poids de Pennsylvanie s'étaient donné rendez-vous chez West afin d'entendre le capitaine leur faire sa « publicité ».

Parmi eux, se trouvait l'Anglais le plus riche de la colonie, James Carpenter, originaire de la Barbade, qui avait investi sa fortune dans le projet de William Penn.

Il se trouvait au milieu de la pièce, face à une grande table. À ses côtés, Barnabas Willcox, Samuel Richardson,

William Frampton, Humphrey Morrey, Isaac Norris et Jonathan Dickinson formaient l'élite anglaise du Delaware. La plupart étaient quakers ou d'anciens colons aisés des Antilles, les autres provenaient de Bristol, de New York ou de Burlington.

— C'est une bonne chose que le capitaine nous ait conviés à l'accompagner jusqu'ici, nota Shelby Frost. Parmi ces hommes, nous allons dénicher le détenteur d'un terrain à revendre.

En pénétrant dans la taverne, Harry pensait retrouver l'atmosphère des enseignes où il avait grandi, les clients ivres, les filles dépoitraillées, la paille souillée d'empreintes douteuses : il découvrit une salle d'une netteté exemplaire, occupée par des hommes sobres, en habits gris et en chapeaux plats noirs. Certains buvaient de la bière, mais parce qu'elle était jugée essentielle à la santé, non pour s'enivrer. Aucun ne fumait. Un couple servait. La femme était boutonnée jusqu'au col.

— L'austérité des quakers est l'un de leurs principes de vie, dit Frost. Vous verrez, on s'y fait très bien.

Le capitaine du *Fairmont* bouclait sa cinquième rotation entre l'Irlande et la Pennsylvanie, il comptait ici de nombreux visages amis. Il témoigna en premier de son respect pour James Carpenter. Shelby Frost lui-même échangea quelques saluts. Les civilités se firent à la mode quakeresse, respectueuses mais sans effusions trop appuyées.

Les choses d'argent débutèrent, sur ordre de Carpenter.

— Le docteur en médecine, l'apothicaire et le souffleur de verre que vous m'aviez demandés sont à bord, annonça le capitaine. Certains emmènent de la famille avec eux : il vous en coûtera cinquante livres et treize shillings pour eux trois.

Cette somme souleva des protestations (vives mais polies, pas un seul juron ne s'entendit) et il fallut marchander, avec beaucoup de retenue, pour parvenir à un accord sur la valeur de ces nouveaux colons.

Harry et Lilly étaient stupéfaits.

Au final, les quarante livres arrachées par le capitaine furent consenties sous la forme de tonneaux de mélasse et de balles de tabac marylandais.

S'ensuivit la liste des autres passagers du *Fairmont* qui pouvaient, eux aussi, prétendre posséder un savoir-faire jugé précieux pour l'avenir de la colonie.

Le capitaine réservait leur « vente » aux propriétaires aisés de Philadelphie, les autres voyageurs, de moindre valeur, seraient présentés plus tard en place publique.

Lorsque le capitaine eut l'air d'en avoir fini, l'un des hommes de la taverne, Maxwell Carlson, interrogea, pointant du doigt les Bateman :

— Et ceux-là ?

— Ah ! Ceux-là !...

Le capitaine fit un sourire douteux :

— Ceux-là, c'est ma poire pour la faim... Surtout elle !

Il saisit Lilly par le bras.

— Le grand dadais ne vaut rien, mais celle-ci ! s'exclama-t-il avec sérieux.

Il lança à toute l'assistance :

— Cette belle jeune plante, messieurs, je vous l'offre à marier !

Un frisson parcourut l'assemblée. Beaucoup d'Anglais exilés en Amérique avaient quitté l'Angleterre ou les Antilles jeunes et célibataires ; fortune faite dans les colonies, pour se trouver une femme blanche et chrétienne, il leur fallait nécessairement la faire venir de la mère patrie, ce qui se révélait rare et hors de prix.

Les femmes à marier, même montées en graine, étaient le bien le plus convoité de ce côté-ci de l'Atlantique.

Stupéfait, Shelby Frost allait protester pour expliquer le cas particulier des deux Irlandais, mais Harry le devança :

— Jamais !

Son cri fut comme un coup de tonnerre au milieu de la calme assistance de quakers.

— Lilly est ma femme ! Nous sommes mariés, bénis à Dublin par l'évêque Oglethorpe en personne !

Le capitaine haussa les épaules :

— Le crois-tu ? Des femmes mariées, j'en ai quinze à mon bord. Celle-là n'en fait pas partie. Que je sache, votre union n'apparaît dans nul registre de paroisse, et elle a été célébrée par un évêque en dissidence, dont la vie est mise à prix par le Parlement anglais. S'il n'est pas reconnu en Irlande et en Angleterre, ici, plus qu'ailleurs, votre mariage ne vaut rien ! Je réitère mon offre. Jugez-en, messieurs. Cette Lilly est jeune et désirable, elle donnera à son mari légitime d'excellents enfants !

— Sa religion ? lui demanda-t-on.

— Bonne catholique. Bonne chrétienne. Instruite par vous, elle fera une bonne quakeresse.

— Mais Oglethorpe ! Votre parole !... protesta le père Frost.

— Oglethorpe est loin, riposta le capitaine. En France, avec ses problèmes ; j'ai les miens. Personne n'a payé pour le passage de ces deux-là. Selon la loi maritime, ils sont en mon entière possession. Quelqu'un niera-t-il mon droit d'être le maître de mon navire et de ses occupants ?

Lilly jetait des regards désespérés en direction d'Harry. Ce dernier serra les poings.

— Quoi que vous en disiez, menaça-t-il, personne ne nous séparera !

Le capitaine haussa les épaules :

— Cesse de faire des histoires. Hors ça, je te rembarque sur mon navire, à fond de cale, avant de te rejeter dans ton Irlande de malheur !

Il ajouta, en regardant l'armateur James West :

— Je prétends qu'une épouse de cette trempe vaut, à tout le moins, le prix d'un beau mât neuf pour mon *Fairmont*, ne pensez-vous pas ?

West reçut le message et l'appuya aussitôt :

— Le capitaine est dans son bon droit !

Trois hommes, un cordier de Bristol, le propriétaire d'un four à briques à Frankford et un vendeur de bétail de Virginie, se lancèrent dans des enchères, soit pour eux, soit pour leurs fils.

Harry fulminait, Lilly pleurait.

Les occupants de la taverne assistaient à la vente de la jeune femme, aussi impassibles que s'il s'était agi de marchander de la brique ou du bois de tonnelier. Le capitaine fut ravi d'adjuger Lilly pour dix-neuf livres, converties en futaille de rhum !

Mais soudain un tintement clair, suivi d'un roulement, firent progressivement taire tout le monde.

Une pièce d'une guinée avait été lancée sur une table nue, juste sous le nez de James Carpenter.

La pièce d'or, frappée aux effigies de Guillaume III d'Angleterre et de Marie II, virevoltait sur sa tranche, scintillait dans la lumière du jour, décrivant des ronds de plus en plus frénétiques et vacillants avant de s'aplatir et de faire silence.

Dans la pièce aussi, tout le monde s'était tu, ébahi devant cette monnaie valant près de trente livres sterling.

Le visage fermé, Harry avança d'un pas dans la direction de James Carpenter :

— Je paye, avec largesse, le prix du passage de ma femme et du mien sur le *Fairmont*. À présent nous ne sommes plus sa propriété : veuillez ordonner au capitaine de libérer mon épouse, monsieur.

Quakers ou pas, Harry savait qu'un lieu rempli d'hommes, comme une taverne ou une maison de plaisir, à Dublin ou à Philadelphie, obéissait à des règles immuables : s'adresser à l'homme fort était la première d'entre elles si l'on voulait être entendu.

Carpenter saisit la guinée entre ses doigts. Après un temps de réflexion, il esquissa un sourire et dit au capitaine :

— Vous étiez dans votre droit, ce garçon vient de reconquérir le sien. Libérez sa femme.

— Mais c'est du vol ! s'exclama le capitaine.

— Vos six livres et vos vingt shillings légaux vont vous être remis, dit Carpenter.

— Pour sûr que non ! J'en appellerai aux faiseurs de paix !

— Ne vous montrez pas mauvais perdant, ni procédurier, capitaine ; du reste, il n'existe ici ni juge, ni avocat, ni garde, ni prison, vous chicaneriez en vain. À tout péché miséricorde. Passez à d'autres choses.

Il se tourna vers Harry :

— Le tarif du capitaine en moins, je vous remettrai le restant de votre guinée. Cette somme vous appartient.

Shelby Frost lui expliqua leur cas et révéla l'engagement d'Oglethorpe à leur égard.

— Vous êtes tous deux des persécutés catholiques, dit Carpenter : bienvenue à Philadelphie. Et puissiez-vous l'aider à prospérer.

— Ils sont merveilleusement honnêtes, ces colons, dit Harry à Shelby Frost en quittant la taverne.

— De vous à moi, je les trouve plutôt étranges, ces quakers…

— Comment se nomme l'endroit ?

— Georgiana. Il y a une trentaine d'années, il abritait une famille suédoise de Norrköping.

Trouvée par Shelby Frost, la parcelle de huit acres que découvraient Harry et Lilly était située en bordure du fleuve Schuylkill.

Une petite maison perdurait sur le lot, cabane en bois d'architecture inconnue en Angleterre et en Irlande, construite en rondins de pin isolés avec de la mousse, le toit recouvert de bardeaux.

Cette partie de Philadelphie était peu habitée ; les colons considéraient que le véritable potentiel commercial de la colonie résidait dans le trafic fluvial du Delaware et non dans celui du Schuylkill. Beaucoup reprochaient à William Penn de s'obstiner à vouloir coloniser cette seconde rive, jugée trop pauvre et trop éloignée. Mais en s'installant ici, Harry Bateman comprit le dessein du fondateur : si le Delaware était l'accès maritime de la colonie, le Schuylkill, en pénétrant perpendiculairement dans les terres de la Pennsylvanie, deviendrait l'axe d'approvisionnement de toute la colonie lorsque des villes essaimeraient à l'ouest. L'emplacement de Philadelphie, qui l'avait tant contrarié à l'arrivée du *Fairmont,* prenait tout son sens : le kilomètre de rive du Schuylkill que William Penn avait acheté à la tribu Lenape serait un jour très lucratif.

Les Bateman ne comptaient que trois voisins, des Allemands, qui vinrent spontanément leur prêter main-forte pour rafraîchir la maison et délimiter les premières parcelles à cultiver.

Harry et Lilly n'en revenaient pas ; en Irlande, pour devenir propriétaire, une vie de labeur ne leur aurait pas été suffisante.

Tout en développant Georgiana, Harry se trouva un emploi de *rail-splitter* ; il fendait des pieux et des montants de palissade. Les anciens s'amusèrent de ce jeune dégingandé, mal préparé à la vie au grand air, qui suait sous une hache trop lourde pour lui.

De son côté, Lilly s'embaucha dans une ferme de Germantown, petite ville de colons venus de Crefeld en Westphalie, où l'on produisait du lin et du beurre avec des barattes flambant neuves importées des Provinces-Unies.

Par sa simplicité et son ardeur au travail, Lilly se lia d'amitié avec Ennecke Pastorius, épouse du fondateur et bailli de Germantown, et suivit les leçons de son école gratuite ouverte à tous.

Peu de temps après leur installation à Philadelphie, pour la première fois de leur existence, Harry et Lilly se sentaient libres et heureux ; ils conçurent une immense reconnaissance envers l'évêque Wight Oglethorpe. À chaque messe, ils ne manquaient pas de solliciter des prières pour leur bienfaiteur.

Harry redoubla d'activité ; il se fit berger, rémouleur, s'occupa de saler les provisions pour l'hiver, surveilla les agnelages, cuisit de la briquette, aida à creuser un chenal pour drainer des parcelles arables, creusa des puits, fit sauter de la roche, tressa des filets ; lorsqu'il fut employé pour la tondaison des moutons, il fit honneur à sa patrie en établissant le record d'abattage de toisons en une seule journée. Le grand adolescent gagnait en muscle et devenait un homme.

Il n'était plus question pour lui ni de vol ni de mensonge : en délaissant l'Irlande, il avait abandonné derrière lui toutes les mauvaises manies qu'on lui avait inculquées.

Chaque année, les Bateman essayaient un peu mieux de mériter leur place dans la colonie et espéraient ardemment la venue de leur premier enfant.

Les informations concernant la vie en Europe, apportées par bateau de Londres, leur parvenaient au gré de la jeune ligne postale qui reliait la Pennsylvanie à New York et New York à Boston.

C'est ainsi que les Bateman apprirent la teneur du Traité de paix que les Anglais imposaient aux Irlandais après les défaites d'Aughrim et de Limerick. Le juge en chef Robinson énonça clairement les choses : *En Irlande, la loi n'admet pas l'existence d'une personne telle qu'un catholique romain.*

Les Irlandais devenaient des étrangers dans le pays de leurs ancêtres : il leur était interdit de porter l'épée, de contracter des mariages mixtes, d'éduquer leurs enfants ou de les envoyer à l'étranger, d'acquérir des terres appartenant à des protestants, de voter, de se faire soldats, de conclure des prêts de longue durée, de détenir un cheval d'une valeur supérieure à cinq livres ; l'aristocratie et les officiers étaient exilés sur le continent, et les évêques bannis.

Un courrier apporta des nouvelles de France.

Il y était question des réfugiés irlandais à la cour de Louis XIV et de Wight Oglethorpe.

Après sa fuite à Ringsend, le prélat avait atteint le château de Saint-Germain-en-Laye où résidait la cour anglaise en exil de Jacques II. Après quelques mois de tractations, déçu par ce roi tombé sous la coupe des jésuites, Oglethorpe renonça à la lutte politique et se retira dans un couvent de capucins à Auteuil. Il assura ne plus vouloir s'occuper des affaires d'Irlande et d'Angleterre ; sa déclaration ne satisfit pas ses adversaires : après une année de retraite, Wight Oglethorpe fut retrouvé mort, assassiné dans sa cellule.

Avec sa disparition, une page de l'histoire de l'Irlande se tournait.

Les Bateman firent le serment de ne jamais remettre les pieds sur leur île natale.

En 1695, pour la première fois, leur terre de Georgiana produisit graines et tiges de lin en quantité suffisante pour pouvoir enregistrer une vente avec les fabriques de Germantown.

Avec son bénéfice, Harry prit l'initiative de construire un petit débarcadère sur sa rive du Schuylkill. À Philadelphie, cette tentative fit sourire : « Rien ni personne ne transite sur ce fleuve ! »

— L'offre crée la demande, répliquait Harry.

Cette vérité, l'Irlandais se l'était forgée en étudiant la conduite des maisons de plaisir à Dublin : où que vous vous situiez, mettez une fille et le client se déplacera. De ses années de jeunesse, il n'avait pas tiré de morale, mais un flair aiguisé :

— Parce que mon débarcadère existe, il sera employé.

Quelques semaines après l'achèvement des travaux, des Indiens de la tribu des Susquehannocks apportèrent des peaux et des queues de castor qu'ils vendaient d'ordinaire à Albany, située à de nombreux jours de pirogue de chez eux. Bateman étant plus proche de leur village, il devint leur commissionnaire d'élection et fut, avant longtemps, le premier importateur de peaux de la colonie de William Penn.

Non seulement les Bateman commençait à tirer de leur labeur des profits conséquents, mais ils étaient les premiers de la colonie à le réaliser sur la rive du Schuylkill.

Un matin, Harry eut la surprise de se voir inviter officiellement à Philadelphie : il fut coopté par les autres marchands importants et put prendre place à leurs côtés dans la fameuse taverne de West les jours où les capitaines arrivés d'Angleterre et d'Irlande venaient y faire la publicité de leurs marchandises et de leur main-d'œuvre.

Là même où quelques années auparavant il avait sauvé sa peau et celle de Lilly.

Travail et obstination avaient porté leurs fruits : il était passé de « l'autre côté ».

Shelby Frost ne réussit pas à mobiliser assez d'argent et d'énergie pour élever l'église catholique dont il rêvait à Philadelphie ; il dut migrer vers Saint Mary City où prospéraient de nombreuses familles papistes. Le jeune prêtre partagea son temps entre ses fidèles du Maryland et ceux de la Pennsylvanie.

Quant à Harry, il constatait chaque jour combien Frost avait eu raison de qualifier les quakers de « plutôt étranges » le jour de leur arrivée en Amérique. L'Irlandais catholique se confrontait régulièrement à l'entêtement des fondateurs de la colonie. Qu'ils tutoient tout le monde, refusent de baisser leur chapeau devant quiconque, poursuivent des obsessions cocasses, comme ce rejet du nom des jours et des mois, appelant le dimanche le Premier Jour, et janvier le Premier Mois, etc., cela passait, mais leur position contre le serment lui était intolérable.

Pour les quakers, qui rejetaient l'idée même de mensonge, la prestation de serment était un acte superflu, car induisant deux niveaux de vérité dans la parole.

Ce simple article de foi suffit à paralyser toutes les institutions de la colonie : système judiciaire en panne, lois déclarées nulles et non avenues, absence de serment d'allégeance à la couronne.

Harry peinait à accorder sa confiance en affaires à des hommes qui refusaient de jurer de leur bonne foi et dont les actes ne pourraient être discutés devant un tribunal.

En acceptant dix ans auparavant d'assumer le pouvoir politique d'une colonie entière en Amérique, cette secte de zélés chrétiens s'enfermait dans un dilemme : comment demeurer inflexibles sur une doctrine religieuse quand celle-ci allait manifestement à l'encontre de la bonne marche d'une société d'humains ?

Leur prévention contre le serment n'était pas tout : le pacifisme forcené des quakers indignait bien davantage Bateman.

Harry entretenait d'excellentes relations avec les Indiens susquehannocks dont il était devenu le courtier officiel. Ces derniers lui en apprirent plus sur l'état des colonies britanniques que le mieux renseigné des Anglais de la colonie : l'Amérique était une terre de guerres permanentes. Les tribus indiennes ne cessaient de s'opposer entre elles, attisées par les Anglais d'une part et les Français de l'autre ; le Nouveau Continent était le second théâtre d'opérations des conflits engagés en Europe. Même si les quakers professaient leur pacifisme et rejetaient toute violence, en tant que colonie anglaise, ils pouvaient se retrouver en guerre malgré eux. Cependant ils refusaient toute initiative de construction de forts de défense ou de palissades, toute idée même de constitution d'une milice armée.

Un grand chef susquehannock nommé Onojutta, dit à Harry :

— Philadelphie est une proie tentante et facile. Quand elle sera devenue riche et prospère, je puis t'assurer que mes frères indiens profiteront de ses faiblesses. Alors, plus de Philadelphie.

En parlant des quakers, il disait les « fous » :

— Dans quel monde vivent-ils, ceux-là ?

Les succès d'Harry Bateman sur le Schuylkill incitèrent des Philadelphiens à l'imiter et certains vinrent s'implanter sur ce versant ouest de la colonie. Cependant tous s'étonnèrent que, en dépit d'excellentes opportunités, Bateman refusât d'accroître ses terres.

Son flair pour les affaires fut, pour une fois, remis en question.

— La Pennsylvanie grandit, c'est la vérité, mais elle demeure, et pour longtemps, une petite colonie. On parvient à y vivre, décemment, mais seule une poignée d'hommes peuvent y faire une réelle fortune.

Harry s'entretenait avec sa femme :

— Nous ne sommes ni Boston ni New York !

Assise devant lui dans leur maison de Georgiana, Lilly écoutait, les deux mains sur son ventre.

Elle était enceinte de trois mois.

— Les quakers commencent à se diviser sur leurs règles religieuses. Leur bon cœur est indéniable, mais ces hommes ne sont pas faits pour avoir la responsabilité d'une colonie. La paix entre l'Angleterre, la France et leurs alliés indiens dure depuis deux ans, mais pour combien de temps encore ? Que deviendrions-nous si Philadelphie était assiégée ? Nous partons, dit Harry.

Sans autre avis ni formalités supplémentaires, les Bateman vendirent leurs biens et leurs commerces à James Carpenter, réalisant un profit considérable, donnèrent une somme à Shelby Frost afin qu'il érigeât une église près de Georgiana puis quittèrent la Pennsylvanie, en quête de nouveaux horizons.

En cela, ils suivaient l'exemple de nombreux colons : chacun était sans cesse prêt à tout risquer, à errer vers de nouvelles occasions, soit dans les plantations de Virginie et du Maryland, soit dans les ports susceptibles de jouir du grand échange de biens avec Londres.

Jamais les Bateman n'avaient oublié l'impression produite sur eux par New York, à bord du *Fairmont*, huit ans auparavant.

— C'est là que nous irons, déclara Harry.

— Ils n'acceptent pas les catholiques.

— Ils acceptent l'argent, d'où qu'il provienne. Nous en avons suffisamment. Nous trouverons un arrangement avec eux.

Il fallut quitter la Pennsylvanie en hâte, au début de l'été 1699, pour devancer la saison froide et les complications de la grossesse de Lilly.

Harry refusa d'attendre un navire : il préféra s'en remettre à ses amis susquehannocks qui connaissaient les voies fluviales pour rejoindre paisiblement le fleuve Hudson.

Ce fut à bord de grandes pirogues que les Bateman abandonnèrent Philadelphie en emportant leurs biens.

L'arrivée sur l'île de Manhattan les séduisit autant que la première fois : New York avait grandi. À ce rythme effréné, sa population et son volume de marchandises dépasseraient bientôt sa rivale de Boston.

La ville entière était concentrée sur la pointe sud de Manhattan, protégée au nord, sur toute la largeur de l'île, par un mur d'enceinte qui délimitait déjà l'aire de la colonie hollandaise, cinquante ans plus tôt.

Harry et Lilly furent étonnés de l'écrasante majorité de Hollandais qui résidaient encore à New York. La prise de pouvoir en 1664 par les Anglais s'était faite pacifiquement sans qu'il fût demandé aux habitants de quitter les lieux. Depuis lors, les Hollandais, pragmatiques et fins commerçants, traitaient avec leurs nouveaux maîtres.

Le quartier anglais de New York était situé sur Dock Ward. C'est là qu'Harry comptait reconnaître d'anciennes connaissances de Philadelphie, des hommes qui, comme lui, avaient quitté la Pennsylvanie, soit usés par les rigueurs des quakers, soit mus par de nouvelles ambitions.

Harry s'était offert à Philadelphie un bel habit neuf : il passa inaperçu à New York, tant les hommes étaient ici mis de façon plus élégante qu'à Philadelphie. Après l'austérité des quakers, la gaieté ambiante surprit agréablement les Bateman.

Sur Dock Ward, Harry et Lilly retrouvèrent William Bradford, un imprimeur de Philadelphie chassé de Pennsylvanie, cinq ans auparavant, pour avoir diffusé un réquisitoire désapprouvant certaines lois érigées par les quakers.

Leurs retrouvailles se firent dans la luxueuse maison de Bradford. Celui-ci ne leur cacha pas sa récente conversion au presbytérianisme pour faciliter son intégration dans la colonie.

— Le moment est particulièrement mal choisi, dit-il aux Bateman concernant leur arrivée. Sous la pression des prédicants, l'Assemblée vient de voter une disposition contre les prêtres catholiques : ils sont sommés de quitter New York et les colons surpris en train de les héberger devront verser une amende de deux cent cinquante livres ! La ville ne compte plus qu'une douzaine de catholiques, et pas un n'est irlandais. Dock Ward est surpeuplé. Les autres Wards sont aux mains des Hollandais. Aucune communauté ne vous acceptera.

— C'est égal, répondit Harry. Je me contenterai d'un lot de terre situé au nord, au-delà du mur d'enceinte de la ville.

— Vous n'y pensez pas : nul commerce sérieux ne s'y effectue ! Et vous serez à découvert en cas d'attaque des Français du Canada.

Les terres de Manhattan, depuis le mur d'enceinte jusqu'à New Harlem, étaient la propriété du Comité colonial dirigé par le gouverneur de New York. William Bradford avait cependant les moyens d'aider Harry : en tant qu'imprimeur officiel, diffuseur des édits officiels, des ordonnances et des pétitions, il était très proche des autorités de la province. Il obtint pour Bateman, au prix de vingt-quatre livres et de la promesse de ne pratiquer sa religion qu'en privé, un lot de six acres situé à proximité du mur, au bord de l'est de l'Hudson.

— Vous pourrez louer ces parcelles à des artisans ou à des cultivateurs, à des loyers plus raisonnables qu'en ville, lui suggéra Bradford.

Harry n'en fit rien ; il convoqua plutôt des briquetiers, des maçons et des charpentiers et érigea un immense hangar à marchandises. Le plus grand de la colonie, équivalent aux sept bâtiments de cette sorte que possédait James Carpenter sur le Delaware.

Une fois encore, les colons se rirent de lui : le hangar n'avait pas même de débarcadère ni d'accès facilité aux quais de la ville.

Fidèle à sa conviction que l'offre crée la demande, Harry fit publier par les presses de William Bradford un tract où il vantait l'isolation parfaite de son hangar, les trois hommes armés auxquels il en avait confié la sécurité et ses tarifs d'engrangement inférieurs à tous ceux pratiqués dans la colonie.

Sur le fronton de son hangar, Harry fit graver son nom : *Bateman*.

— Maintenant, soyons patients, dit-il à Lilly, préoccupée de voir toutes leurs économies investies dans cette aventure.

Au cours de l'automne, un événement majeur tourna en leur faveur.

Une nouvelle mairie était en construction sur Broad Street, monument qui devait refléter, par sa beauté et sa taille, le prestige de la domination anglaise sur la colonie. Seulement, à mi-chantier, les bâtisseurs s'aperçurent qu'ils allaient se trouver à court de pierres. Pour achever l'ouvrage, l'Assemblée de New York exhuma un vieux projet : abattre le grand mur d'enceinte des Hollandais, trop vétuste, et récupérer les pierres de ses bastions pour terminer la mairie.

Que l'emblème du passé hollandais servît à ériger le nouvel emblème des Anglais n'était pas pour déplaire aux membres de l'Assemblée.

Harry Bateman assista à la chute des lourds piliers de bois, hauts de quatre mètres, plantés un demi-siècle auparavant, et des bastions de défense.

Les habitations du North Ward qui s'appuyaient contre le mur durent être consolidées ; on traça une nouvelle rue. Elle prit le nom de Wall Street, en souvenir des

Wallons qui, en 1653, avaient construit le mur de l'ancienne New Amsterdam.

Harry Bateman avait des raisons de se réjouir : le mur tombé, il devenait *de facto* citoyen de la ville et l'expansion des activités de New York vers son hangar était inévitable.

Dans le même temps, Lilly accoucha d'un garçon.

Ils le prénommèrent Charles.

— Charles Bateman, s'émerveilla Harry, lui qui était orphelin de père. Premier Irlandais catholique né dans New York ! Que ceux qui m'ont assuré que la Nouvelle-Irlande en Amérique n'est qu'un songe creux se le tiennent pour dit : mon fils fera vivre la colonie de nos frères opprimés ! Vous verrez !

Il pria longuement la Vierge, Jésus et l'âme de son bienfaiteur Wight Oglethorpe.

Le lendemain, deux mots furent ajoutés aux lettres de son nom, sur la façade de son grand hangar à marchandises :

& Fils.

Les Muir
1701

Dans la Bible, au chapitre 25, verset 5 du livre du Deutéronome, il est stipulé qu'en cas de mort de son mari, une femme devra s'allier avec le frère du défunt et accomplir envers lui son devoir d'épouse.

Au livre du Lévitique, c'est tout le contraire qui est édicté : prendre pour épouse la femme de son frère est une souillure et le couple ainsi formé n'aura jamais d'enfants.

Le roi Henry VIII d'Angleterre tira prétexte de cette divergence biblique : d'abord pour épouser la très catholique Catherine d'Aragon, veuve de son frère aîné Arthur ; ensuite pour la répudier et la remplacer sur le trône par la très protestante Anne Boylen.

En guerre avec l'ex-moine allemand Martin Luther, figure de proue des protestants, le pape Clément V refusa de reconnaître la nullité de sa première union ; excédé, Henry passa outre son congé, rompit lui-même le mariage et se déclara chef unique et suprême de l'Église d'Angleterre.

Pour une simple controverse de lit dégénérée en caprice d'État, le clergé britannique s'embrasa, les Anglais restés fidèles à Rome et leurs frères protestants se persécutèrent.

Dès lors, à chaque succession sur le trône britannique, la même question irait ameuter les esprits : souverain catholique ou protestant ?

Les deux camps parvinrent à s'adjuger la couronne : après Henry VIII, Édouard VI resta protestant, Marie Tudor fut catholique, Élisabeth Ire protestante, Jacques Ier et Charles Ier protestants, Olivier Cromwell poussa la Réforme jusqu'au fanatisme, Charles II se convertit au catholicisme sur son lit de mort, son frère Jacques II fut un catholique au zèle ardent, puis Marie II et son époux, Guillaume d'Orange, rétablirent en 1688 la suprématie protestante.

Aujourd'hui, après eux, l'avenir du trône redevenait incertain : privés de postérité, Marie morte en 1694, Guillaume refusant de se remarier, la royauté revenait à Anne Stuart, sœur cadette de Marie ; seulement, à trente-cinq ans passés, cette dernière comptait déjà treize fausses couches et le seul de ses enfants mâles qui survécut à la petite enfance mourut de la variole à onze ans, le 30 juillet 1700.

Sa disparition alarma le Parlement.

Si Anne ne parvenait pas à assurer la continuité dynastique, par le jeu enchevêtré de la parentèle, le trône d'Angleterre échoirait une nouvelle fois… aux catholiques.

Pour faire face à cette menace, les parlementaires mirent à l'étude une loi de Succession visant à écarter « définitivement » le pouvoir des mains des catholiques.

Dans l'éventualité où Anne viendrait à décéder sans héritier, la couronne serait dévolue à la princesse Sophie de Hanovre, petite-fille protestante de Jacques Ier, et à ses descendants.

Pour triompher des papistes, le Parlement n'hésitait pas à disqualifier une cinquantaine de prétendants catholiques légitimes et à céder le trône à… une douairière allemande de soixante et onze ans qui ne parlait pas un mot d'anglais !

En juin 1701, le roi entérina la proposition des parlementaires et elle fut promulguée sous le titre d'Acte d'établissement.

Ce jour-là, à Londres, comme dans tout le royaume, les protestants voulurent célébrer à sa juste valeur ce coup décisif porté au camp des papistes ; la longue querelle née sous Henry VIII prenait fin : la loi britannique interdisait à tout monarque anglais d'être de confession catholique.

À Londres, un carton d'invitation pour un banquet offert en l'honneur de l'Acte d'établissement fut très couru parmi les nobles et les grands bourgeois protestants.

À lui seul, il donnait le ton de la future royauté anglaise sous les Hanovre : le carton était libellé en allemand.

Il émanait d'Augustus et Tracy Muir.

Augustus Muir avait plus de raisons que quiconque de se réjouir de l'arrivée de la branche des Hanovre sur le trône anglais. Bien qu'installé à Londres depuis vingt-deux ans, il était lié de longue date à la future maison régnante : avec George, le fils aîné de la princesse Sophie, il entretenait même des relations d'amitié depuis l'enfance.

Son ascendance germaine, qu'on lui avait tant reprochée, s'avérait providentielle : Augustus Muir, tout en étant l'homme le plus riche du royaume, allait voir l'influence politique s'ajouter au prestige de son nom. Nul ne doutait qu'une élite allemande s'imposerait à la cour d'Angleterre sitôt que les Hanovre succéderaient à Anne ; au sein de cette élite, les Muir faisaient déjà figure de royauté à eux seuls.

Pour la réception dans son palais légendaire de Roderick Park, trois cents personnalités étaient attendues : plus de deux mille se présentèrent !

À neuf heures du soir, Augustus se tenait au deuxième étage du palais devant la fenêtre de ses appartements, seul avec sa femme Tracy, observant en silence la cour et le portail d'entrée par où pénétraient les invités.

Il portait l'uniforme d'apparat que revêtaient les nobles Hanovre lorsqu'ils étaient auditionnés par l'empereur Léopold. À quarante-deux ans, son embonpoint du cou et de la taille avait beaucoup forci et son crâne s'était dégarni.

La crème de Londres défilait sous ses yeux : de grands seigneurs anglais habillés de brocart d'or, des parlementaires whigs et tory, le lord-maire avec des aldermen et des sergents de la cité, les membres du Conseil privé du roi, enfin l'ambassadeur d'Espagne, portant le costume de la Toison d'Or, accompagné d'écuyers et d'alcades de cour, l'ambassadeur de France en habit du Saint-Esprit, lui aussi entouré d'une suite considérable. Le soir de juin était doux et lumineux, les immenses portes-fenêtres du palais étaient grandes ouvertes sur les jardins. Pour ce seul soir, Augustus avait fait redécorer ses salons, retapissés et tendus de satin brodé aux couleurs des Hanovre – le rouge et le gris perlé. Ses jardins avaient été replantés de lilas et de cytises. Un artificier était attendu de Versailles. Les femmes s'étaient fait confectionner des robes rouges et les hommes arboraient soit un ruban, soit une cravate de cette même couleur.

Debout à sa fenêtre, l'œil rivé vers ses hôtes, Augustus songeait au chemin parcouru depuis sa venue à Londres, aux avanies subies à cause de son accent et de ses manières jugées trop « allemandes ».

— Je vous ai bien eus, murmura-t-il.

— Que dites-vous ? demanda Tracy, derrière lui, en grande tenue, et qui piaffait d'impatience, ne comprenant pas ce que son mari attendait pour rejoindre leurs invités. Il faut descendre maintenant, ajouta-t-elle. Cela ne se fait pas, Augustus !

L'homme le plus puissant d'Angleterre, un sourire aux lèvres, répéta pour lui-même, dans sa langue natale :

— Ich habe euch erwischt.

Le premier de la dynastie Muir à avoir fait briller son nom fut un certain Christian, né à Osnabrück en 1602, fils d'un sous-officier tristement célèbre pour avoir été dégradé en public après une conduite indigne. Dans l'histoire de la famille Muir – jusque-là des exploitants agricoles des bords de la Leine – cet ivrogne s'était haussé plus haut que quiconque et fut un temps le dieu de la race Muir, avant de retomber plus bas que terre.

Son fils aîné lui succéda dans la carrière des armes ; il se distingua à la bataille de Wiesloch et lors du siège de Breda. Du jour où le prince du Palatinat du Rhin l'éleva au grade de capitaine pour ses faits d'armes et lui accorda quelques mots de conversation au cours d'une revue, le souvenir du père soiffard fut oublié.

Le jeune Christian pouvait prétendre à tous les honneurs : pensionné comme un prince de cour, un riche mariage était envisageable, mais aussi une nomination à la tête d'un régiment d'uhlans ou un siège dans les antichambres du pouvoir à Vienne.

Christian Muir ne fit rien de ce que l'on pouvait attendre d'un homme promu grâce à son courage et à la bienveillance d'un monarque.

Les conversations galantes avec les jeunes filles l'agaçaient, il avait pour les palabres politiques la même répugnance que pour les bals, et les champs de bataille le dégoûtaient.

Il renonça à tout ; on le prit pour un fou, sa mère et ses frères s'affolèrent, son père ricana.

L'une de ses campagnes militaires l'avait conduit sur les confins polonais. Dans le village de Gdonks, où son régiment avait séjourné un mois, il avait sympathisé avec un certain Moldav Rotpchine, modeste propriétaire terrien.

Quatre années plus tard, le capitaine Christian Muir retourna à Gdonks et offrit à Rotpchine de lui acheter les terres qu'il possédait au nord de la rivière Krista.

Là, s'y exploitaient deux modestes mines de sel. Le Polonais reçut favorablement l'offre de Muir et ce dernier parvint à obtenir des cabinets impériaux ce qu'on avait toujours refusé à Rotpchine : la permission de commercer son sel à l'intérieur des frontières marchandes du Saint-Empire.

Les mines de Gdonks s'avérèrent beaucoup plus importantes que prévu : Christian Muir devint immensément riche.

Lorsqu'il retourna à Osnabrück, Christian n'eut plus besoin de serrer de près les bons partis, les jeunes héritières se précipitaient avec l'espoir de vivre à ses côtés dans le gigantesque palais qu'il se faisait bâtir.

Christian Muir jeta son dévolu sur la jeune Anne-Charlotte de Henren. Elle lui donna un fils avant de disparaître : Frederick.

Dès l'adolescence, ce dernier se piqua de politique. Ce que son père avait négligé, lui s'en fit une passion. Frederick usa des millions de la famille pour s'immiscer dans l'entourage des Habsbourg. Le commerce du sel lui répugna ; à ses yeux, les mines de Pologne n'existaient que pour lui procurer les moyens de flatter ses alliés et de nuire à ses rivaux. Le fils de Christian Muir aima les bals, s'enivra à l'excès, fit une cour servile à tous les beaux partis et épousa enfin une duchesse de Cologne qui lui donna trois filles et un fils unique, Augustus.

Frederick misa sur ses liens privilégiés avec la Maison montante de Hanovre pour placer son héritier. Augustus devint l'ami proche de George, fils aîné du couple princier Ernst-August de Hanovre et Sophie de Bohême.

Tout semblait avoir été prévu par le chef du clan Muir, excepté qu'Augustus ne nourrirait aucun goût pour la politique.

À dix-sept ans, il refusa d'entrer dans les rangs de l'armée, fit scandale en renonçant à un mariage qui l'emprisonnait à la cour et déclara préférer le négoce à la vie des courtisans.

Rien ne l'horripilait autant que de voir les mines de sel familiales pâtir des négligences de Frédérick.

Le goût du jeune Muir pour les affaires mercantiles accabla son père. Les deux hommes eurent des mots irréconciliables et Augustus quitta Osnabrück pour la France.

À Versailles, il se lia d'amitié avec un jeune Anglais catholique en exil, Barthélemy Glasby. De même âge que lui, Glasby était un esprit fort, très intelligent, mais peu capable de suivi ; il entretint Muir de l'Angleterre et de ses douze colonies d'Amérique qu'il savait très gourmandes en sel.

Il lui enseigna les rudiments de sa langue et, trois mois plus tard, Augustus s'installait à Londres avec l'intention de satisfaire aux besoins de l'Amérique.

Il établit son comptoir rue de Threadneedle puis envoya des ordres vers ses mines de sel de Pologne, épousant au passage Tracy Monroe, fille du plus grand armateur de Londres.

Aujourd'hui, son amitié d'enfance avec le fils de Sophie de Bohême, nouvelle prétendante à la couronne d'Angleterre, replaçait la famille Muir dans l'orbite politique qui plaisait tant au vieux Frederick.

Ce dernier, qui n'avait plus communiqué avec son fils depuis leur fâcherie d'Osnabrück, et ce, malgré ses immenses succès commerciaux, lui fit porter un pli, à l'annonce de la préparation de l'Acte de Succession : « Je te pardonne. »

Ce à quoi, Augustus répondit : « Je ne vous ai rien demandé. »

Augustus haussa les sourcils. Par la fenêtre de ses appartements, Augustus vit un coursier franchir son portail et se frayer un chemin parmi les convives.

Muir haussa les sourcils et se retourna vers Tracy.

— Eh bien, s'exclama-t-elle, nous déciderons-nous à paraître devant nos hôtes ?

Il lui fit signe de se taire.

Elle trépigna de rage.

Il patienta.

Un moment plus tard, on frappa à la porte et Bat Glasby entra.

— C'est arrivé, annonça-t-il en lui remettant un pli.

Augustus rompit le sceau, parcourut le message des yeux, sourit puis enfouit le papier sous son pourpoint sang de bœuf.

— Bien. Nous pouvons y aller, dit-il.

Sitôt qu'ils firent leur apparition en haut du grand escalier du palais qui menait à l'étage noble, les Muir furent ovationnés par leurs hôtes comme si c'eût été eux qui iraient prendre la succession des Stuart sur le trône d'Angleterre.

Tracy Muir, grande et fine, très racée, malgré les huit enfants qui lui étaient nés et le neuvième espéré pour le début de l'hiver, dissimulait sa grossesse sous une ample robe rouge brodée de lions d'argent.

Leurs enfants les attendaient, au pied de l'escalier.

Walter, l'aîné, âgé de dix-sept ans, portait en bandoulière le liseré bleu emblème du Comptoir Muir, le cheveu sombre, les yeux noirs, grand et mince, il ressemblait à sa mère. À ses côtés se tenait son cadet de un an, Clemens, lui, le portrait de son père. Venaient ensuite trois garçons et deux filles, de quatorze à quatre ans.

Dans la salle des banquets, Augustus sourit en apercevant la longue table garnie de boulettes de foie aux oignons, de ragoûts de lapin au sang, de rôtis de porc à l'aigre et de soupes d'anguilles de son pays. Un orchestre de huit instrumentistes, venus exprès de Lübeck, exécutait ses airs favoris de Buxtehude et de Bruhns, et un théâtre avait été dressé au bas bout de la grande table.

Son regard se posa sur son beau-père, le vieux lord Joseph Monroe, flanqué de ses deux fils. En dix ans, depuis la prise de pouvoir spectaculaire d'Augustus, c'était la première fois qu'il les autorisait à paraître dans son palais.

Au cours du banquet, la bière du Rhin échauffant peu à peu les esprits, les récitations et les félicitations, les toasts portant la santé des Hanovre et des Muir dégénérèrent en plaisanteries grasses visant les catholiques honnis.

Au dessert, le rideau du théâtre se leva et l'assistance profita d'une pièce en vers déclamée par l'actrice la plus courtisée du temps ; lecture louant les grandes heures de la Maison de Hanovre depuis 1212 et s'achevant d'une strophe sur les noces d'Augustus Muir et de Tracy Monroe à Londres.

Ensuite, afin d'illustrer les esprits novateurs de l'Allemagne, un certain Hans Frauenlob de Wittennerg investit la scène du théâtre, muni d'un globe de verre rotatif mû par une grande roue.

Frauenlob était l'un de ces savants qui étudiaient les propriétés de l'électricité et faisaient des tournées à travers l'Europe pour exhiber leurs découvertes.

Il invita une vingtaine de femmes à le rejoindre sur l'estrade. Il les disposa en rang, face au public, et leur demanda de se tenir la main. Après avoir actionné la roue et impulsé une étonnante vitesse à son globe, il invita la dame la plus proche à y poser sa main : aussitôt, exactement en même temps, la rangée entière reçut une décharge et effectua un petit bond.

— L'électricité vient de passer par leurs corps, au même instant, et avec une intensité égale de la première à la dernière d'entre elles ! s'exclama Frauenlob.

Sur la scène, les femmes, bien que silencieuses, ne cachaient pas leur inquiétude. Frauenlob récita ce petit compliment pour leur redonner le sourire :

Je le sais, où se trouve mieux
Cette vertu presque magique,
Savamment nommée électrique ;
Jeunes beautés, c'est dans vos yeux.

Le quatrain fit merveille.

Quand sir John Trevor, maître des rôles, se leva pour demander à quoi cette invention pouvait servir, Frauenlob affirma qu'en roulant davantage sa roue il était parvenu à tuer un petit chat et une poule.

Le théâtre fut ensuite occupé par dix-huit jeunes orphelines de l'institution de Bradington, âgées de cinq à douze ans, vêtues de petites robes rouge et gris, venues à Roderick Park entonner un choral et des chants profanes de Hanovre.

Les voix claires et unies des fillettes adoucirent les invités. Leur exécution était légère, harmonieuse, en dépit de quelques syllabes d'allemand écorchées.

Dans la salle, les authentiques hanovriens, saouls et pour la première fois silencieux, pleuraient leur pays.

Augustus lui-même se montra très touché.

Rien ne fut plus poignant ce soir-là que ce concert de petites filles.

Tracy Muir était fière du résultat.

Le chœur reçut une longue ovation.

Augustus monta sur scène pour féliciter les orphelines.

À son apparition sur le théâtre, l'assistance se tut ; Augustus se reprocha aussitôt son élan vers les jeunes filles ; son anglais était encore entaché de germanismes et il lui répugnait de parler en public.

Ne trouvant que des banalités à dire, il regarda autour de lui, en plein silence, puis proclama :

— C'est aujourd'hui un grand jour pour l'Angleterre et sa couronne, il convient que nous soyons tous heureux.

Il laissa sa main errer dans les airs puis la posa sur le front de la fillette la plus proche de lui.

— Je trouve naturel d'adopter cette jeune orpheline afin de l'arracher à la lente torture de sa vie de malheurs !

L'enfant sursauta. C'était une petite blonde aux yeux clairs, parmi les plus jeunes de la chorale. Elle tourna le visage, allant de Muir à la salle et de la salle au maître de l'orphelinat, d'un air effrayé.

Le geste d'Augustus Muir fut jugé si beau, si noble, qu'il fut imité sur-le-champ. Les dix-huit pensionnaires de Bradington se virent accueillies par les familles les plus riches et les plus prestigieuses de Londres.

— C'est un miracle ! s'exclama un invité.

On lui rétorqua que c'était là vocabulaire de catholique, l'étourdi rectifia par un : *Sublime !*

— Comment te nommes-tu, ma jolie ? demanda Muir à l'enfant.

— Shannon, répondit la fillette.

— Ton âge ?

— Cinq ans.

— Shannon, reprit Augustus, tu es désormais chez toi à Roderick Park. Sois-y heureuse.

Rares étaient ceux qui avaient attrapé le regard de colère que Tracy Muir jetait à son mari. Pour faire diversion, elle ordonna le lancement du feu d'artifice.

Un instant plus tard, les gerbes de l'artificier de Versailles illuminèrent le ciel de Londres.

Effrayée par les mouvements précipités de la foule vers les jardins, et par les fusées et les étincelles qu'elle prenait pour la colère de Dieu, la petite Shannon, abandonnée par Augustus, se réfugia sous un meuble où elle demeura jusqu'à la fin de la réception.

Dans les jardins, la mise à feu des pièces d'artifice occupa les invités de Muir pendant une demi-heure. Du haut du grand escalier, Augustus vit, dans la foule immobile de ses invités têtes en l'air, des pages et des écuyers apporter des messages aux ambassadeurs de France et d'Espagne. Ce dernier se tourna vers son hôte et s'approcha, bientôt suivi par son homologue français

La nouvelle ne resta pas plus longtemps secrète.

Augustus sortit de son pourpoint le pli reçu peu avant. C'était une lettre écrite de la main de Sophie de Hanovre, héritière du trône d'Angleterre, qui l'appointait Conseiller d'État et Ambassadeur plénipotentiaire de sa Maison auprès de Sa Majesté le Roi.

Augustus Muir devenait à Londres la voix de la future reine !

Il ne résista pas à la tentation de lancer un regard superbe à son beau-père.

Le « bon Germain » était au faîte des honneurs et de la gloire.

Quatre heures plus tard, lorsque les domestiques commencèrent à débarrasser tables et buffets, une main agrippa le poignet de la petite Shannon et la tira hors de sous le meuble où elle s'était endormie.

C'était Tracy Muir.

Elle planta la fillette près d'un chandelier, lui fit sortir la langue, examina ses dents, ses mains, ses oreilles, le fond de l'œil, la texture de ses cheveux.

— Bon. Il aurait pu tomber plus mal, cet imbécile, murmura-t-elle.

L'enfant était en tout point magnifique.

Tracy avait exigé du gouverneur de l'orphelinat de Bradington, Timothy Tawdrey, qu'il aille sur-le-champ lui chercher le dossier de l'enfant : elle apprit que Shannon avait été retrouvée sur les marches de Trinity Church, âgée seulement de quelques heures. Nul n'était jamais venu la réclamer. Le gouverneur lui dit le plus grand bien de l'orpheline : « Shannon est douce et très dégourdie. Je ne souhaitais pas l'inclure dans la chorale de ce soir, la trouvant trop jeune. Shannon a assisté à nos répétitions, en cachette, a travaillé seule le chant et lorsqu'elle s'est présentée à moi pour se porter une nouvelle fois candidate, elle savait mieux que personne la mélodie et les paroles allemandes ! Cette petite ne s'apitoie jamais sur son sort ni sur celui des autres, et quand elle a résolu quelque chose : gare ! Vous avez de la chance, si on lui en donne les moyens, cette petite ira très loin ! »

Ce n'était pas pour rassurer Tracy Muir.

— Cette fantaisie d'adoption est intolérable !

Elle était à présent dans le petit salon de ses appartements, en compagnie de la fillette et de Bat Glasby qu'elle venait de convoquer.

Le bras droit de son mari lui fit remarquer :

— Il n'est plus possible de faire machine arrière. Demain, l'adoption des orphelines de Bradington va faire sensation dans tout le royaume. Augustus est depuis ce soir un personnage d'État. Que dira l'opinion publique si l'ambassadeur des Hanovre, pour sa première action, trahissait sa parole ? Shannon ne peut plus être rendue à son orphelinat.

— Cependant, il n'est pas question qu'une misérable de son espèce puisse impunément porter le nom de Muir ! protesta Tracy. La laisserai-je réclamer un jour une part qui revient à mes enfants, la laisserai-je se livrer à la merci de tous les coureurs de dot ?

Shannon s'assoupissait sur une bergère.

— La solution est entre nous, dit Tracy. Shannon va demeurer dans cette maison, certes, il le faut, elle sera nourrie et éduquée comme faisant partie de notre famille, aux côtés de mes propres enfants, mais c'est vous qui allez l'adopter, Bat !

— Moi ?

— Elle n'aura de Muir que le nom. Légalement, je veux la priver de tout droit.

Glasby hocha la tête :

— Il conviendrait d'en parler à Augustus.

— Certainement pas. Augustus se moque de tout cela ! s'écria Tracy. Il embarque demain pour Hanovre. Du reste, s'occupe-t-il jamais de ses enfants ? Cette gamine, croyez-moi, il l'a déjà oubliée. Et puis, nous le connaissons, s'il savait, des paroles imprudentes pourraient lui échapper. C'est à nous de parer aux inconséquences de ses actes.

Glasby voulut encore contester mais Tracy ne lui donna plus le choix, le menaçant d'avouer à son mari son goût immodéré pour les jeux d'argent.

— Vous savez combien Augustus a horreur de ces futilités. L'argent est trop précieux à ses yeux : s'il vous démasquait, il vous couperait vos ressources !

Le lendemain matin, Dermott Wilmott, l'homme de loi des Monroe devenu, depuis dix ans, celui des Muir, rédigea en secret l'acte authentique d'adoption au nom de Barthélemy Glasby.

À cette occasion, la petite Shannon comprit qu'elle ne retournerait plus à l'orphelinat de Bradington, qu'elle ne manquerait de rien dans sa riche famille d'accueil, mais elle n'était pas très certaine de saisir qui était vraiment son père...

1708

Après l'assassinat de Tomoguichi, l'île du fleuve Sawanwaki demeura vierge de toute présence humaine pendant vingt ans.

Le bosquet de cèdres et de pins blancs s'épaissit, les broussailles se multiplièrent, un loup chargé d'ans vint y mourir, quelques oiseaux de proie y nichèrent.

Cependant, au premier jour de mars 1708, sur la rive nord du Sawanwaki, un petit charroi d'humains apparut.

Un Blanc guidait un bœuf attelé à une charrette dans laquelle une femme et deux enfants étaient assis.

L'homme planta sur la berge deux gros pieux, y noua des cordes, franchit le fleuve sur ses haut-fonds puis jeta un pont suspendu de l'île à la berge.

À l'aide d'une corbeille équipée de poulies, la femme et les enfants firent transiter les outils et les victuailles contenus dans le chariot. L'homme retourna sur la berge et porta, sur ses épaules, tour à tour, sa femme et ses deux garçons. Il défit les dernières pièces importantes du chariot, dont un vérin à vis, enfin, pour terminer, le démembra.

Le débit du Savannah était trop capricieux pour espérer faire traverser le bœuf.

L'homme l'attacha à un arbre et rejoignit sa famille sur l'île.

Un feu de camp y avait été dressé. Une hutte sommaire leur servit d'abri pour la nuit.

Ils dînèrent d'une bouillie de maïs et se couchèrent au crépuscule.

— Enfin, soupira l'homme à sa femme.

Dans le ciel limpide, couvert d'étoiles, des nuées de lucioles ou de mouches phosphorescentes dansaient au-dessus de leurs têtes.

Au petit matin, deux Indiens apparurent sur la rive méridionale du Sawanwaki et examinèrent de loin le nouveau camp. Le Blanc s'arma de son mousquet et ordonna à sa famille de se tenir à couvert.

D'autres Indiens vinrent à bord d'une pirogue. À l'approche de l'île, l'un d'eux libéra deux flèches et les lança de la main dans la direction du Blanc.

L'une possédait une extrémité taillée dans du cuivre, l'autre n'avait pas de pointe. Était-il pour la guerre ou pour la paix ?

L'homme rompit la flèche aiguisée et conserva l'autre. De son côté, il déposa son mousquet à terre et versa le contenu de sa poche à munitions au-dessus de l'eau.

Le cérémonial du pacte de non-agression était accompli.

Les Indiens de la pirogue et de la rive disparurent.

Femme et enfants collectèrent de la mousse et du bois sec et dressèrent un second feu, de forme allongée. L'homme retourna sur la rive nord du fleuve, près de son bœuf, et le saigna. La bête, retenue par la corde, se débattit, mugit, avant d'expirer lentement. Il la dépeça, débitant sa viande en fines lanières.

De retour sur l'île, la chair fraîche fut frottée avec du sel et étendue au-dessus du feu, laissée à rôtir sur de très courtes flammes, afin de boucaner et de demeurer comestible pour des mois.

Une deuxième délégation d'Indiens fut dépêchée au bout d'une semaine auprès du nouveau locataire de l'île de Tomoguichi. Un Indien majestueux se tenait debout sur une longue pirogue dotée d'une estrade.

Le grand chef mit le pied sur l'île, progressant entre les deux haies de sa garde. Sa chevelure était ornée de plumes blanches et d'une queue de petit daim ; nul n'avait le torse aussi tatoué que lui, il portait sur les épaules une peau d'ours avec ses griffes, des colliers de porcelaines au cou et des bracelets étincelants sur les avant-bras.

Le premier geste du Blanc fut de remettre à ses pieds une bonne part de la viande boucanée de son bœuf.

L'Indien, satisfait de l'hommage immédiat de l'inconnu, s'exprima dans un anglais très approximatif :

— Je suis Taori, le chef des Yeohs du Savannah.

Ce à quoi l'Anglais répondit, usant d'un muskogee parfait :

— Le Grand-Esprit te protège, noble Taori. Je suis Thomas Lamar.

— Lamar. Le fils ?

Le Blanc acquiesça :

— Le fils de John Lamar. Oui.

Le chef se raidit.

Lamar leva la main, donnant le signal à sa femme et à ses enfants de paraître.

Le chef Taori découvrit alors Kitgui, l'Indienne de la tribu qui, vingt ans auparavant, avait quitté son camp natal, mariée au jeune fils de John Lamar, en gage d'un pacte de paix que l'ombrageux Anglais n'avait pas tardé à bafouer.

Kitgui s'avança lentement, inquiète et émue de revoir les siens après tant d'années passées auprès des Caroliniens de Charles Town.

Taori ne lui accorda qu'un bref signe de la tête. Sa mise d'Européenne le heurtait ; il observa les deux enfants et lui lança, sur un ton de reproche :

— Tes enfants ont la peau blanche, Kitgui.

Les garçons avaient douze et dix ans. Ils portaient des noms indiens, traduits en anglais :

— Impatiemment-attendu et Fracas-du-tonnerre, annonça Kitgui.

Le dédain de Taori pour les Blancs n'épargnait pas les demi-sang.

Thomas Lamar expliqua qu'il comptait résider sur cette île, que la vie dans sa colonie anglaise lui pesait et qu'il refuserait dorénavant tout commerce avec les colons, aussi les Yeohs pouvaient-ils se rassurer : sa présence sur le fleuve n'avait rien d'un avant-poste stratégique voulu pour une incursion des Blancs sur leurs terres.

— Lorsqu'un homme emmène sa femme et ses enfants avec lui, c'est rarement pour verser le sang quelque part, nota Taori.

— Ma famille et moi voulons simplement la paix et recherchons la solitude qui est sa compagne, assura Thomas Lamar.

Il présenta un document de Charles Town qui lui donnait la possession officielle de l'île.

— Je vous accorde de demeurer, eu égard à Kitgui, dit Taori. Mais je vous défends d'approcher de notre village, leur dit-il debout sur sa pirogue. Vous ne trafiquerez pas avec les Yeohs. Si d'autres Blancs venaient à s'implanter sur nos terres, je vous expulserai les premiers. Dites-vous que si vous êtes tolérés ici, vous n'êtes pas les bienvenus.

Désagréable, Taori regarda l'île puis ramena son regard sur Kitgui :

— Quoi que vous en disiez, vous ne serez jamais seuls sur cette île…

Sur cette phrase énigmatique, il tourna les talons, sans ordonner à ses hommes d'emporter l'offrande de Thomas.

Lorsqu'il se fut éloigné, Lamar prit sa femme entre ses bras :

— Ne t'inquiète pas. Tout ira bien.

Parmi les objets que l'Anglais avait emportés de Charles Town, le plus précieux était un coffre en bois qui renfermait deux douzaines de livres : tout le savoir nécessaire pour réussir à survivre sur une terre vierge d'Amérique.

Suivant l'exemple d'écrits d'aventuriers, Thomas Lamar sut où plonger ses filets de pêche, comment repaître sa famille de mollusques, produire du beurre avec la noix de caryer, fabriquer du pain grâce à la pulpe tamisée du kaki, récupérer le sel de l'eau de mer dans des coupelles d'argile, former du mortier à l'aide de coquilles d'huître pilées.

Il trouva sur son île le bois de construction nécessaire pour édifier une maison de famille. Il ancra sa charpente de pin blanc sur une cheminée centrale ; ses murs, hérissés de lambeaux d'écorce, dégoulinaient de sève et de résine ; il isola le clayonnage avec de l'argile et confectionna des carreaux de fenêtre avec du parchemin enduit d'huile de lin.

Le travail était long et pénible, mais chaque jour apportait son lot de progrès visibles.

Kitgui arpenta l'île pour élire une parcelle de terrain où cultiver le maïs, les courges et les haricots.

Bientôt les premiers épis pointèrent sur l'île de Tomoguichi.

Au bout de tous ces efforts, Thomas choisit avec grand soin le plus beau tronc d'hickory qu'il put trouver sur les rives du Savannah et l'abattit.

Armé du livre de souvenirs de l'explorateur John Pickax et muni des outils recommandés par un certain Ned Miller, expert en chantier naval de Jamestown qui avait passé dix ans à vivre dans la tribu des Keyauwees, il se mit à fabriquer une pirogue.

Sa pirogue.

Le résultat fut stupéfiant de légèreté et de rigidité ; long de trois mètres, pourvu de deux bancs de nage, pas un Indien n'eût pu consentir que ce Blanc, novice dans l'art de construire des embarcations, était parvenu à réussir ce bijou, seul, secondé uniquement par la « voix » d'un livre, voix d'un homme mort trente ans auparavant...

La pirogue de Lamar fut mise à l'eau un an jour pour jour après son arrivée sur l'île de Tomoguichi.

— Nous allons pouvoir nous concentrer sur notre grande affaire !

La grande affaire de Thomas Lamar, il en rêvait depuis des années : remonter le cours du Savannah jusqu'à son bassin versant dans les crêtes et les vallées des Montagnes Bleues, puis rejoindre la source du Chattahoochee et descendre cet autre long fleuve solennel, pour rejoindre le point où ses eaux se vidaient dans le golfe du Mexique.

Cette immense route fluviale, Thomas l'avait parcourue des dizaines de fois, dans ses songes, inspiré par la littérature aventureuse qu'il dénichait dans les échoppes de Charles Town ou lors d'excursions en Virginie.

Dans la province de Caroline, Thomas était presque le seul défenseur des droits des tribus indiennes.

Après son mariage inattendu avec Kitgui, l'interprète Caldwallader lui avait enseigné le muskogee. Enhardi, il apprit ensuite, mieux que personne, secondé par son épouse, les nombreux dialectes qui se rencontraient entre les plaines côtières de l'Est et la vallée du Mississippi.

Alors qu'il bégayait affreusement lorsqu'il employait son anglais natal, la langue indienne délia la sienne. Kitgui lui donna confiance en lui, une grande complicité naquit entre eux deux, elle l'incita à se rebeller contre la tyrannie de son père. Au contact des Indiens, sa timidité s'envolait, au point que ceux réduits en esclavage à

Charles Town l'appelaient affectueusement le *Peau-Rouge-Blanc.*

Les Caroliniens exploitaient les Indiens soit pour le trafic des peaux, soit pour se les allier afin que, le long du Savannah, ils compensent leur manque de force armée.

Thomas expliquait que le savoir ancestral des Indiens du Sud était, en tous points, la seule clef d'entrée durable sur ces vastes territoires.

Il s'époumonait en vain.

Les Indiens restaient aux yeux des Anglais des pourvoyeurs de peaux faciles à berner ou des cerbères dociles alignés pour les protéger des Espagnols et des Français.

Si Thomas avait trouvé l'audace de se libérer de l'emprise tyrannique de son père pour venir s'installer avec les siens sur l'île de Tomoguichi, c'était qu'au cours de ses rêveries d'expédition, une mission lui était apparue, qui éclairait sa vie d'un jour prophétique : il irait par le Savannah et le Chattahoochee inspecter tous les campements, tous les villages indiens du pays, rassembler leur savoir, traduire leur mode de vie en termes intelligibles pour des chrétiens et lèverait le voile de préjugés qui obscurcissait l'esprit des Anglais.

« Nous asservissons les Indiens en les rendant dépendants de nos armes à feu et de nos alcools forts ; nous les pressurons de crédits de plus en plus lourds : viendra le jour où ils n'auront pas d'autre choix que de se révolter. Ils trouveront à dépasser leurs rivalités et alors, des milliers de fois plus nombreux que les Anglais de Caroline, ils nous massacreront. »

Au petit matin du 7 mars 1709, jour du grand départ, la famille Lamar de l'île de Tomoguichi monta à bord de la pirogue avec vivres et outils et Thomas commença de pagayer.

Le premier village sur sa route était celui des Yeohs.

Ni Thomas ni Kitgui ne comptaient y faire halte.

Lors de leur passage, une quinzaine de Yeohs s'avancèrent pour les observer, debout sur le haut escarpement qui dominait le fleuve.

Le chef Taori apparut à son tour.

Aucun signe ne fut échangé de part et d'autre.

La pirogue s'engouffra dans l'immensité vierge des plaines côtières, bordées de cèdres rouges et de cyprès, la plupart arborant des tresses de mousse grise qui effleuraient la surface cuivrée du fleuve.

Dominés par des chênes, les massifs de hammocks formaient de part et d'autre des haies impénétrables. C'était la rencontre du jour et de la nuit : le Savannah renvoyait comme un miroir doré la lumière du soleil tandis que la forêt baignait dans les ténèbres.

Hormis les campements de fortune dressés chaque nuit, le premier arrêt des Lamar se fit au bout de cinq jours : Thomas et les siens firent étape au village des Indiens pallachulas, situé sur la rive nord du fleuve, à une vingtaine de kilomètres de l'île de Tomoguichi.

Les Pallachulas comptaient une douzaine de guerriers pour une soixantaine d'habitants. Thomas et les siens furent chaleureusement accueillis. L'Anglais, qui parlait admirablement leur langue, sut d'emblée se faire aimer : quand des Indiens lui offrirent du rhum, pour leur faire comprendre qu'il était de piètre qualité, il en répandit quelques gouttes sur des braises. Le rhum mouilla le bois brûlé. Il sortit ensuite sa flasque et versa quelques gouttes de son rhum au même endroit : des flammes jaillirent, à la stupeur des Indiens.

— Votre rhum est coupé à l'eau. Lorsque vous troquez avec les Anglais, veillez à vérifier ce qu'ils vous vendent.

Il écouta avec attention le récit de leurs légendes et de leurs rites.

Au moment du départ, les Lamar emportaient des vivres en quantité.

L'étape suivante se situa à une cinquantaine de kilomètres : Parachocolos, ville des Indiens apalachicolas. Ici la langue dérivait du hitchiti et, de mémoire d'Indiens, jamais un Blanc n'avait maîtrisé correctement ce dialecte. Thomas fit sensation, tout le monde voulait échanger des paroles avec lui. On organisa une fête au cours de laquelle de longues récitations se succédèrent, récits de chasses et de guerres. Le conjureur de sorts accepta de lui dévoiler une relique rare : un manuscrit écrit en rouge et en blanc sur une peau de buffle. Il y était question du mythe de Kashita, narrant la fondation du grand peuple des Muskogees, le jour où « le monde ouvrit ses grandes portes secrètes du Grand Ouest ». Thomas déchiffra le document avec ardeur. Le conjureur lui permit d'en réaliser une copie.

Patiemment, Lamar se mit à l'œuvre et se découvrit un don insoupçonné pour le dessin.

Il quitta les Apalachicolas après dix jours, emportant avec lui son premier trésor.

Savano Town se dressait entre Spirit Creek et Butler Creek. Ce grand comptoir commercial avait été autrefois un village westo, avant que les Shawnees, appuyés en armes par les Caroliniens, ne les en délogent.

Ce point du fleuve était crucial pour la survie de la province de Caroline : nulle part le Savannah n'était plus facile à franchir ; il constituait un gué idéal, au mieux pour faire converger les peaux indiennes collectées par les Creeks et les Cherokees, Charles Town, au pire, comme point d'entrée pour les Espagnols ou les Français si l'envie d'écraser Charles Town par la force leur prenait. Savano Town devait à tout prix être tenue par les Anglais.

Thomas Lamar y fit la rencontre d'un vieux ranger devenu un riche marchand de chevaux, nommé Edward Buckley ; il l'interrogea longuement sur la personnalité du célèbre Henry Woodward, son héros, que Buckley disait avoir rencontré, ainsi que sur le Français Jean Couture. Thomas lui montra sa copie de la peau sacrée retraçant la légende de Kashita.

— Vous avez un trait de plume fort délié, le félicita Buckley, c'est précieux ; si seulement j'avais eu de telles dispositions pour retranscrire à l'encre tout ce que j'ai vu dans ma jeunesse ! Votre projet de couvrir le Savannah et le Chattahoochee est très beau ; bien des concepts indiens qui sont difficiles à traduire en anglais vont vous devenir familiers. Ne laissez rien perdre de tout cela. Consignez-le par écrit. Et surtout, dessinez le moindre détail qui saura vous frapper l'œil. Ce legs sera précieux pour les générations futures.

Buckley lui offrit un lot important de papiers vierges.

— Bonne chance, Thomas Lamar.

La pirogue de la petite famille reprit sa remontée du fleuve. Il fallut dès lors affronter les rapides et les chutes provoquées par la rencontre des plaines côtières avec les plateaux du Piedmont. Le paysage changea en une myriade de collines, certaines coiffées de roche granitique, la terre devint argileuse, cette même argile rouge qui donnait au Savannah ses reflets cuivrés.

Thomas rencontra une dizaine de petits villages d'Indiens. Beaucoup abritaient des clans creeks venus des confins appalachiens tirer profit du commerce avec les Anglais de la Caroline.

À chaque fois, Lamar retrouva le même schéma : tout pour la chasse et la guerre. La chasse mesurait la valeur d'un homme. La guerre mesurait la valeur d'un clan. La chasse enrichissait un homme. La guerre assurait la souveraineté d'un clan sur un territoire. Les femmes étaient les pièces maîtresses de la structure des sociétés : l'affiliation à une tribu se faisait exclusivement par la mère.

Thomas visita les Yuchis, les Apalaches, rencontra des Osochis et des Tamathlis qui hantaient des sentiers de chasse éloignés de chez eux.

Chaque soir, où qu'il se trouvât, tandis que Kitgui préparait le repas, il appliquait le conseil de Buckley et fixait par l'écriture ce que la journée lui avait montré.

Tout avait son importance : le nombre de guerriers, de chamanes, de femmes et d'enfants par village, leur positionnement exacte, leurs origines, leurs noms multiples, les filiations éparses et souvent enchevêtrées qui dictaient les politiques d'alliance intertribale, les singularités de leurs champs cultivés, de leur alimentation, de leur équipement de combat, de leurs rites et leurs modes de célébration, les noms de leurs chefs, actuels et passés.

La pratique du dessin redoubla son goût pour cette discipline : Thomas ne se contentait plus de croquer des tatouages, des tenues exotiques, des trônes indiens ou des plans de villages, il se mit à reproduire tout ce qui lui apparaissait singulier ou représentatif des terres irriguées par le Savannah. Les paysages, les essences d'arbres, les espèces d'animaux. Il prit note de la consistance des sols, il ne pêchait plus seulement pour la nourriture mais pour tomber sur une espèce nouvelle qu'il s'empressait d'immortaliser. Il capturait des oiseaux. Il soulignait des curiosités : un alligator de neuf mètres de long, une tortue géante, la lutte d'un ours et de deux lynx, la tanière d'un couguar, des fleurs et des fruits dont il ignorait le nom, un nouveau chêne, des grappes de raisin, un mûrier blanc. Ses fils l'accompagnaient dans cette quête merveilleuse. C'était tous les jours un nouveau jeu.

Après les collines du Piedmont, le Savannah entraîna les Lamar dans les vallées et les crêtes des Montagnes Bleues.

Pour franchir certains obstacles, il fallut porter la pirogue.

Arrivés dans le territoire des Cherokees, Thomas et les siens abandonnèrent le fleuve et marchèrent six jours durant pour rejoindre, embarcation et vivres sur le dos, le fleuve contigu de Chattahoochee. Là, il s'agissait de le redescendre portés par le courant.

Plus que jamais, Thomas était convaincu du caractère sacré de sa mission : rien jamais ne s'opposait à sa progression. Ni lui ni les siens ne tombaient malades, certaines tribus pouvaient montrer des réticences à leur apparition, mais elles finissaient toujours par disparaître.

Kitgui était heureuse de retrouver le mode de vie de ses ancêtres ; à Charles Town, elle avait passé vingt ans sous la dictature de Mary Lamar, sa belle-mère, qui la força à apprendre un anglais impeccable, la convertit au christianisme, et fit d'elle une couturière dont elle tira abusivement profit. Dans les villages visités avec son mari, les Indiennes apprécièrent les nouveaux points qu'elle leur enseignait et toutes rirent beaucoup aux anecdotes qu'elle leur rapporta sur le quotidien des Blancs. À l'inverse de l'ombrageux Taori, ici, son mariage avec Thomas ne soulevait aucune protestation.

Ses deux fils, Impatiemment-attendu et Fracas-du-Tonnerre, vivaient un rêve, l'existence des aventuriers, et, comme Thomas dans sa jeunesse, ils adoraient côtoyer les Indiens et se sentaient tous les jours un peu moins blancs et chrétiens.

Après un an et demi de navigation, l'apothéose de l'aventure fut l'audience exceptionnelle que Thomas se vit accorder avec l'empereur Brim, maître de l'immense confédération des Creeks.

La rumeur flatteuse à propos de ce Blanc venu des confins du Savannah, dominant de nombreux dialectes, sans rien à vendre ni à acheter, et qui semblait s'intéresser de bonne foi au passé et aux coutumes des tribus, avait précédé Thomas Lamar.

Sa rencontre avec le grand Brim se fit à la maison mère de la cité de Coweta. Thomas entra seul dans une large pièce circulaire, éclairée par un feu central, aux murs tapissés de peaux et de lanières peintes à la gloire des exploits du peuple creek et de son chef.

Brim entra.

Sans sa suite.

Thomas le jugea plus petit et plus jeune que dans son imagination. L'empereur Brim ! Son pouvoir et son prestige étaient tels que Français, Espagnols et Anglais rivalisaient pour s'en faire un allié.

Stratège guerrier, fin politique, Brim était mystérieux et insaisissable, capable d'apparaître et de disparaître à une vitesse vertigineuse d'un point à un autre de son immense aire d'influence ; et pourtant, il se trouvait là, seul à seul avec Thomas Lamar, prêt à l'écouter.

Ils partagèrent une coupe de boisson noire avant de commencer l'entretien.

Celui-ci se fit en muskogee.

— Pourquoi as-tu quitté tes frères blancs de la Caroline ? T'ont-ils chassé ?

— Dans une certaine mesure, oui. La vie que j'y menais était contraire à mes inclinations. Je suis le fils d'un propriétaire de Charles Town. Mon père n'a jamais toléré la réalité de mon mariage avec une Yeoh nommée Kitgui. Dix ans durant, j'ai refusé d'épouser les Anglaises qu'il me destinait. Kitgui est ma femme et je ne reconnais qu'elle.

— Pourtant, il n'y a pas de mal à posséder plusieurs femmes.

— Je vois les choses autrement. Pour me châtier, mon père m'a tenu à l'écart de la conduite de son domaine et m'a relégué à la seule surveillance de ses esclaves noirs et indiens, parqués dans des cases sur un champ clôturé.

Comment es-tu parvenu à si bien connaître notre langue ?

— Un interprète anglais m'a enseigné le muskogee, il y a de cela vingt ans, pour pouvoir communiquer avec Kitgui. Plus tard, forcé par mon père de fréquenter ses esclaves indiens, j'ai constaté qu'ils provenaient de toutes parts, des territoires creek, cherokee, catawba, et même caddo. À leur contact, j'ai appris leurs dialectes et me suis familiarisé avec la grande diversité de vues de vos peuples.

Thomas expliqua à Brim que dès qu'il prenait la défense des Indiens face aux Caroliniens, soit on l'ignorait soit on refusait de le croire. Il avait cru le temps venu pour lui d'aller confirmer ses connaissances pour pouvoir, un jour, revenir à Charles Town et changer l'image que se faisaient les Anglais de leurs voisins indigènes.

—Tu ne te résignes pas, Thomas Lamar, lui dit Brim. C'est bien.

L'entretien dura jusqu'à la fin du jour. Ils parlèrent des coutumes des Rouges, puis des croyances des Blancs. Thomas interrogea l'empereur sur ses connaissances de la foi des Européens :

Le dieu des chrétiens ?

Brim répondit :

— On me dit qu'il s'est laissé mourir sur une croix, sans se battre. À quoi bon vénérer un dieu qui a été vaincu ?

La chute de l'Éden ?

— Regardez autour de vous, dit Brim : il est ici, le paradis ! Lorsque nous avons faim, nous avons de quoi manger ; lorsque nous avons froid, nous trouvons de quoi nous vêtir.

Ferait-il bientôt la guerre aux colons de Charles Town ?

— Il y a parmi nous des hommes qui veulent la guerre, d'autres qui veulent la paix. L'avenir est incertain.

Thomas Lamar et sa famille demeurèrent deux semaines à Coweta. Brim les combla de dons. Il fit tatouer le torse de Thomas, lui remit des symboles creeks, des images peintes, des amulettes sacrées en or.

Quand Thomas entreprit ses préparatifs de départ sur sa pirogue, l'empereur lui dit :

— Cinq de mes hommes vont t'accompagner. Ils t'aideront à compléter ton voyage, hors des fleuves. Rares sont les Blancs qui ont rencontré les tribus isolées des montagnes et des plaines centrales. Même vos grands trafiquants. Après les avoir fréquentées, à Charles Town, tu pourras dire, sans être contesté, que pas un Indien de ce pays ne t'a échappé.

Le voyage du retour par les terres fut éprouvant pour Kitgui et les enfants, mais il recéla des secrets inespérés dont le journal écrit et imagé de Thomas profita.

Ils franchirent les fleuves Flint, Oconee et Ocmulgee, remontèrent le puissant Altamaha, visitèrent les villages minuscules qui vivaient près des marais inhospitaliers, comme celui d'Okefenokee où résident l'ours noir de Floride et les belles grues royales. Les Chatots, les Chiahas, et bien d'autres tribus, reçurent la visite de Thomas Lamar et acceptèrent de répondre à ses questions d'anthropologue amateur.

Lorsqu'ils remirent le pied sur l'île de Tomoguichi, Lamar et les siens étaient partis depuis trois ans.

Leur maison avait tenu contre les intempéries, malgré une dernière saison d'orages et de pluies diluviennes.

Thomas occupa encore de longs mois à retranscrire au propre ses notes et ses dessins.

Un après-midi qu'il repassait à la plume la forme des lances des Creeks de Coweta, ses fils revinrent au campement en poussant des cris.

Ils disaient avoir rencontré un homme debout dans un bosquet de l'autre côté de l'île :

— Sa peau est noire !

Il n'a qu'un œil !

— Rouge vif !

Quelqu'un se serait-il installé chez eux en leur absence ?

Thomas s'arma de son mousquet et s'engouffra dans les fourrés pour en avoir le cœur net.

Après un moment, il héla sa femme.

Kitgui découvrit, stupéfaite, un masque planté au bout d'un piquet et qui n'avait plus qu'un œil serti d'une pierre rouge.

— Ce masque monte la garde pour quelqu'un.

Sans les pluies récentes, ils n'auraient peut-être jamais appris qui.

À quelques pas derrière le masque, une petite motte de terre avait été détrempée, submergée, ce qui avait fait remonter des ossements humains à la surface.

La dépouille avait été couchée sur le côté, vêtue de ses habits de cérémonie qui trahissaient son appartenance au clan des Yeohs.

Soudain la phrase énigmatique prononcée par Taori au moment de leur arrivée prenait tout son sens : « Quoi que vous en disiez, vous ne serez pas seuls sur cette île ».

Deux plumes d'aigles et un collier de wampum révélèrent l'identité du cinquième occupant de l'île de Tomoguichi.

Le chef Squambô.

Une lanière de cuir, encore lisible en dépit de l'humidité, consacrait les dernières volontés du père de Kitgui ·

— À l'heure de mourir, Squambô a demandé à être mis en terre sur cette petite île où son fils Tomoguichi a trouvé la mort.

Thomas n'avait jamais caché à sa femme les circonstances du meurtre du jeune Indien. Le premier jour de leur installation sur l'île, il lui avait indiqué un point dans le Savannah, disant :

— Les deux mousquets espagnols usés par mon père doivent encore s'y trouver.

La fin du règne de Squambô fut sinistre. Il paya cher son alliance avec John Lamar qui ne tint aucune des promesses faites lors de sa venue au village. Fait rarissime, son neveu Taori n'attendit pas sa mort pour se faire sacrer par les chamanes. Squambô, sur le point d'être chassé du village qu'il avait aidé à fonder, tomba malade et succomba dans la honte.

Après lui, sous l'impulsion de Taori, les Yeohs abandonnèrent la chasse et les cultures pour devenir des guerriers, féroces ennemis des Anglais de Caroline.

— Sa tombe n'a jamais été entretenue, déplora Kitgui. Sans doute une vengeance supplémentaire de Taori.

Thomas Lamar interrompit la rédaction de son livre. Kitgui et lui récoltèrent les os et les reliques de Squambô et lui offrirent un temple des morts digne de son rang, au centre de l'île, à l'abri des crues.

Ils creusèrent un carré de huit pieds de côté et de deux mètres de profondeur, aux murs consolidés par des rondins de bois flotté. Thomas couvrit le tout de robustes planches étanchées avec de l'écorce, de la mousse et un enduit d'argile, sur lequel il monta une motte conique. Il ouvrit aussi une poterne basse et un petit escalier au-dessus duquel il replanta le masque aux yeux rouges.

Squambô pouvait à présent reposer en paix sur l'île de Tomoguichi.

Le 15 juillet suivant, Thomas Lamar reparut dans Charles Town.

C'était l'époque où les trappeurs et les trafiquants de la région revenaient en ville pour écouler leurs marchandises et, surtout, faire renouveler leur licence annuelle.

La population de la capitale triplait.

Thomas resta sourd et aveugle à ce qui se passait autour de lui. La politique de la Caroline ? Les huguenots français de plus en plus nombreux ? La lutte des colons contre les Lords Propriétaires ? Les tensions avec les

Yamasees qui remettaient en cause la sécurité de la colonie ?

Il n'était pas là pour ça.

Il passa sans s'arrêter devant la façade du comptoir de son père, aujourd'hui commandé par son frère cadet, Trévor Lamar.

Il pénétra dans la boutique de Jack Barn, l'unique imprimeur de Charles Town, et lui présenta son manuscrit.

D'abord suspicieux, Barn finit par tomber sous la fascination du travail accompli par Lamar.

Plus d'un millier de vignettes dessinées, l'équivalent de six cents pages imprimées de récits de voyage, de transcriptions de dialogues, de commentaires et d'explications sur les terres inconnues comprises entre le Savannah, l'Atlamaha et les Monts Appalache.

Jack Barn s'écria lorsqu'il lut la description de huit grosses mottes de terre retrouvées par Thomas après Savano Town, près de Silver Bluff :

— Cela est-il exact ?

— Je l'ai vu de mes yeux.

— Lamar, ou je me trompe ou vous avez, sans le savoir, situé l'emplacement de la cité disparue de Cofitachequi ! Un exploit ! Tout le monde en rêve depuis De Soto ! Il paraît qu'il s'y trouve des quantités considérables d'or et de perles.

— Allez-vous me publier ? Intégralement ?

— Et comment !

Thomas demeura quelques jours à Charles Town pour superviser les premières épreuves en placards pressés par Jack Barn.

— J'imprime votre nom sur la couverture ?

— Non, répondit Lamar. Mettez plutôt le *Peau-Rouge-Blanc*.

Thomas retourna retrouver les siens sur l'île de Tomoguichi, heureux, délivré, convaincu d'avoir apporté sa pierre à l'édifice du Nouveau Monde.

Cependant Jack Barn ne respecta pas sa parole et inscrivit sur le livre le nom de Thomas Lamar qui lui paraissait faire plus sérieux.

Il choisit pour titre : *Observations sur les habitants, le climat, les sols, les rivières, les cultures, les animaux et autres matières dignes d'intérêt faites et illustrées par l'explorateur Thomas Lamar au cours de ses voyages sur le Savannah et le Chattahoochee, et autres territoires situés au sud de la Caroline.*

L'imprimeur était convaincu d'éditer un livre majeur pour l'histoire des colonies anglaises d'Amérique.

Un premier jeu de douze exemplaires fut imprimé et richement relié ; au bout d'un an et demi, deux acheteurs seulement s'étaient présentés : le producteur Jack Barnwell, qui sentait venir le conflit armé avec les Indiens Yamassees et trouva dans les *Observations* de Lamar de précieuses indications sur la surface militaire des villageois indigènes le long du Savannah ; enfin John Lamar, curieux de connaître le travail de son fils.

Jack Barn dut se résoudre : Lamar allait lui faire perdre de l'argent.

Un jour qu'il préparait des caisses pour un échange avec un libraire de Londres, William Taylor, pour combler des trous et des ouvrages qui lui manquaient, il se débarrassa de ses dix derniers exemplaires des *Observations*.

L'un d'eux servit même à caler dans un casier des images pornographiques mettant en scène des Indiennes.

Et c'est ainsi que le nom de Thomas Lamar franchit l'Atlantique.

Deuxième partie

Des hommes nouveaux
1708-1732

Les Bateman
1708

— Qu'ont-ils tous à fuir ?

En ce 26 avril 1708, le port de New York était presque désert. Une nuit avait suffi pour qu'il se vidât de la majorité de ses bateaux.

— Ils ont vu le diable ?

— Le diable, ils s'en moquent, Cee : c'est plutôt le *Rappahannok*.

— Vraiment ?

La fillette fit un signe affirmatif de la tête :

— Il n'est question que de cela à la maison.

Le jeune Charles Bateman, juché sur un tonneau, se hissa en haut d'un mât en réfection pour mieux suivre les derniers qui disparaissaient sur l'Hudson.

Les yeux grands ouverts, il espérait voir se dessiner la silhouette du célèbre vaisseau de combat anglais.

— Prête-moi ta main ! lui cria la fillette qui voulait le rejoindre.

Les deux enfants de huit ans observèrent le ballet des pavillons noirs fuyant en direction de la baie.

Nulle part dans les colonies anglaises d'Amérique ne se rencontrait une aussi forte concentration de flibustiers, de boucaniers, de corsaires, de contrebandiers et de mutins qu'à New York. La complaisance dont ils y bénéficiaient, voulue par l'ancien gouverneur de la province, Benjamin Fletcher, durait depuis plus de dix ans.

La ville sortait alors d'une crise civile qui l'avait laissée exsangue, Fletcher avait estimé préférable de permettre aux flibustiers de déverser leur butin chez lui au lieu de les combattre.

Les plus redoutés d'entre eux prirent leurs quartiers à New York, comme Thomas Tew et le Capitaine Kidd qui épousa une riche veuve de la colonie.

Des centaines de mercenaires envahirent les rues de la ville, assurant la fortune des taverniers et des filles publiques.

Certains grands propriétaires de la province, tels Robert Livingston ou Stephen DeLancey, passaient commande auprès de pirates qui exécutaient le « grand tour » : des côtes américaines, ils naviguaient jusqu'au Japon, en passant par Madagascar et les eaux du Yémen et de l'Inde.

Tout du long, ils se disputaient les navires de commerce de la riche Compagnie néerlandaise des Indes orientales.

De là, l'étonnante quantité de soieries et de poudres d'épices qui se négociait en ville, l'or et le camphre de Sumatra, les perles de Ceylan, les meubles en acajou sculptés par des esclaves malais du Cap.

Un hiver, les New-Yorkais restèrent médusés par une peau d'éléphant retrouvée dans un *East Indiaman* saccagé à Bombay.

Téméraires, les pirates américains ne craignaient véritablement que deux choses : les ouragans estivaux qui battaient les côtes des Antilles, de la Floride et du sud de la Caroline, et la flotte anglaise du marchand Augustus Muir, avec son vaisseau amiral, le *Rappahannok*.

Depuis sept années qu'il faisait la navette entre l'Angleterre et l'Amérique, confortant le règne du Comptoir Muir sur l'avitaillement en sel des colonies, c'était la première fois qu'il était annoncé dans la baie de New York.

Sitôt la rumeur confirmée, la totalité des navires de pirates avait levé l'ancre.

Le jeune Charles Bateman attendit jusqu'à la tombée de la nuit la venue du célèbre navire.

— Ce sera pour plus tard.

Il se promit de revenir le lendemain, à la première heure.

Les Bateman habitaient un manoir sur North Ward, propriété d'un riche Hollandais qu'Harry s'acheta après seulement trois années passées à New York.

Son hangar à provisions tint ses promesses ; sa première clientèle, des catholiques du Maryland, producteurs de tabac, étaient soulagés de trouver un coreligionnaire avec lequel traiter à Manhattan ; avant longtemps, nombre de New-Yorkais bien protestants jugèrent raisonnable d'accorder eux aussi leur confiance à ce Harry Bateman qui voyait grand, travaillait dur et ne décevait jamais.

Bateman & Fils veillait sur des quintaux de riz, de tabac, de tonneaux de rhum, de graines de lin, de sucre brun, de mélasse, puis de sucre raffiné, délice favori des Londoniens.

Le petit Charles pénétra en courant dans la maison familiale.

— Tous les pirates filent sur l'Hudson ! s'écria-t-il. Ils tremblent, à cause du *Rappahannok !*

Sa mère Lilly lui intima l'ordre de parler bas, pointant Harry, assis dans la salle à manger, entouré de cinq conseillers, qui discutaient âprement en consultant des piles d'écrits comptables.

Sur son conseil, le garçon s'éclipsa.

À l'heure du coucher, il s'étendit tout vêtu sous ses draps afin d'être prêt le lendemain pour retourner au plus vite au port.

Il dormit peu. Ses parents discutèrent jusqu'à l'aube. Plusieurs fois il se glissa hors de sa chambre pour écouter ce qui se disait dans le salon.

— C'est une chance providentielle ! répétait Harry.

Il avait trente-trois ans, son front s'était éclairci, ses tempes grisonnaient ; il portait une barbe bien taillée et un costume de prix venu de Londres, une obligation pour qui voulait être considéré dans la colonie.

Son habileté et son audace en affaires lui avaient mérité une bonne place parmi les marchands qui comptaient à New York. Le mal-aimé de la putain de Dublin, le petit voyou involontaire, l'exilé de Philadelphie, était devenu un personnage respecté dont on vantait la moralité et le bon cœur, même si ses largesses choquaient les puritains. Bien que personne ne sache les mœurs réelles de sa mère, Harry n'oubliait pas ses origines. Six maisons de passe prospéraient à New York avec un contingent d'une cinquantaine de prostituées ; Harry Bateman veillait sur leur santé, sur leurs conditions d'hébergement, ouvrit une maison d'accueil pour leurs enfants afin qu'ils puissent grandir loin du monde où exerçaient leurs mères et soient instruits et suivent une éducation religieuse.

À ses côtés, Lilly Bateman était adorée. Elle refusa toujours qu'il se pourvoie en esclaves noirs et indiens. Elle accueillait les servants volontaires venus d'Irlande et ne leur imposait que deux années de service là où cinq à sept années étaient la règle. En souvenir de leur bienfaiteur, Wight Oglethorpe, les Bateman s'étaient fait une religion de se montrer hospitaliers envers leurs compatriotes émigrants. À trente-six ans, la belle Lilly montrait des manières d'être si polies et si distinguées que lorsqu'il s'agissait de tenir une maison propre, de récurer les sols, d'assumer les tâches ingrates des domestiques, et qu'elle disait : « Cela, je l'ai fait étant petite » personne ne voulait la croire.

Harry appartenait à la famille des marchands dits « traditionnels », à qui licence était donnée de commercer entre les Antilles et les autres colonies anglaises. Au-dessus d'eux, siégeait « l'élite » qui se réservait le monopole des échanges avec l'Angleterre. Ce petit groupe d'hommes du commerce transatlantique formait un cartel très fermé : celui du gros argent.

Jusqu'alors Harry n'avait jamais trouvé d'occasion de se mêler à cette haute sphère.

— Avec la venue de la flotte Muir et de ses représentants à New York, disait-il à sa femme, nous avons une occasion d'entrer dans la cour des grands !

La nouvelle circulait depuis quelque temps : la flotte du célèbre Comptoir Muir de Londres effectuait une tournée d'inspection et de rencontres dans toutes les colonies d'Amérique, afin d'approcher de nouveaux intermédiaires.

Partout les marchands et les colons producteurs locaux étaient invités à proposer leurs services au richissime Comptoir. L'héritier de l'empire Walter, Muir, était à bord du *Rappahannok* ; les offres devaient lui être remises par écrit, les meilleures d'entre elles conduiraient à un entretien.

Un bateau vigie était arrivé deux jours plus tôt pour énoncer ces conditions aux marchands de New York.

Cette nuit d'avril 1708, les maisons des principaux marchands et producteurs importants de la ville restèrent illuminées.

Harry passa et repassa jusqu'au matin, avec sa femme, sur le rédigé de son offre pour les Muir. S'il avait acquis quelques notions d'écriture ces dernières années, c'était Lilly, instruite à Germantown, qui tenait la plume.

Au petit matin, il alla se vêtir de ses plus riches habits. Lilly l'embrassa et lui remit leur précieux dossier qu'elle avait serré à l'aide d'un ruban.

Dehors, Harry se dirigea vers sa charrette. L'aube pointait, le ciel était dégagé ; à cette heure, Broad Street ne comptait que de rares marchands qui ouvraient leurs échoppes.

Harry n'avait pas saisi les rênes de son attelage qu'une petite silhouette bondit pour s'asseoir à ses côtés.

— Je viens avec vous, père, lui dit Charles. Le permettez-vous ? Le *Rappahannok* est attendu pour aujourd'hui ! Je ne voudrais pas manquer son arrivée !

Harry sourit :

— Il paraît en effet qu'il mérite les éloges qu'on prononce sur lui.

Le père ébouriffa les cheveux de son fils d'un geste affectueux :

— Très bien, allons-y.

Le quai Andrew et son débarcadère, au pied du Fort Anne, étaient les seuls où le *Rappahannok* et ses deux cents pieds de long pourraient accoster.

Harry constata le vide occasionné par le départ des pirates : sur la trentaine de navires que comptait le port de New York en cette saison, il n'en restait plus que six.

Bateman père et fils avancèrent jusqu'au bout de la jetée de rondins.

Ils furent rejoints par deux hommes en habits. L'un était le commissionnaire particulier de la famille DeLancey, l'autre de la famille Livingston, les deux branches les plus riches et les plus puissantes de la ville. Chaque homme tenait sous le bras son dossier de présentation et avait voulu être le premier en place pour l'arrivée du *Rappahannok*.

Harry était fier d'être ce matin aussi tôt levé et prêt que les interlocuteurs les plus importants de la ville. Nulle doute que sa présence à l'aube sur le quai Andrew serait rapportée en haut lieu. Si Harry n'aimait guère Stephen DeLancey, un natif de Caen qui traitait en sous-main avec l'ennemi français, il vouait une immense admiration au vieux Robert Livingston, un Écossais fabuleusement enrichi dans le commerce des peaux à Albany et qui possédait aujourd'hui plus de six cents kilomètres carrés de terre. Le petit Charles se l'entendait souvent citer en exemple : « Livingston a fait sa fortune parce qu'il est plus vif, plus intelligent et mieux éduqué que ses concurrents. Apprends, travaille, bâtis sans faiblir, mon fils, et tu deviendras comme lui ! »

Le commissionnaire de DeLancey sourit en voyant le petit Charles auprès d'Harry.

— Vous le destinez bien jeune aux affaires, Bateman !

Harry hocha la tête :

— Monsieur DeLancey a trois fils, monsieur Livingston en a quatre. Dieu n'a voulu m'en donner qu'un seul, mais c'est égal : je l'éduque comme sept !

Le *Rappahannok* fit son apparition vers neuf heures. Le vaisseau de ligne, l'un des rares navires de premier rang à franchir ce côté de l'Atlantique, avançait pesamment, tout paré de noir, sabords ouverts, cent vingt pièces d'artillerie en position.

Il fut salué au canon depuis les remparts du Fort Anne.

L'émoi gagna tout New York. Une bousculade s'engagea sur le débarcadère, les marchands jouaient des coudes pour s'attribuer une place de choix, des gardes durent faire évacuer les rangs afin de donner accès au maire, au juge en chef et au gouverneur.

— Il est plus prudent de t'éloigner, conseilla Harry à son fils. Bientôt tu n'y pourras plus rien voir et nous risquons de ne plus nous retrouver.

Charles retourna à son mât d'observation de la veille.

La petite fille qui l'accompagnait la veille s'y était déjà hissée.

— Bonjour, Sally !

— Eh ! Cee. C'est la première fois que je te vois arriver en retard !

— Allons, j'étais le premier au poste ! Bien avant toi !

Il se posta sur la première des vergues du mât.

Un homme était perché au-dessus des deux enfants, à cheval sur une barre de perroquet.

— C'est Saul-le-Borgne, dit Sally à voix basse, en se retenant de rire. Un pirate de l'ancienne équipe de Culliford. Hier matin, son bateau est parti avec une telle hâte que ses compagnons l'ont oublié derrière eux !

Sally était la fille d'un veloutier irlandais originaire de Galway, Albee Gage. Harry voyait d'un bon œil leur rapprochement ; il refusait d'entrer dans le jeu des alliances avec les Hollandais, manière alors en vogue d'« angliciser » la province de New York tout en conservant intactes les vastes possessions des anciens maîtres de la colonie.

— Je ne destine pas mon fils à une Schuyler ni à une Cortlandt, assurait-il. Hormis s'il s'agit d'un mariage d'inclination. Avant tout, il épousera une femme qu'il aime et qui l'aime. Bien entendu, si la providence souhaitait qu'elle soit irlandaise, je ne dirai pas non.

Le petit Charles Bateman aimait bien Sally Gage.

Le *Rappahannok* accostait, les amarres volaient, ses huit cents hommes d'équipage étaient à la manœuvre ou juchés sur les espars pour observer New York et se laisser admirer.

On disait que la flotte Muir, pour cette tournée de recrutement, après avoir quitté Bristol en Angleterre, avait relâché en premier à la Barbade, puis visité Port-Royal en Jamaïque, Charles Town en Caroline, Williamsburg en Virginie, Saint Mary City au Maryland, Newport à Rhode Island et Philadelphie en Pennsylvanie. New York venait avant Boston dans la province de la baie du Massachusetts et Portsmouth dans le New Hampshire.

Une aura d'aventure enveloppait le *Rappahannok* partout où il relâchait.

— Si j'étais garçon, dit Sally, mon rêve serait de naviguer sur un tel vaisseau !

— Oui ? Mon père nourrit d'autres projets pour moi... L'été prochain, je dois parfaire mon instruction en Pennsylvanie auprès du père Shelby Frost, avant d'aller étudier en Angleterre à Sutton Coldfield et à Brasenose.

— Oh ?...

— C'est une autre sorte d'aventure !

— Tu vas nous manquer, Cee.

— Ma vie est à New York. Je reviendrai et ferai comme mes parents : porter de l'aide à nos frères irlandais !

Sally sourit.

Une fine silhouette d'homme se dessina au sommet de la passerelle du *Rappahannok*. L'homme avait les cheveux longs et sombres, intégralement vêtu de noir, avec une mince écharpe bleue en bandoulière comme emblème du Comptoir Muir : Walter, l'héritier de l'empire commercial anglais.

Il fut accueilli sur le quai par le vicomte Cornbury, gouverneur des provinces de New York et de New Jersey.

— C'est lui, le redouté chef du *Rappahannok* ? s'étonna Sally. Il est jeune, ne trouves-tu pas ?

Walter Muir avait vingt-cinq ans : il en paraissait six de moins.

— Jeune ? ronchonna le vieux pirate au-dessus d'eux. Ce satané Anglais est plus cruel que s'il avait mille ans de forfaitures derrière lui ! Son père est un ange, en comparaison. Ce n'est pas du sang qui coule dans ses veines, mais les larmes des veuves de marins qu'il a endeuillées avec son maudit Man'O'War.

Il cracha un long filet de salive :

— Ce *Rappahannok*-là, Dieu me damne, je ne veux pas le voir sombrer, je voudrais le voir brûler ! Son épave au fond des mers ne me satisferait pas : il pourrait encore venir nous hanter.

Cee s'esclaffa :

— D'accord pour le bateau, mais ce Walter Muir n'a rien de redoutable.

Le pirate pencha la tête pour voir celui qui mettait sa parole en doute.

— Quand tu auras observé le fond de son œil, petit, ton avis changera, ou alors tu n'es qu'un crétin qui mourra avant son heure. C'est un tueur. De la pire espèce. Ceux que le danger attire. Comment combattre un adversaire qui ne redoute pas la mort ? Qui la souhaite, peut-être ?

— Vous semblez bien le connaître.

Saul-le-Borgne hocha la tête :

— À l'Île-aux-Vaches, il y a deux ans de cela, nous sommes un bon nombre à avoir appris à le connaître. Walter venait de prendre le commandement du *Rappahannok* et de la flottille Muir. À la surprise générale, je dois dire. Il avait passé sa jeunesse dans la fange dorée des palais londoniens : jamais mis un pied en mer. Voilà que son épouse meurt. Inconsolable, il abandonne son poste au Comptoir et demande à remplacer le commandant du vaisseau amiral. Toute la flibuste, des Petites Antilles à l'Indonésie, a poussé un cri de soulagement. On n'allait en faire qu'une bouchée, de ce morveux d'héritier ! Et les morts causées par le *Rappahannok* seraient enfin vengées.

Saul-le-Borgne cracha une fois de plus :

— Pour son voyage inaugural, il a fait pénétrer le *Rappahannok* dans la petite baie de l'Île-aux-Vaches, là où relâchaient plus d'une douzaine de nos bateaux pirates. Tout avait été mûri de longue date : il s'est immiscé en silence, au cours d'une nuit qui ne présentait pas le moindre brin de lune. À l'aveugle, ses canons pointés dans toutes les directions, il s'est mis à décharger boulet rouge sur boulet rouge. Des centaines ! La surprise était totale. Ses tirs gagnaient en précision à mesure que les incendies éclaircissaient la rade. En moins de deux heures, il avait coulé tous nos pavillons et mis la ville à feu et à sang ! Un coup de dé parfaitement maîtrisé. Une folie ! Dès lors, oui, nous étions prévenus. Depuis, c'est rien de dire qu'on le fuit comme le pire des fléaux.

Lorsque Walter Muir approcha du mât où se tenaient Charles et Sally, les deux enfants ne le regardaient plus de la même manière.

— L'habit noir, c'est pour le deuil de sa femme... dit la fille. Je trouve cela touchant, un jeune homme qui se jette à la mort à cause d'un amour perdu.

Walter Muir était grand et mince, la peau d'une extrême pâleur pour un commodore qui passait son existence sur les flots.

— Lorsque le *Rappahannok* mouille l'ancre en Angleterre, à Bristol ou à Gravesend, dit Saul-le-Borgne, Walter Muir ne quitte jamais son bord et languit après le prochain départ. On a beau en raconter de belles sur les chagrins de cœur, c'est un drôle de bonhomme.

Sur le port, une table et un dais blanc et bleu ciel furent installés. Bat Glasby, l'agent de confiance d'Augustus Muir, s'y installa afin de rassembler les propositions écrites des propriétaires de la province.

— Regarde, Sally, c'est mon père ! s'écria Charles.

Harry Bateman était le premier New-Yorkais à s'avancer et à confier sa serviette de dossiers au représentant du Comptoir Muir.

Certains dans la foule lui souhaitèrent bonne chance, ravis de voir un marchand de la « moyenne » passer devant l'élite.

Toute la journée, Harry Bateman fut dans un état d'excitation nerveuse inhabituelle. Le soir, Lilly, Charles et lui prièrent au pied de leur petit autel dissimulé dans un *kast* hollandais. Comme à Dublin, le catholicisme à New York était ici une affaire clandestine.

Le petit Charles, épuisé par la courte nuit qu'il avait passée la veille à rêver du *Rappahannok*, s'endormit pendant l'office. Harry et Lilly n'eurent pas le cœur de le réveiller.

On cogna à leur porte lors d'un Notre Père entonné par Lilly.

Très fort.

Lilly s'inquiéta. Elle referma les battants du *kast*. Charles se réveilla en sursaut et demanda ce qu'il arrivait. Harry alla voir.

John Ascott se présenta.

C'était un ami des Bateman, proche du lieutenant-gouverneur et de l'imprimeur William Bradford, propriétaire d'un des plus grands chantiers navals sur l'Hudson.

— Laissez-moi entrer, Harry. Nous avons à parler.

À l'intérieur, il se défit de son manteau et s'assit dans un fauteuil :

— Un souper s'est tenu dans la résidence du gouverneur, en présence de Walter Muir, du représentant Bat Glasby et de quelques producteurs et marchands de la colonie.

— Personne ne m'a averti.

— Et pour cause. Ils se sont bien gardés de prévenir qui que ce soit.

Harry fronça les sourcils. Il s'assit devant Ascott :

— Si la désignation se joue en petit comité, à quoi bon nous avoir tous sollicités ?

Ascott haussa les épaules, d'un air d'impuissance.

— Heureusement, j'ai participé à ce dîner, dit-il. Un travail de calfat à accomplir sur le *Rappahannok*. Quelle soirée !

— Le gouverneur Cornbury ne s'est-il pas trop ridiculisé devant nos hôtes ?

John Ascott hocha la tête :

— Walter Muir et Bat Glasby ont été quelque peu étonnés de lui voir les yeux maquillés comme ceux d'une femme. Mais cette fois, grâce à Dieu, il s'était retenu de revêtir une robe et un corset. Lorsque Glasby a fini par lui demander la raison pour laquelle il s'était fardé, Son Excellence lui a répliqué, comme à sa folle habitude :

« Ne suis-je pas, dans cette belle province de New York, le représentant le plus haut placé d'une femme ? Notre bonne reine Anne ? Mon rôle est aussi de veiller à ce qu'on ne l'oublie pas ! » Il a été si sérieux dans sa réponse que ses invités en ont perdu le goût de rire.

— Ce Cornbury couvre New York de honte.

— C'est la vérité. Mais là n'est pas la question.

Le visage d'Ascott s'illumina. Lilly lui apporta une tasse de thé ; le petit Charles se tenait non loin des adultes.

— Nous pensions connaître les modalités fixées par le Comptoir Muir, dit Ascott : recueillir les offres, opérer un premier tri à bord du *Rappahannok*, puis emporter à Londres les meilleurs dossiers afin qu'ils reçoivent l'aval du tout-puissant Augustus Muir.

— Oui.

— Eh bien ce dernier volet n'existait que dans notre imagination ! Il ne sera pas nécessaire d'attendre de longs mois avant de connaître la décision d'Augustus Muir : il est, en ce moment même, à bord du *Rappahannok*. Augustus Muir est à New York !

Cette nouvelle plut à Harry. Il regarda sa femme et son fils :

— Incroyable. Pourquoi ne s'est-il pas montré ce matin ?

Ascott porta son thé à ses lèvres et lui répondit :

— D'après Glasby et Walter, il ne quitte jamais le navire. Bien qu'il soit à l'initiative de cette tournée d'inspection en Amérique, ses rencontres avec les colons de la Barbade, de la Jamaïque et de la Caroline du Sud lui ont été très désagréables. Gouverneurs, propriétaires, officiers royaux, l'ont assailli, prenant n'importe quel prétexte pour faire sa rencontre. Depuis, Augustus Muir ne descend plus à terre et préfère recevoir dans sa magnifique cabine du *Rappahannok*.

Ascott leva les bras au ciel.

— Vous rendez-vous compte, Bateman ? Les marchands et les producteurs qui auront l'heur d'avoir plu se verront invités à bord et s'entretiendront avec Augustus Muir ! Dieu-le-Père !

Harry sourit et regarda sa femme :

— Si je parvenais à lui parler, je ne doute pas de le convaincre de nos bonnes dispositions. Une telle chance ne se représentera pas !

Ascott ajouta :

— Le gouverneur a dit qu'il serait ravi de visiter les appartements du *Rappahannok*. Ce à quoi, Bat Glasby a répondu : « Il serait vain, Votre Excellence, de vouloir rappeler à Augustus Muir que le souverain actuel d'Angleterre est une femme : en tant qu'ambassadeur des Hanovre, il fréquente Sa Majesté quotidiennement... »

Ascott et les Bateman rirent.

— C'est peu après ce trait que votre nom a été prononcé, Harry, dit Ascott.

— Mon nom ?

— De la bouche de Robert Livingston.

— Le seigneur Livingston a toujours fait preuve d'une grande bonté à mon égard, répondit Harry, flatté.

Le sourire d'Ascott s'effaça :

— Sans doute était-ce vrai avant que vous ne représentiez à ses yeux un concurrent potentiel.

— Que voulez-vous dire ?

— Livingston a été averti du fait que vous étiez parmi les premiers, ce matin, sur le quai, à attendre le *Rappahannok*. Il sait aussi que vous avez remis votre rapport à Bat Glasby avant tout le monde.

— Eh bien ?

— « Ces petits marchands sont attendrissants, a-t-il dit à la table du gouverneur, ils se donnent du mal, parfois même sont le sel de nos colonies si difficiles à faire vivre, cependant il ne faudrait pas qu'ils en oublient leur place. » Il s'est alors tourné vers Walter Muir : « Ce

Bateman, par exemple, ce n'est jamais qu'un catholique. Le Comptoir Muir traite-t-il avec les papistes ? » Bat Glasby lui a répliqué que le Comptoir négociait avec les meilleurs commissionnaires, indépendamment de leur religion et de leur bord politique. Mais Livingston a surenchéri sur votre compte : « Les catholiques ne sont que tolérés dans notre colonie. Rien ne défend que, sous l'égide d'un autre gouverneur, ou suivant une nouvelle inflexion de la politique royale, New York décide de chasser les papistes de ses murs, comme nous avons déjà chassé leurs prêtres. Dans le cas où vous auriez un "Harry Bateman" pour commissionnaire, je pressens d'innombrables inconvénients pour votre Comptoir. »

— Mon Dieu. Pourquoi a-t-il dit cela ? s'écria Harry.

— Peut-être la jalousie de vous voir prospérer si vite, fit Ascott. De nombreux marchands se reconnaissent en vous ; les portes du Conseil ou de l'Assemblée ne vous résisteront pas longtemps.

Lilly posa sa main sur l'épaule de son mari et demanda :

— Quelle réponse ont faite Muir et Glasby ?

— Aucune, dit Ascott. Livingston avait marqué un point.

Un silence suivit. Lourd de conséquences.

Le petit Charles en profita pour approcher d'Ascott et lui demander :

— Si vous devez effectuer des réparations sur le *Rappahannok,* vous allez pouvoir y pénétrer et découvrir tous ses secrets ?

Ascott sourit :

— J'en doute, mon petit Cee. Ce vaisseau est le mystère le mieux conservé de notre temps ; parmi les gens de son équipage pas un ne peut dire qu'il sait tout de lui.

— C'est pour cela qu'aucun pirate ne lui résiste ? fit l'enfant, les yeux brillants.

— Je crois bien que oui.

Le lendemain, Harry retourna sur les quais pour convaincre Bat Glasby de ne pas tenir compte des insinuations de Robert Livingston.

À l'énoncé de son nom, l'agent du Comptoir s'exclama :

— Bateman, vous tombez à point ! Voilà votre document. Il n'a pas retenu l'attention de ces messieurs Muir.

Harry s'aperçut que le nœud du ruban de Lilly était intact.

— Vous devez faire erreur, se plaignit-il. Voyez. Mes documents n'ont point été examinés et...

— Instruction d'Augustus Muir, le coupa Glasby.

— Permettez-moi d'insister, reprit Bateman. Est-ce le propos de monsieur Livingston hier au soir qui...

Bat Glasby l'interrompit une nouvelle fois :

— Notre Comptoir n'a pas pour rôle d'intervenir dans les querelles locales ! Nous recherchons des partenaires faciles, efficaces, durables et économes. Remplissez-vous ces critères ? Au dire de certains, il semblerait que non.

Harry sentit que le monde alentour se pressait pour ne rien perdre de l'incident ; provoquer un esclandre avec Bat Glasby ne ferait qu'aggraver son cas.

Il se précipita à la Mairie où se réunissait le Grand Conseil de la ville. Lorsque ses membres sortirent de la haute bâtisse sur Broad Street, il se plaça en travers du chemin de Robert Livingston.

L'homme avait cinquante-quatre ans ; il était grand, portait une longue perruque poudrée et un manteau de taffetas brun. Né en Écosse, il avait connu l'exil à neuf ans, lorsque sa famille, refusant de se plier aux exigences religieuses des Anglais, était partie pour Rotterdam. Sa façon courante de parler le hollandais lui fut d'une extrême utilité lorsqu'il débarqua, à vingt ans, dans la jeune province de New York. Il en était aujourd'hui l'une des figures éminentes, à la tête du secrétariat des Affaires indiennes qui chapeautait le trafic des peaux et des fourrures.

— J'ai dit ce qui devait être dit, protesta-t-il en réponse aux questions de Bateman. Me contesteriez-vous ? N'êtes-vous pas catholique ?

— Je suis catholique. Mais n'en ai jamais fait étalage et personne, jusqu'à aujourd'hui, n'a eu à s'en plaindre.

Livingston sourit :

— J'ai enquêté sur vous, Harry Bateman. Comme le ferait, immanquablement, Augustus Muir s'il avait à commercer avec un homme comme vous. Dans le fond, je vous ai rendu service. Qu'aurait-il dit, ce brave Muir, en apprenant, non pas que vous êtes un idolâtre papiste, mais que votre mère n'était rien moins qu'une putain de Dublin ?

Il détacha chaque syllabe de sa révélation.

Harry se raidit. Autour d'eux, sur Broad Street, quelques membres du Conseil écoutaient.

Livingston s'approcha et dit, à mi-voix :

— Votre sollicitude envers les prostituées de la ville trouve enfin son explication. Un conseil : oubliez les Muir. Restez à votre place, Bateman ! Il paraît que vous avez des vues sur des terrains près d'Albany, pour agrandir vos hangars ? Ces terrains, vous savez que je les convoite. Je viens juste de vous donner un avertissement.

Il voulut s'éloigner, mais Harry lui lança :

— Je me moque de vos intimidations. N'espérez pas que nous allons en rester là !

Livingston se retourna, impavide :

— Est-ce une menace, Bateman ?

Les yeux étaient braqués sur Harry.

— Vous le saurez bien assez tôt !

Pourquoi lui as-tu répondu une telle énormité ? s'inquiéta Lilly à son retour. Qui était présent à vos côtés ? Mackolley, Beekman, DeLancey ? Dieu te pardonne, personne à New York ne s'en prend si frontalement à Robert Livingston !

— Ce n'étaient pas des paroles en l'air. Je lui ravirai les terrains d'Albany. Sans m'arrêter là. Je peux me défendre !

La semaine suivante, les marchands de New York élus par le Comptoir firent la queue au pied du *Rappahannok* ; sitôt sortis de leur entrevue avec Augustus Muir, ils rivalisèrent de révélations émerveillées sur les aménagements intérieurs de ses cabines. Entièrement marquetées et laquées, on y trouvait des meubles de bois exotique, une cheminée en pierre, des hauteurs de plafonds exceptionnelles ; impossible de se croire sur un navire. Les odeurs mêmes n'étaient pas celles d'un bateau de haut bord ; pour épargner son odorat, Augustus Muir faisait désinfecter les parois de la sentine du *Rappahannok* avec du vinaigre ! Pour contrer les effets de son mal de mer et calmer ses nerfs, un quatuor à cordes jouait dans sa chambre sur une estrade, dissimulé derrière un rideau de soie rouge.

Harry Bateman poursuivait le seul moyen de retrouver une place dans la compétition : entrer en contact avec Augustus Muir. Il espérait faire intercéder en sa faveur des officiers du *Rappahannok* descendus en ville, voire des marins susceptibles de communiquer avec le grand marchand londonien.

Des réunions se tenaient chez lui, en compagnie des autres marchands du même rang. Harry dut s'expliquer sur la révélation de Livingston au sujet de sa mère.

D'« elle », il ne parlait presque jamais, sinon sur un ton de colère qui lui était inné sitôt qu'il repensait à cette femme. « Elle », ce n'était plus personne. En famille, entre amis, au culte, à force de questions auxquelles il refusait de répondre, de grommellements et de haussements d'épaules, le plus souvent agacés et qui pouvaient occasionner des silences prolongés, cette parente avait fini par perdre toute consistance, sa silhouette, son visage, jusqu'à son prénom n'existaient plus. Lorsqu'un Irlandais implanté à New Haarlem, de passage à New York, apprenant la nouvelle, se souvint de sa mère et employa, en sa présence, son surnom de « Beau-Corps » autrefois fameux, Harry ressentit un point au ventre ; ses sobriquets mêmes lui étaient devenus insupportables.

Dix-sept ans après leur séparation, cette mère venait de nouveau le hanter et saborder sa vie.

La veille du départ du *Rappahannok* pour Boston, Harry apprit qu'un document anonyme de vingt-quatre pages avait été déposé dans la matinée au bureau du juge en chef de New York : il dénonçait les infractions commises contre l'Acte de Navigation par Robert Livingston.

Cet acte de 1663 stipulait que toutes les marchandises coloniales devaient transiter par l'Angleterre, transportés sous pavillon anglais ; aucun échange commercial avec les courtiers hollandais, allemands, français et espagnols n'était autorisé.

En grevant les transactions de lourdes taxes et en rallongeant les délais de livraison, cette loi se révélait inapplicable pour les colons : s'ils voulaient réaliser quelques profits décents, il leur fallait la contourner.

Mais personne n'en parlait ouvertement.

Le document dénonçant Robert Livingston violait cette entente tacite. La communauté des marchands s'en émut : si le document parvenait à Londres, il pourrait entrainer une enquête parlementaire.

Dans la soirée, le juge en chef fit savoir que l'auteur du document avait été identifié : Harry Bateman.

— Mais c'est complètement faux ! protesta-t-il.

— Il faut tout de suite le faire savoir, s'insurgea Lilly.

— Un employé du juge dit vous avoir reconnu lors de la remise du brûlot, dit Ascott. Votre culpabilité est un fait acquis, Harry. On prétend que vous avez voulu vous venger de Livingston. C'est d'autant plus crédible que le but de votre supposée manœuvre est atteint : le Comptoir

Muir l'a débouté de ses négociations. La grogne monte à votre encontre.

Harry voulut se rendre auprès du gouverneur et du juge en chef afin de faire connaître sa vérité et confondre celui qui prétendait l'avoir « reconnu », mais le petit Charles pénétra dans le manoir en criant : des hommes de Livingston avaient mis le feu aux hangars de Bateman. Déjà les flammes dévoraient les charpentes, engloutissaient les monceaux de tabac, de riz, de sucre et de toile de lin qu'elles abritaient. Des milliers de livres étaient en train de disparaître en fumée.

Lilly ordonna à Charles de monter dans sa chambre. Elle l'y enferma à double tour :

— Dans ces moments de folie, nul ne sait ce qui peut arriver.

Les toits des entrepôts s'effondraient les uns après les autres, soulevant des colonnes d'étincelles. La nuit fut occupée à étouffer les flammes géantes. La population charriait des centaines de seaux d'eau prélevée dans l'Hudson. Il y eut trois blessés graves.

Harry constata qu'aucun marchand ni producteur, ni leurs équipes, n'était venu lui prêter main-forte. Seuls ses propres employés, ses voisins et des habitants bienveillants s'étaient portés à son secours.

Vers les cinq heures du matin, Charles entendit son père rentrer. L'enfant ne perçut que des bribes de sa conversation avec Lilly : « ... savoir qui ! »

Harry monta se laver, changer de vêtements, puis redescendit. Charles reconnut le bruit de battant que rendait l'armoire de l'entrée : son père se munissait d'un mousquet.

Le garçon se précipita à la fenêtre de sa chambre : il écouta son père s'éloigner à cheval dans New York.

Depuis le deuxième étage du manoir où il se trouvait, seuls les toits lui étaient accessibles. Charles avait souvent caressé l'idée de franchir d'un bond l'espace qui séparait sa fenêtre d'un puissant frêne aux larges branches.

Une chose était d'en rêver, une autre était de s'élancer dans le vide. La nuit noire rendait l'opération impossible.

Il dut patienter jusqu'à l'aube.

Il échafauda maints projets de vengeance, des coups d'éclat qu'il se voyait accomplir pour laver l'honneur de son père ; pourquoi ne pas en appeler à Walter Muir ? S'il était capable d'affronter les pires des pirates au nom de la loi, il saurait reconnaître l'injustice qui frappait Harry et ne reculerait ni devant Livingston, ni devant Cornbury, pour faire triompher la vérité.

Dès les premières lueurs du matin, Charles franchit l'encadrement de sa fenêtre ; sur le toit incliné, il s'aperçut qu'il n'avait pas un élan suffisant pour atteindre l'arbre.

Cependant, il sauta.

De sa réception et des instants qui suivirent, il ne conserva aucun souvenir. Charles retrouva ses esprits, sur le ventre, le visage griffé, après un nombre ignoré de minutes.

Il commença par boiter dans la ville à la recherche de son père. Un quart d'heure plus tard, il courait presque en arrivant à la maison d'Albee Grave, le père de Sally.

— Harry est passé tôt ce matin, lui dit ce dernier.

— Où est-il en ce moment ?

— Je l'ignore. Il a refusé que je l'accompagne. Son passage date de plus d'une heure. Il m'a demandé de l'attendre.

Sally s'inquiéta des éraflures au visage de son ami.

Sa mère les passa à l'eau tiède. Lorsque ses plaies furent nettoyées, il voulut repartir.

— Je te suis ! dit Sally.

La porte d'entrée d'Albee Grave s'ouvrit et un homme du port pénétra en hâte :

— Savez-vous que...

Surpris de voir le petit Charles, il s'interrompit.

Confus, il ne savait par où reprendre ce qu'il allait annoncer.

— Parle ! insista Albee Grave.

— Pas devant Cee...

— Où est mon père ?

Le messager posa un regard sur une chaise.

Tout le monde comprit.

Charles se précipita et descendit vers les berges de l'Hudson. Un attroupement inhabituel lui indiqua la direction à prendre. Il se rendit au bout d'une jetée où était amarré le *Pinafore*.

C'était le sous-officier de quart qui avait donné l'alerte.

Harry Bateman avait subi le « supplice de la chaise », pratique courante des pirates : un homme était ligoté à une chaise, ses pieds entravés par un ou deux gros boulets de galérien, suspendu au-dessus des eaux à un mât de déchargement ; il était plongé sous la surface, à plusieurs reprises.

Cela, c'était quand la sentence convenait de le laisser survivre. Autrement les pirates ne s'embarrassaient pas de la chaise : mains et chevilles liées, boulet aux pieds, le corps était jeté à pic dans le fleuve.

En dix ans, une quinzaine de cadavres étaient allés croupir au fond de l'Hudson, à moins d'une encablure des habitations de Manhattan.

Charles se fit une place parmi les curieux ; il fixa les eaux noires. Il n'y vit que son reflet et celui des visages qui se penchaient avec le sien.

Il se sentit pris de vertiges ; Sally le retint de chavirer.

L'officier du *Pinafore* fut interrogé par le père de Sally.

— Ça s'est produit peu avant l'aube, raconta-t-il. Un homme en portait un autre. Un bruit de chaînes a suivi. Le plongeon enfin. Puis les pas de quelqu'un qui s'éloigne.

— L'as-tu reconnu ?

— Pas le moins du monde. Impossible.

— Pourquoi n'as-tu pas aussitôt donné l'alerte ?

— Avec les pirates et leurs coups de tabac, vaut mieux se montrer prudent.

Deux personnes avaient vu Bateman se faire assommer non loin de là, près de Trinity Church. L'agresseur n'était pas identifié.

Depuis, son corps restait introuvable.

Charles fouillait des yeux la surface des eaux : se pouvait-il que son père soit là, enfoui parmi les algues ?

Une salve de feu retentit au Fort Anne.

Le *Rappahannok* mettait à la voile pour Boston.

Tout public n'admettant pas deux curiosités à la fois, on passa d'un spectacle à l'autre. Les curieux désertèrent le débarcadère.

Étranger à tout ce qui l'entourait, Charles avait de la peine à respirer : il ne pouvait ôter son regard du fleuve.

Cependant, il se redressa tout à coup et fila en trombe vers le quai Andrews.

Les officiels et les marchands saluaient le départ des Muir. Charles joua des poignets pour se frayer un passage. La foule entassée faisait peu cas de ce garçon en larmes, voire le disputait lorsqu'il coudoyait trop ou piétinait quelqu'un.

Il se faufila près des compagnons de son père ; les mêmes marchands qui, avant le scandale de la veille, le considéraient comme le meilleur d'entre eux. Il haletait ses phrases.

— Mon père... Jeté à l'eau... On l'a tué, on l'a tué !... La chaise... Tué, entendez-vous ?

Augustus Muir apparut sur la plage arrière du *Rappahannok* et salua les New-Yorkais.

Pendant qu'ils lui réservaient une ovation, Charles insistait :

— C'est une injustice... Mon père est innocent... Ils l'ont tué !... Quelqu'un ?... Quelqu'un ?...

Il avait l'impression d'être cerné de fantômes ou de somnambules, ou d'errer lui-même en plein rêve. Il n'obtenait aucune réponse.

Les gardes du gouverneur, agacé par son agitation perpétuelle, le renvoyèrent vers les rangs de la populace.

À ses pieds, près d'une vieille ancre, il aperçut une carcasse de poisson couverte de mouches et de fourmis. Cette vision lui retourna le cœur ; il repartit en courant.

Sally avait réuni ses quatre amis les plus proches, surnommés le Castor, le Flûtiau, l'Indien et la Fronde. La troupe d'enfants retourna avec lui au débarcadère où avait disparu Harry Bateman.

Cee agissait en automate. Il saisit une corde du mât de charge et la noua autour de sa taille.

— Si je tire trois coups, vous me remontez, dit-il à ses compagnons.

Sans attendre de réponse, il plongea à l'endroit supposé de l'immersion de son père.

Il disparut.

— Sait-il nager ?

— Je ne le crois pas.

De longues secondes passèrent.

Soudain, l'alerte des trois coups.

Sally et ses amis hissèrent la corde et Cee reparut.

Il aspira une large goulée d'air, dans un long sifflement.

Il remonta sur le débarcadère.

— Encore, dit-il.

Et il replongea.

Les enfants voyaient la longue corde défiler sous l'eau.

— Quelle profondeur ?

—Dix mètres. Peut-être plus.

Les sauts successifs de Charles attirèrent l'attention des marins du *Pinaforte*.

— Encore !

Pâle, épuisé, les extrémités bleuies, il s'élançait à nouveau.

— Encore !

— Encore !

La corde était dévidée à son maximum. Il y eut cette fois un temps d'attente muette, plus long que les précédents.

Les trois coups ne vinrent pas.

La corde restait tendue.

Toujours rien.

Pas de signal.

— On le tire, décida Sally affolée.

Les enfants s'y mirent à pleines mains.

En vain.

Ils ne parvenaient pas à remonter le moindre pouce de la corde.

— Plus fort ! Plus fort !

Alors les marins s'en mêlèrent :

— Poussez-vous !

À quatre, leurs forces faillirent ne pas être suffisantes.

Les secondes s'égrenaient terriblement.

Enfin, la corde se libéra et une silhouette se dessina sous l'eau. On reconnut le dos de Charles.

L'enfant, tétanisé, agrippait son père, les bras glissés sous ses épaules, les mains nouées. Il le saisissait avec une telle rage désespérée qu'il ne desserrait pas son étreinte, quoiqu'il eût quasiment perdu connaissance. Son père et lui étaient comme fondus ensemble. Il fallut les tirer tous deux hors de l'eau, malgré les boulets aux pieds du mort et ses chaînes alourdies par les algues.

On étendit Charles sur la jetée.

De longues minutes furent nécessaires pour le ranimer.

Personne ne sut qui avait assassiné Harry Bateman.

L'opinion disait que l'Irlandais était responsable de sa propre mort ; coupable d'avoir dénoncé Livingston et les marchands de New York, il avait amené le désastre sur sa famille.

Pour son enterrement, Charles convainquit Lilly de faire circuler le convoi funéraire dans toutes les artères de la ville.

— Afin qu'ils contemplent leur œuvre !

Hormis le fidèle John Ascott, et la famille d'Albee Grave, personne n'osa assister aux funérailles, pas même l'ami William Bradford. Seule la cinquantaine de prostituées de New York, et leurs enfants, dont les quatre meilleurs amis de Charles, lui firent cortège, adressant un dernier adieu à celui qui s'était montré si bon à leur égard.

Au passage de l'improbable convoi, les volets claquaient.

— Pourtant il semblait être un bon homme, ce Harry Bateman, reconnaissait-on volontiers. Il était franc, il travaillait dur pour le bien de sa famille. Quelle folie de s'attaquer à Livingston ! Le résultat est là : il n'est plus, et sa famille est ruinée…

La lumière sur l'affaire ne fut faite que cinq années plus tard, suite à l'aveu d'un clerc du juge en chef.

Le document accablant Robert Livingston avait en réalité été rédigé par Stephen DeLancey ; le puissant Français voulait compromettre son grand rival aux yeux des Muir et lui ravir le marché du sel. Témoin de la menace proférée par Bateman contre Livingston devant la Mairie, DeLancey en avait profité pour lui faire endosser la responsabilité de l'infamie.

La nuit de l'incendie de ses hangars, Harry avait retrouvé le clerc qui avait réceptionné le document chez le juge en chef ; il réussit à lui faire avouer la manipulation et était désormais en mesure de dénoncer les agissements de DeLancey.

Ce dernier, connu pour son intrépidité et sa violence, le fit assassiner par Saul-le-Borgne, le dernier pirate en ville, avant qu'il puisse lui nuire.

Le 17 octobre 1712, la même semaine où la terrible révélation fut faite, la séance du Comité de la ville de New York s'acheva avec une heure de retard.

Un certain Verner W. Pepper, rapporteur au Parlement de Westminster qui assistait aux débats afin de servir à la propagande de la colonie en Angleterre, rédigea ces lignes dans une correspondance privée :

« *Au sortir sur Broad Street, un jeune garçon de quelque treize ans attendait sur le versant opposé de la rue. On me cita son nom, son histoire et celle de son père assassiné.*

Le garçon s'est contenté de suivre du regard Stephen DeLancey.

Quel regard d'ange déchu !

Je prie le Seigneur de ne jamais recroiser son chemin.

Ou je me trompe ou, homme fait, il fera reculer le Diable. Il a pour nom Charles Bateman. »

Les Muir
1713

— Vous devriez tenir un journal, Augustus. Comme les trésoriers qui enregistrent vos activités marchandes : rédigez le Grand Livre de votre vie, jour à jour ! Vous verrez : on pèse mieux ses actes et ses paroles par l'écriture que par la pensée.

— C'est la suggestion la plus saugrenue qu'il m'ait été donné de recevoir depuis bien longtemps, bougonna Augustus Muir. Que voulez-vous que me fasse l'écriture d'un journal ?

Les sautes d'humeur de Muir n'étonnaient plus Thomas Tenison, l'archevêque de Canterbury :

— Pourtant je suis convaincu que cela vous ferait le plus grand bien.

Augustus désigna les livres aux murs de son cabinet de travail :

— Je ne lis pas, pourquoi écrirais-je ? Mon anglais n'a jamais été bon et mon allemand s'est perdu ! Au reste, ce sont de sottes prétentions : nul ne rédige son journal sans l'espoir d'être publié et lu. J'appelle cela des simagrées. Une toquade de Britannique.

— La vogue des journaux intimes tient, dans notre siècle, à un principe beaucoup plus sérieux. À qui la devons-nous sinon aux luthériens ? En écartant les pénitents de la pratique de la confession, ceux-ci se sont vus privés d'une parole et d'une écoute qui les soulageaient.

De nos jours, le confessionnal fermé, l'on se confie au papier.

Il sourit :

— Je connais des fidèles dont la vie a bénéficié de cette habitude journalière.

Augustus haussa les épaules :

— Ils peuvent tout aussi bien tremper la plume dans l'encre ou se jeter du haut d'un pont, cela ne dissipera rien chez moi. Revenons plutôt au motif de votre visite : quelle somme sollicitez-vous ce trimestre-ci pour les « besoins » de votre cure ?

L'archevêque Tenison fit mine de ne pas y avoir réfléchi.

— Parlez sans crainte, monseigneur, lui dit Muir, ces contorsions sont superflues entre nous. Annoncez un chiffre.

— Quatre mille livres vous paraîtraient-elles raisonnables ?

Augustus ne cilla pas.

— L'appui du primat d'Angleterre n'a pas de prix aux yeux des Hanovre dont j'ai l'honneur d'être le représentant, dit-il.

Il lui tendit une bourse remplie d'or.

— Leur sollicitude est flatteuse, répondit l'archevêque en l'empochant. Comment se porte cette excellente princesse Sophie qui, si Dieu le veut, doit régner sur nous ?

— Comme on se porte à quatre-vingt-deux ans : sur un brancard. Et vous, monseigneur, que savez-vous de notre reine actuelle, qui ne se montre plus guère, ces temps-ci ?

— La malheureuse Anne a tant épaissi qu'on ne l'assoit plus sur son trône. À ses funérailles, son cercueil vaudra le coup d'œil : sans doute un gros cube !

Augustus se dit que si sa maîtresse Sophie de Hanovre ne survivait pas à Anne, ou très brièvement, ce serait au sacre de son fils George qu'il allait devoir s'employer.

Enfant, George était déjà un idiot parfait. Aujourd'hui, ce prétendant au trône de Grande-Bretagne n'entendait pas un mot d'anglais et s'obstinait à ne pas vouloir apprendre la langue de ses futurs sujets. De surcroît, Muir devrait batailler pour le convaincre de venir se laisser couronner à Londres !

« Le temps d'un ambassadeur se passe à transmettre des messages dont personne ne tient compte, à prodiguer des avis qui ne sont jamais suivis et à s'entremettre pour la vie privée des souverains. »

Augustus était las. Mais pas seulement de son titre de diplomate des Hanovre.

Bien que riche et comblé d'honneurs, plus riche encore que les Fugger, ces banquiers d'Augsbourg considérés comme les crésus du Saint-Empire, aucun de ses succès ne le réjouissait.

Il avait tout désiré et tout obtenu ; il se sentait aujourd'hui vide comme jamais, constamment abattu, triste, amer, insatisfait de lui et de tous les autres, incapable de se fixer nulle part.

L'archevêque avait souri lorsqu'il lui avait avoué ses tourments :

— Augustus, vous voilà devenu des nôtres ! Votre souffrance porte un nom : la mélancolie, et c'est le « mal anglais » par excellence !

Depuis cinq ans, des médecins lui avaient prescrit mélanogogue sur mélanogogue, purgatifs censés dissiper la mélancolie, soit par les voies du haut, soit par les voies du bas.

Conformément aux exigences de la thérapeutique, Augustus ingurgita capuchons de moine, baies de laurier, scilles maritimes, hellébores blancs, cuscutes du thym, fumeterres, genêts à balais, menthes pouillot, choux blanchis, sels ammoniacs, salpêtres et racines de muflier. Il maigrit de vingt kilos, manqua mourir à deux reprises, ce qui le rendit plus maussade encore.

Il perdit le sommeil. Autrefois, s'il souffrait d'insomnies, celles-ci étaient des veilles de « bâtisseur d'empire » ; il se relevait la nuit, l'esprit débordant d'idées, impatient, cherchant à conquérir pour conquérir. À présent, l'envie de triompher perdue, restaient les nuits blanches. Londres le dégoûtait ; il avait les Anglais en horreur ; sa femme lui était insupportable ; ses enfants ne l'intéressaient guère.

Il pensa qu'un voyage le guérirait.

Il opta pour l'Amérique.

Il fit redécorer les cabines du *Rappahannok*, prit les précautions indispensables pour pouvoir s'absenter pendant quinze mois et embarqua le 8 juin 1707 sous le commandement de son fils Walter.

La perspective de ce voyage avait suffi à lui redonner vie.

Seulement, dès son arrivée à la Barbade, puis à la Jamaïque, le climat l'importuna, les affaires locales lui parurent dérisoires et rares étaient les colons anglais qui méritaient son attention. Il les détesta au point de ne plus vouloir mettre un pied à terre jusqu'à son retour à Londres.

Il aperçut de loin Charles Town, Williamsburg, Saint Mary City, Newport, Philadelphie, New York, Boston et Portsmouth.

Rentré après plus d'un an dans son palais de Roderick Park, il était aussi morose et ombrageux qu'à son départ.

Il put mesurer la profondeur de son mal le jour de la mort de son unique ami, Bat Glasby, dix mois après leur tournée dans le Nouveau Monde.

Les deux hommes se connaissaient depuis trente ans ; c'était à Glasby qu'Augustus devait l'idée d'avitailler les colonies anglaises en sel ; pourtant il peina à ressentir la moindre tristesse à sa disparition. Son décès provoqua seulement chez lui une indisposition d'ordre pratique et une colère : son ami mourait en laissant d'importantes dettes de jeu ! Voilà ce qu'était devenu Bat Glasby, l'ami fidèle, le compagnon de tous les succès : quelqu'un qu'il était fâcheux de devoir remplacer et un joueur...

Après cela, quelle avait été la suggestion de l'archevêque de Canterbury ?

— Vous devriez tenir un journal, Augustus.

Muir balaya du bras tous les documents rangés sur son bureau.

— John, reportez mes audiences du jour. Ainsi que celles de la prochaine semaine. Je pars me reposer à Dryburgh. Vous y ferez suivre mon courrier.

Le jeune homme prit note des désirs de son maître. Muir dut lui en dresser la liste exhaustive. Après un an, il avait toujours des difficultés à s'habituer à ce John Venet qui occupait le poste de Glasby.

— Arrangez-vous pour que ma femme n'apprenne pas mon départ avant mon arrivée en Écosse. Et défendez-lui de me suivre ! Je désire être seul.

Il quitta Londres pour ses deux mille hectares de terre et son manoir construit le long de la Tweed, à Dryburgh. Il possédait en Écosse diverses exploitations, dont une importante houillère et une mine d'ardoise situées à Aberfoyle, malgré cela il n'avait mis les pieds à Dryburgh qu'à deux occasions.

Les quarante fenêtres de son manoir dominaient la rivière Tweed ; Muir avait eu le vaste Goldsborough Hall de sir Richard Hutton en tête au moment de lancer le chantier. L'immense bâtisse était entretenue par une armée de domestiques qui furent effarés de voir leur maître apparaître.

Comme tous les grands inquiets, Augustus luttait contre l'inquiétude par la maniaquerie : il respectait des horaires et des habitudes de travail inviolables, un cadre minutieux devenu légendaire.

Pour n'avoir pas à s'inventer de manies supplémentaires dans son manoir d'Écosse, il avait fait reproduire, à l'identique, son cabinet de travail, sa chambre à coucher et sa garde-robe de Londres. Cette domestication ne souffrait pas d'écart ; dans ces trois lieux clefs, rien ne devait lui faire ressouvenir que cent soixante lieues le séparaient de la capitale.

Cependant à peine dans son cabinet d'écriture, Augustus se reprocha d'être venu en Écosse : depuis sa dernière visite, de rares éléments avaient été modifiés à Londres : l'encrier, un lutrin, le capitonnage plus ferme du fauteuil. Que personne n'ait songé à reproduire ces changements à Dryburgh le mit hors de lui. Il parcourut nerveusement ses salons : tous étaient ornés de vases de fleurs ! D'abord cette délicatesse, en l'absence de sa femme, lui parut superflue, enfin, qui ignorait encore que le pollen l'indisposait ?

Seule une découverte le consola : il retrouva son précieux clavecin italien. Sa femme Tracy haïssait la musique ; un jour, alors qu'il n'avait plus guère le temps de le pratiquer, il s'était aperçu que son instrument fétiche avait été remplacé à Londres par un guéridon d'acajou.

Il s'approcha, caressa le clavier, pinça quelques cordes. Une éternité s'était passée depuis qu'il n'avait joué, seul.

Le soir il soupa tôt. Un potage de viandes maigres, des galettes de blé et un verre de bière pâle lui furent servis, heureusement tous accommodés selon son goût. Dans sa chambre à coucher, le lit était dressé comme il convenait, ses habits de nuit étendus au bon endroit, ainsi que son carafon d'hypocras bouillant où infusaient deux brindilles de romarin.

Le matin, voyant que les fleurs du manoir avaient disparu, sans qu'il ait eu besoin de protester, Augustus se dit que sa femme avait dû faire suivre des instructions.

Il voulut aller flâner le long de la Tweed.

Le temps faisait merveille : la journée était fraîche mais radieuse, l'air vivifiant, personne nulle part pour l'importuner.

Seulement, en guise de contrariétés, le jardin s'avéra rapidement trop pentu, l'herbe trop grasse, un bâton de marche lui aurait été nécessaire, son dos le fit souffrir, il s'essouffla. Longtemps avant d'avoir atteint la Tweed, tout lui redevint un objet d'horreur :

Le paysage bocager ?

« Tout ce vert… »

Le ciel bleu ?

« Tout ce vide… »

Il revint au manoir, en nage, avec des envies de voir le monde disparaître.

Il s'enferma dans sa chambre et resta dans l'obscurité jusqu'au lendemain.

Servi par une douzaine de domestiques en livrée, il prenait ses repas au bout d'une table pouvant recevoir une quarantaine de couverts.

La nouvelle de sa présence en Écosse s'ébruita : les premiers importuns se firent annoncer à Dryburgh.

Si les ducs de Montrose et de Roxburghe ne purent être éconduits, aucune des audiences sollicitées par les Écossais, rejetons des clans antiques des hautes terres ou nobliaux en quête de faveurs à la cour, ne fut accordée.

La duchesse de Wemyss refusa de partir sous l'injonction d'un majordome et exigea de voir Muir : ce dernier lui jeta sa canne à la figure, lui promettant un traitement encore plus effroyable si elle osait reparaître devant lui !

Le récit de cet incident circula dans le pays et découragea maintes visites à Dryburgh.

Malgré l'échec de sa première excursion vers la Tweed, après une semaine, il se fit conduire aux ruines de l'abbaye de Dryburgh. Là, environné de pans de mur branlants et d'arches squelettiques, il se sentit curieusement à son aise. Sa mélancolie s'acclimatait à ce site où tout disait que rien ne dure, que tout va s'effaçant, les hommes comme les pierres. Triste, il appréciait les lieux de désolation. Au manoir, il avait entendu les jeunes enfants de ses servants s'amuser à pêcher : il aurait pu les noyer rien que pour faire taire leurs rires.

Il s'essaya à son clavecin et regretta très vite d'avoir perdu la mémoire des morceaux qu'il affectionnait dans sa jeunesse ; ses doigts étaient gourds ; ses maladresses sur une *canzone* de Weckmann l'exaspérèrent ; il quitta brusquement l'instrument, plus amer que jamais.

En se retournant, il aperçut une domestique qui s'était immobilisée dans le coin d'une porte pour l'écouter jouer.

L'imprudente blêmit et disparut.

Chaque matin, il révisait son courrier expédié depuis Londres, prenant plaisir à harceler ses correspondants plus encore que s'il avait été dans la capitale.

Parmi les lettres portées à Dryburgh, il reconnut sur le dos d'une enveloppe l'écriture de son fils Walter, expédiée de Bristol où le *Rappahannok* relâchait depuis peu.

Il l'ouvrit et commença de la lire.

D'abord il n'y comprit rien.

Pourquoi Walter faisait-il mention de la Laure de Pétrarque, de la Cynthia de Properce, des sonnets d'*Astrophel et Stella* ?

Il vérifia la signature du courrier : il s'agissait bien de son fils aîné.

À qui écrivait-il ces lignes ?

« *Comme Calliste, j'adore Mélibée, je crois en Mélibée, j'honore, j'aime et j'admire ma Mélibée !* »

Suivaient des bouts rimés et des déclamations : « *Je ne suis qu'un tronc si ta grâce ne souffle pas sur moi...* »

— Mélibée ? Qui est-ce, cette Mélibée ?

Lorsqu'il eut compris qu'il s'agissait d'une véritable lettre d'amour et non d'une plaisanterie, Augustus interrogea un couple de domestiques que ses demandes embarrassèrent beaucoup ; ils promirent enfin de faire venir à lui... la Mélibée en question.

Seul dans son cabinet, Augustus s'emporta : son fils aîné pouvait tout posséder, prospérer à Londres, épouser les plus riches héritières du royaume, toutes les carrières lui tendaient les bras et il s'obstinait à cette vie d'aventurier, jouant sa tête à bord du *Rappahannok* en faisant des courses aux pirates ! Voilà à présent que l'endeuillé inconsolable était amoureux ?

Une heure plus tard, paraissait dans le cabinet d'écriture d'Augustus une jeune femme de dix-sept ans, châtaine, aux grands yeux bleus, vêtue d'une robe rose et blanc.

Il reconnut au premier coup d'œil l'effrontée qui l'avait écouté jouer du clavecin.

Très émue, la fille rougit, balbutia et dit :

— Je suis Shannon, monseigneur. Votre fille.

Muir fronça les sourcils. Hormis Walter qui hériterait du Comptoir, il eût été aujourd'hui incapable de décrire ses huit autres enfants.

Encore moins se souvenait-il de cette fille adoptée douze ans auparavant. Elle dut lui remémorer les événements du banquet de juin 1701 qui avait célébré l'Acte d'établissement.

— Je vois, reconnut-il. La petite fille du théâtre. Que faites-vous à Dryburgh ?

— C'est votre femme, monseigneur, qui m'a conviée pour y vivre.

D'abord l'esprit déconcerté par ce retour inattendu d'une fille adoptive, il réalisa soudain que Shannon était le « tendre amour » de Walter, sa « Mélibée » !

Il saisit à pleine main la lettre de son fils.

— Êtes-vous fous ? Tous les deux ? Frère et sœur ! Dans ma famille !

Il dégrafa son col :

— La loi de l'Église sanctionne les liens d'alliance comme ceux du sang ! Si une telle abomination s'apprenait !

— Monseigneur, s'empressa de répondre Shannon, prête à tomber à genoux, je vous supplie de me croire : jamais je n'ai encouragé Walter dans cette voie. Jamais ! Votre fils est très... déraisonnable.

— Si vous ne partagez pas ses sentiments et que vous le lui avez dit, pourquoi continue-t-il de vous écrire ?

Shannon baissa le front :

— Hélas, je vous le dis : nul n'est moins raisonnable que lui. Je l'aime, c'est la vérité, mais seulement comme un frère.

— Un inceste ! Sous mon toit ! La mer devait le consoler de son veuvage, me disait-on ! N'importe comment, après toutes ces années, Walter doit maintenant se trouver une nouvelle épouse, digne de son rang. Garantir la lignée des Muir. Et non une...

Il roula la lettre d'amour en tampon :

— Si j'apprends que, d'une manière ou d'une autre, vous avez incité cette passion, je vous ferai regretter d'être jamais née à la vie. Disparaissez !

Terrifiée, Shannon s'enfuit.

Augustus ne retrouva que très difficilement son calme. Il s'énervait contre cet insensé de Walter, mais aussi devant l'inconvénient d'avoir une misérable comme Shannon dans les parages. Sa solitude était entamée. Il espérait qu'elle aurait au moins la délicatesse de ne plus se montrer.

Chaque matin, il accomplissait une sortie, soit à pied, si le temps le permettait, sinon en carrosse, allant visiter les ruines de Melrose ou de Kelso.

Un jour, le douzième à Dryburgh, excédé, ayant plus mal dormi qu'à l'ordinaire, Muir ne supporta pas les accidents de la route qui le séparaient de l'abbaye de Jedburgh et fit faire demi-tour à son cocher.

Sitôt rentré au manoir, agacé, il entendit résonner des notes de musique.

Il approcha du salon et découvrit la jeune Shannon qui s'exerçait sur son clavecin.

Il hurla :

— Qui vous a donné le droit de toucher à mon instrument ? J'ai besoin de silence et de calme ! Est-ce trop compliqué à comprendre ? Vous m'importunez ! Votre présence m'est une constante cause de désagréments. Vous devriez disparaître de honte ! Allez vous cacher !

La malheureuse tenta d'articuler quelques mots, lui jura qu'elle ne jouait que lorsqu'il quittait le manoir, qu'elle préférerait mourir plutôt que lui être importune, qu'elle regrettait amèrement…

Une fois de plus, elle fuit.

Le soir encore, sa mauvaise humeur éclata.

Une soupe d'anguilles n'était pas à son goût. La cuisinière, accablée par lui, se défaussa sur « mademoiselle Shannon » qui lui avait dicté cette recette favorite du maître.

— De quoi vous mêlez-vous ? lui reprocha-t-il après l'avoir convoquée. Vous ai-je seulement sollicitée ? J'ai passé l'âge qu'une gamine s'occupe de moi !

Shannon comprit que, dans ces circonstances, il ne servait à rien de vouloir se faire entendre ; elle jugea plus politique de se taire.

— Demain, vous retournez à Londres, déclara Muir. Je ne vous veux plus ici !

Le soir, il rejoignit sa chambre à coucher. Comme souvent, ses colères l'avaient quelque peu apaisé, il s'assoupit sans efforts, mais, moins de deux heures plus tard, le combat contre l'insomnie recommença.

Le déroulement en était immuable : Augustus restait les yeux ouverts, immobile, fixant le baldaquin de son lit. Son esprit errait puis attrapait un souvenir, généralement un incident dont il se repentait ou qu'il reprochait à un tiers. Des heures durant, il s'occupait de ce cas stérile, incapable de s'en extraire, laissant libre cours à ses penchants les plus noirs : la méchanceté, la rancœur, le mépris. Ses plus grosses colères, Muir les vivait dans le noir, en silence, jusqu'à l'aube.

Cette nuit, il se hissa sur un coude et but un verre de son infusion de romarin. Il trouva son en-cas de nuit à sa place sur le chevet. C'est alors qu'il songea à Shannon. À l'évidence, c'était elle qui, depuis son arrivée, arrangeait le manoir selon ses goûts, prévenait ses manies, lui rendait l'éloignement de Londres supportable. Sans doute s'était-il trop emporté.

Au matin, il fit savoir qu'il souhaitait qu'elle l'accompagnât lors du déjeuner.

La jeune femme se présenta, tremblante, habillée dans une robe sombre. Elle s'assit à la table et n'osa rien dire, la nuque droite, les yeux baissés vers son assiette.

Augustus resta silencieux ; l'idée de s'excuser ne l'effleura pas. Il oubliait ses coups de sang et, par la même occasion, tous les torts qui allaient avec.

— Je vous demande pardon, dit Shannon d'une voix d'enfant, pour les inconvénients survenus hier au soir, monseigneur.

Augustus hocha la tête, en guise d'absolution. Comme tous les tyrans domestiques, il se considérait magnanime.

— Vous semblez bien me connaître, lui dit-il, c'est une chance pour moi. En revanche, j'ignore tout de vous.

Elle lui raconta qu'orpheline on l'avait retrouvée sur les marches de Trinity Church ; cinq années d'orphelinat avaient suivi dans l'infecte institution de Bradington :

— Vous n'imaginez pas la portée du geste que vous avez accompli le soir de mon adoption. En plus des dix-sept autres filles qui se trouvaient près de moi et ont reçu une famille d'accueil, cet éclat a rejailli sur Bradington. Vous avez permis le bonheur de dizaines et de dizaines d'enfants qui y croupissaient !

La fillette grandit au palais de Roderick Park sur un pied d'égalité avec les neuf enfants Muir. Elle était très timide, incapable de mensonge, émerveillée de tout, douée d'une fantastique mémoire, aussi apprit-elle mieux que les autres à lire et à écrire, un peu de latin, un peu de chant, beaucoup de danse, et l'allemand. Elle domina très tôt les règles de maintien en société, ce qui lui valut de nombreux éloges :

— Je crois pouvoir dire que votre femme, miss Tracy, a quelquefois ressenti une sincère fierté à m'appeler sa fille devant ses amies.

— Sur ce point, j'ai du mal à vous croire, répondit Augustus. Avec cette satanée Tracy Muir, hors des Monroe, point de salut ! J'en sais quelque chose.

Shannon baissa le front :

— J'ai fini par m'en apercevoir.

Vers ses treize, quatorze ans, Tracy Muir commença une campagne acharnée dans le Tout-Londres pour marier ses enfants avec les meilleures maisons d'Angleterre. Ses enfants, mais surtout pas Shannon qu'elle avait tolérée mais ne confondait pas avec une véritable Muir. Elle nourrissait des ambitions sans limites, s'appuyant sur le poids politique et la richesse de son mari. Elle pensait avoir réfléchi à tout, excepté que les prétendants de la noblesse choisis pour ses deux filles demandaient tous la main de Shannon en premier, la trouvant infiniment plus jolie.

— J'eus alors l'occasion d'éprouver le déplaisir de votre femme, raconta Shannon. Elle n'a rien épargné pour me rappeler mes origines. En définitive, les mariages ourdis par elle ont fini par être célébrés et elle croyait en avoir fini avec moi, comme objet de menace. Jusqu'à ce que Walter se déclare à son tour, après son veuvage ! Elle m'a alors exilée à Dryburgh, et voilà trois ans qu'il m'est défendu d'en sortir.

Pour la première fois, Augustus la regarda avec attention. Il pouvait admettre que Shannon n'était pas vilaine, mais refusait de comprendre comment une diablesse de son espèce, sortie de nulle part, pouvait provoquer autant de ravages autour d'elle.

« Elle a complètement tourné la tête de ce pauvre Walter », se dit-il.

— S'il s'est enfui sur le *Rappahannok*, ajouta-t-elle, courant au devant de tous les dangers, c'était moins pour oublier son veuvage que notre amour impossible. La colère de sa mère et mon refus obstiné. Ce dernier datant de la petite enfance...

Le soir, Augustus voulut se montrer conciliant et l'invita à jouer quelques morceaux de musique.

La jeune femme s'assit au clavecin et entama une gigue italienne.

Il l'interrompit aussitôt.

— Les gigues, je les ai en horreur ! Elles me donnent le tournis et la désagréable impression d'être l'otage d'une fête de village. Les gens joyeux sont d'un bête !

Il se leva :

— À Londres, je gardais un casier de partitions. Où a-t-il disparu ?

Shannon le lui montra rangé près d'un montant de cheminée. Il s'y plongea, fouilla, rapidement agacé, avant de trouver le feuillet recherché.

— Voilà.

Il le posa sous les yeux de Shannon : une passacaille de Buxtehude.

— C'est une pièce pour orgue, argua la fille.

— Elle est chiffrée. Vous vous en tirerez très bien.

Shannon commença de jouer.

— Plus lent ! Plus lent ! protesta-t-il.

Elle ajusta son jeu.

— Plus lent !

Elle obéit, du mieux possible.

Le morceau était grave, triste, solennel, en mode mineur.

Augustus se dit qu'il le goûtait comme il goûtait les abbayes en ruine.

Il lui demanda ensuite une chaconne en *do* mineur du même auteur. Un morceau plus difficile.

Là encore, il requit une lenteur extrême.

— Retenez votre jeu ! protestait-il. Laissez raisonner les basses !... Il faut leur donner du poids... de la densité... Non, cela ne va pas ! Reprenez depuis le début.

La malheureuse s'exécuta, mais commençait de perdre ses moyens.

Lui, après cinq minutes, perdit toute patience.

Il prit place à côté d'elle.

— Cela n'a rien de sorcier !

Il recommença le morceau en se réservant la main gauche. Les yeux rivés sur les touches, il expliquait son phrasé à mesure qu'il l'exécutait :

— Une basse soutenue peut être apaisante, si on lui accorde de l'espace. La répétition des graves a quelque chose de réconfortant, de captivant. L'imitation. Le canon ! Attention, pas de précipitation !... Il faut détacher le sujet... Plus lent. Le contre-sujet à présent. Plus lent !... Comme moi... Oui, c'est mieux.

Ils reprirent l'ensemble du morceau.

— Voilà, dit Augustus après quelques mesures, vous vous améliorez.

Elle lui sourit.

— Votre jeu pourrait être très beau, jeune fille. À condition de vous adapter aux compositions et non de leur imposer votre jeunesse intempestive !

Le lendemain, il la retrouva un livre à la main . *Le Voyage du pèlerin, de ce monde à celui qui nous attend,* écrit par John Bunyan.

— Vous êtes versée dans la lecture autant que dans la musique ?

— Je le crois, monseigneur. J'ai pu profiter à Londres de votre incomparable bibliothèque.– On m'a dit qu'elle était digne d'éloges. Moi je ne saurais en juger. Je ne lis jamais.

— C'est dommage de ne pas profiter de ces trésors.

— Au moins n'auront-ils pas été perdus pour tout le monde !

Shannon s'avérait cultivée et intelligente. Ses réparties spirituelles, parfois hardies, faisaient sourire le vieux Muir. Il n'était plus question de son départ pour Londres. Il la convia chaque jour à sa table.

En plus de nourrir sa conversation, elle lui révéla des endroits de son domaine et des Borders à visiter dont il n'eut jamais idée.

Ils continuèrent de partager le clavecin.

Dans son exil écossais, Shannon s'était fait envoyer des partitions depuis la France où il s'en publiait toujours plus. Elle lui présenta des œuvres inédites de Siret, de Dieupart et d'une femme, Élisabeth Jacquet de La Guerre. L'Allemand, qui n'avait jamais admis d'entendre autre chose que les motifs musicaux de son enfance, s'enthousiasma pour des pièces qui n'avaient plus rien à voir avec celles des anciens Sweelinck et Froberger.

— Dieu que la musique a changé !

Il n'était pas rare désormais que ce soit elle qui lui dicte comment interpréter un morceau. Certains soirs, ils jouaient des heures durant, elle se balançant à ses côtés pour mieux ponctuer la musique. Il tomba sous le charme de Rameau.

L'influence de Shannon ne se limita pas à étendre les goûts musicaux d'Augustus Muir ; insensiblement, tout en veillant à ce que ses manies soient respectées, elle introduisait de légères modifications censées améliorer son séjour à Dryburgh. Elle commença par alléger son menu, modifier la composition de son infusion, l'empêcher de se soucier de ses affaires passé l'heure du déjeuner ; elle l'incitait à se fortifier au soleil à chaque occasion. Elle osa briser certaines de ses sacro-saintes obsessions, terrain sur lequel personne ne s'était aventuré avant elle.

À sa grande surprise, cela ne lui déplut pas. Lui qui décidait toujours de tout, n'était pas mécontent de voir quelqu'un prendre des initiatives à sa place. Il aimait l'observer du coin de l'œil : elle était toujours aux aguets, inquiète qu'un rien le contrarie, surveillant ses moindres réactions, rougissant s'il la regardait.

Il finit par étudier son courrier de travail non plus dans son cabinet d'écriture, mais dans le vaste salon, fenêtres ouvertes : de là, il pouvait observer Shannon marcher dans les jardins, s'occuper de ses rosiers, coudre ou lire sous un arbre.

Il lui arrivait de se désintéresser toute une journée de ses affaires londoniennes, d'interroger Shannon sur sa lecture du *Voyage du pèlerin* et sur cette ville imaginée par l'auteur, nommée la « Foire aux Vanités », qui lui rappelait Londres et ses figures détestables, comme les Monroe.

Il se résigna à dormir dans une chambre à coucher plus petite et située au deuxième étage du manoir, donc moins humide que la réplique de sa chambre de Londres en rez-de-jardin.

À sa grande surprise, son sommeil s'améliora.

Son humeur n'en restait pas moins imprévisible : certains jours, ses pensées noires le reprenaient et il redevenait odieux.

Alors Shannon disparaissait.

Augustus la faisait appeler : on lui répondait que la jeune femme était partie se procurer des simples à Édimbourg, ou cavalait sur le domaine. Cela provoquait chez lui des rages folles, mais enfin il se calmait.

Et Shannon reparaissait.

Un soir, après une longue journée de promenade, elle interprétait un prélude de Rameau ; Augustus était assis dans un fauteuil, fourbu.

La composition musicale s'ouvrit sur un motif lent, sans cadence, porté par la sonorité ronde des graves, et puis soudain, l'air s'envola, jeune, débordant de vie ; alors tout chez Shannon s'immobilisa, sauf ses mains qui couraient sur le clavier. Son assiduité à ne pas sauter une note lui donnait plus de grâce encore. Il égara son regard sur la nuque blanche et fragile de la jeune femme, étonné par tant de délicatesse.

Lorsqu'elle tint l'accord final et le laissa mourir dans le silence, Augustus comprit.

Embarrassé, il lui dit un banal :

— C'est fort bien joué.

Et quitta précipitamment la pièce.

Toute la nuit, il se représenta la situation sous toutes les faces : il avait compris que sa félicité de ces derniers jours, ce bien-être étrange qu'il ressentait à Dryburgh, ne lui venaient pas des dispositions prises par Shannon, mais de Shannon elle-même. Il chercha à se convaincre qu'il était devenu fou ; il l'aimait !

Par un étrange renversement des choses, le loup se mit à imiter la proie : il guetta ses moindres gestes, les inflexions de sa voix, l'intention cachée derrière ses regards, redouta une expression de son visage qui lui avouerait qu'elle avait découvert ce qu'il essayait d'étouffer.

L'homme le plus puissant de Londres devint maladroit, d'une pudeur excessive. Il était passé de la mélancolie maladive à la mélancolie amoureuse.

Il devint même jaloux de son fils. Il se répétait que les mêmes lois se dressaient entre elle et lui.

Au plus bas, un sursaut d'orgueil le reprenait toujours : il était Augustus Muir, rien ne saurait lui résister, ni l'Église, ni une loi, ni les convenances, ni sa famille actuelle, ni Shannon elle-même.

Il s'endormait conquérant, invincible, et se réveillait captif d'une petite femme de dix-sept ans, otage de la grâce de ses mains, de la beauté de ses traits, des reflets de sa chevelure, de la bongé de son sourire dont il ne pouvait plus se passer.

À force d'exhortations, la raison l'emporta :

— Je dois retourner à Londres, se força-t-il à lui déclarer.

Elle s'inquiéta de s'être mal conduite. Il invoqua une affaire qui le réclamait dans la capitale.

— Avant que nous nous quittions, lui dit-elle, j'ai quelque chose à vous demander, monseigneur. Je n'osais vous en parler jusque-là.

— Dites.

— Elle a trait à Barthélemy Glasby.

— Glasby ? Tiens...

— Il semblerait que ses dettes de jeu s'élèvent à quelques douze mille livres ?

Augustus haussa les sourcils. Il était singulier que Shannon sache les déboires de son ami disparu et l'en entretienne.

— Oui, dit-il. Cela approche de la vérité.

— À ce que j'ai compris, certains de ses créanciers sont des membres du Conseil de la Reine et des parlementaires qui ne comptent pas renoncer à leurs gains. Il semblerait surtout que quelqu'un leur ait livré notre entente secrète...

Muir haussa les épaules :

— Je ne comprends pas. Notre secret ?

— Celui qui veut que, contre les apparences, l'acte officiel de mon adoption, il y a douze ans, n'ait pas été rédigé à votre nom, mais à celui de Bat Glasby, selon les termes voulus expressément par votre femme.

— Que dites-vous ?

— Vous comprenez à présent dans quelle situation délicate je me trouve : la loi peut me poursuivre pour les dettes de mon père adoptif. Je n'ai pas douze mille livres !

Augustus était sans voix.

— Je n'osais m'en ouvrir à votre femme…

Shannon n'était pas sa fille !

— Bat Glasby…

Il se moquait bien, à l'instant, des dettes de jeu de Bat Glasby.

Il s'agenouilla, saisit une de ses mains entre les siennes, la lui baisa, puis l'autre, puis les deux :

— Je l'ignorais ! Ainsi, mon Dieu, nous ne sommes liés ni par le sang, ni par l'affinité ?

Il pressait ses doigts de plus en plus fort.

— Et moi qui m'en faisais un monde ! Si vous saviez…

Elle le regarda étrangement. Elle ne dit plus rien. Augustus ne paraissait plus lui-même, il marmonnait des phrases incompréhensibles, puis finit par dire :

— Tout est donc possible entre nous !

Il releva les yeux ; Shannon l'observait avec un air de crainte mêlé d'horreur. Il marqua un temps d'arrêt, frappé par la pâleur de son visage, puis abandonna ses mains et se releva.

En même temps, tous deux firent un pas en arrière.

Shannon secoua le front et s'enfuit dans sa chambre, où elle s'enferma.

« Comment le cœur peut-il susciter autant de sottise ! » se dit Augustus.

Son geste avait été fou, voué à l'échec.

Indigne de lui.

Shannon ne se montra plus.

« Au fond, jamais je n'aurais dû remettre les pieds dans ce manoir ! Rien ne serait arrivé... »

Le regard d'effroi qu'elle lui avait lancé alors qu'il se tenait à ses genoux le hantait.

Devait-il fuir à Londres ? Ne jamais la revoir ? Oublier l'incident ?

Il n'arrivait pas à se résoudre à quitter Dryburgh sans l'avoir revue. Pas plus n'osait-il aller frapper à sa porte.

Elle attendit trois jours avant de reparaître.

Vêtue de noir, pâle, les yeux baissés, elle s'assit à l'heure du déjeuner devant son couvert, sans prononcer de mot, sans un signe en direction de Muir.

Ce retour dramatique le prit de court. Il avait espéré qu'elle s'adresserait à lui en premier.

Il ne savait quelle position adopter.

Maladroit, il dit :

— Vous savez, ce sera notre secret. Personne n'en saura jamais rien. Ne me jugez pas mal, je vous en supplie. Soyez rassurée. Je n'ai de droits sur vous que ceux que vous voudriez bien me donner.

Plus il essayait de susciter sa pitié et plus le front de la jeune femme se contractait ; trahie par ses nerfs, elle se releva :

— Pardonnez-moi, monseigneur.

Elle retourna s'enfermer dans sa chambre.

Augustus n'avait plus qu'une idée : s'excuser. Lui parler. Lui écrire. Se faire comprendre. Il vit le moment où il allait rédiger les mêmes phrases creuses qu'il avait lues, avec dédain, sous la plume de son fils Walter : « *Je ne suis qu'un tronc si ta grâce ne souffle pas sur moi...* »

Cette parole idiote, que ne donnerait-il pas aujourd'hui pour la faire entendre à Shannon ?

La jeune femme se tenait assise dans sa chambre, une bible ouverte sur les genoux, pâle, le regard lointain, un léger tremblement aux mains.

Depuis le déjeuner où les paroles d'Augustus avaient levé toutes les équivoques sur ses sentiments, des dizaines de fois elle avait fait son examen de conscience, elle avait prié le Ciel pour qu'il lui souffle la décision la plus sage à prendre.

— Il faut rester ferme, s'exhortait-elle. Rester raisonnable. La raison seule doit parler. Rien d'autre ne peut me guider.

Elle pria de nouveau, pleura, referma sa bible, ouverte à la page où la fille de Jephté consentait à son sacrifice, et sortit de sa chambre.

Elle monta à l'étage du manoir. Le jour était tombé. Elle essuya une dernière larme, heurta doucement à la porte d'Augustus Muir et entra sans attendre de réponse.

« C'est pourtant l'homme à qui je dois tout… »

Elle dégrafa sa robe, s'allongea près de lui et l'embrassa

Six nuits plus tard, Augustus rouvrait les yeux. Il faisait nuit.

Shannon était retournée dans sa chambre, comme à leur habitude.

Jamais il ne s'était senti aussi heureux.

Il avait décrété que rien ne serait plus comme avant. Grâce à Shannon, chose impensable jusque-là, il avait entièrement réévalué son existence : sitôt le couronnement du souverain Hanovre, il démissionnerait de ses mandats politiques, de son poste de diplomate, de son siège au Conseil privé, de son statut de surintendant des prisons de Londres. Dans le même temps il céderait les activités de son Comptoir, hormis l'exploitation et le transport du sel. Il irait vivre en Écosse et sur le *Rappa-*

hannok ; il ferait visiter à Shannon les colonies d'Amérique et les pays d'Europe.

Il se moquait bien de ce qu'on dirait à leur propos ; il était Augustus Muir, il comptait faire ce qui lui plaisait de ses dernières années.

« À cinquante-quatre ans, je ne suis pas tout à fait un vieillard ; à dix-sept ans, elle n'est déjà plus une enfant. »

D'autres que lui ne s'étaient pas embarrassés de tels scrupules. Combien de lords aux cheveux blancs avaient épousé des jeunesses et s'étaient vus félicités pour l'avoir fait ?

Allongé, les yeux braqués vers le baldaquin, dans une obscurité où flottaient quelques clairs de lune, il se laissait porter par ces pensées lorsqu'il sentit une présence debout à proximité du lit.

Il leva le cou, discerna une silhouette.

Shannon était revenue.

— Je ne savais pas si vous étiez éveillé ou si vous rêviez…

Ce n'était pas la voix de Shannon.

La silhouette s'approcha et, malgré la pénombre, Augustus reconnut celle qu'il savait déjà être sa femme, Tracy.

Son sang se glaça :

— Que faites-vous ici ? Ne vous avais-je pas fait défendre de quitter Londres ?

— Venet m'a prévenue, répondit Tracy. Mais qu'y peut-il, ce jeune garçon ? Il ne sait rien de notre vieille histoire…

— Aussi vieille que les pierres, oui.

Une nouvelle voix s'était fait entendre. Le parquet de la chambre craqua, sous la pointe de fer d'une canne ; Augustus tourna le visage et la face horrible du vieux lord Joseph Monroe lui apparut.

À soixante-quinze ans, le père de Tracy était complètement voûté, sans cheveux, la peau grêlée et le regard toujours aussi haineux :

— Si vous saviez depuis combien de temps je me languis de ce moment ! dit-il de sa voix chevrotante. J'aurais désespéré de Dieu s'il m'avait expédié aux pays des âmes avant d'avoir pu le vivre.

— J'ignore de quoi vous parlez, répondit sèchement Augustus, et n'ai aucune intention de l'apprendre, sortez d'ici.

— Tout doux, Muir, tout doux, fit Monroe.

Augustus voulut se lever : Monroe lui pointa sa canne contre l'épaule. Muir la fit voler du revers de la main. Alors deux nouvelles silhouettes apparurent dans la chambre obscure et le plaquèrent contre son lit.

Les frères de Tracy.

— Que faites-vous ici ? Que voulez-vous ?

— D'abord, vous rassurer, Augustus, fit Monroe. Sachez qu'à l'heure où nous sommes, Shannon est en sécurité.

— Shannon ?

— Oui. Elle est déjà à bonne distance de Dryburgh, partie peu après notre arrivée.

Monroe sourit :

— Je comprends mieux que cette petite vous ait plu. De vous à moi, je dois reconnaître que c'est une enfant stupéfiante.

— Elle a fait mieux que retenir nos leçons, ajouta Tracy. Ses improvisations pour vous charmer étaient en tout point remarquables. Ah, l'invention des femmes ! Savoir se rendre indispensable, se faire désirer, enfin chavirer le cœur d'un vieil ours comme vous !

— Ne vous étonnez pas, dit Monroe, nous savons tout : Shannon nous tenait informés de ses progrès quotidiens par lettres.

— Et quels progrès ! s'exclama Tracy. Rien ne semblait pouvoir l'arrêter. Qui sait ? En d'autres circonstances, je crois bien que cette petite garce aurait réellement été capable de vous rendre heureux, Augustus.

— Je ne vous crois pas, murmura Muir entre ses dents.

— Libre à vous, fit Monroe. Il n'en reste pas moins que vous vous êtes rendus coupables d'inceste devant la loi et sur la Table des Incestes établie par l'Église, elle et vous allez être situés en bonne place.

— Nous n'avons pas à apparaître sur cette table, répondit Augustus.

— Est-ce à ce document d'adoption signé par Glasby devant Willmott que vous faites allusion ? demanda Tracy.

Elle tenait le feuillet authentique dans sa main.

— Cet exemplaire unique n'est qu'à nous, dit-elle. Nous le brûlons, et votre réputation, votre vie, volent en cendres avec lui.

— Il est sans valeur, répliqua Augustus. Vous n'avez pas la première preuve pour me faire condamner. Qui vous croira à Londres ?

Il se tourna vers Monroe :

— Votre parole contre la mienne ? Tout le monde sait que nous nous haïssons.

— Qui me croira ? Personne, je le reconnais, s'amusa Monroe. Mais si les domestiques de ce manoir n'y suffisaient pas, tranquillisez-vous, maintenant que nous lui avons remis ce qu'elle attendait de nous, Shannon se fera une religion de venir témoigner contre vous devant un tribunal : elle vous accablera ; nous l'y aiderons ; et vous serez le seul à être condamné. Vous, le grand Augustus Muir ! Tomber en amour, à votre âge ! Pensiez-vous sincèrement qu'une jeune femme pouvait un instant se laisser séduire par un homme tel que vous ?

Il soupira :

— J'ai attendu vingt ans l'occasion de vous renverser, Muir ; mon délice d'aujourd'hui est, j'y compte bien, à la mesure de votre dépit.

Augustus regarda Tracy :

— Je constate que malgré toutes ces années, vous n'aviez jamais changé de camp. Toujours une Monroe.

— En auriez-vous douté ? Vous m'avez si bien tenue à l'écart de tout ce qui touchait de près à vos affaires et à notre famille !

Augustus laissa passer un moment et demanda :

— Que voulez-vous ?

Il imaginait les sourires de contentement autour de lui.

— Les Hanovre vont bientôt monter sur le trône, dit Tracy. Vous emploierez votre influence afin que mes deux frères intègrent le Conseil privé du Roi.

— La charge du cabinet du Trésor de la Marine me sera amplement suffisante, dit le vieux Monroe. Hélas, je suis âgé, j'ai quelques millions à rattraper : ceux-là même que vous m'avez dérobés autrefois !

— Pour moi, je ne demande rien, reprit Tracy. J'ai fait marier nos enfants à vos concurrents les plus sérieux. Il ne peut rien m'arriver, même si vous chutiez : vos gendres se feraient une joie de racheter votre Comptoir. Cela ne vous rappelle rien ?

Joseph Monroe se dressa, autant qu'il le put, tout à son plaisir de dicter ses conditions :

— Faites ce que nous vous disons et rien de ce qui s'est produit dans ce manoir ne sera su à Londres.

Sur son ordre, ses deux fils libérèrent Augustus.

Il resta immobile.

Le clan Monroe s'évanouit dans l'obscurité. Augustus entendit leurs pas et la canne du vieillard. La porte de sa chambre s'ouvrit et se referma. Il baissa les paupières.

Pour un instant, il espéra que le matin ne viendrait jamais.

De mémoire d'homme, rien ne l'avait fait souffrir comme cette trahison de Shannon.

Toutefois, la minute suivante, il rouvrait les yeux. Fixes et étincelants.

La douleur n'était déjà plus qu'un souvenir.

Augustus Muir était rendu à lui-même. Son cœur, s'il avait battu par intermittence ces derniers jours, venait de se refermer, aussi glacé qu'autrefois.

— Soit, murmura-t-il. Nous allons bien voir qui est en mesure de dicter ses conditions…

Les Bateman 1718

En Irlande, du jour où la ville de Derry, située au nord de l'Ulster, céda devant les troupes anglaises, elle fut rebaptisée Londonderry.

Les catholiques vaincus conservèrent le droit de circuler dans les rues, de commercer, mais à la nuit tombée, ils devaient avoir rejoint le Bog, terrains marécageux et tourbeux qui se répandaient à l'extérieur des fortifications.

Lord C. Clemour arriva le 8 mars 1718 de Dublin.

Quand ce parlementaire anglais constata la misère dans laquelle subsistaient les catholiques du Bog, il se dit, d'un air suprême : « Cela est bien. »

Ce gros homme à perruque défrisée, mandé par le Parlement de Londres, comptait remplir sa mission et déguerpir au plus tôt de cet « abominable nid de frelons » que lui paraissait être l'Ulster.

Il demanda à être conduit à la prison de Londonderry où il s'entretint avec le gouverneur Andrew Sutton, jeune homme prometteur, fils d'un héros anglais tombé à Drogheda, et qui assurait la direction du pénitencier de la ville et de ses trois cents détenus.

Lord Clemour, confortablement assis dans un fauteuil en peau de vache du cabinet de travail de Sutton, bourra sa longue pipe de feuilles de poirier, et dit, débonnaire :

— Il me faut de la chair à bûcher.

La formule surprit le gouverneur.

— La patience des parlementaires de Westminster est à bout, dit Clemour. L'Irlande est censée être pacifiée depuis le Traité de Limerick de 1691 et cependant nous ne cessons d'entendre parler de ces poches de résistance, de ces gueux qui vivent dans les bois et harcèlent en bande les intérêts de la couronne. N'est-ce pas la vérité ?

— Hélas oui, mylord. Nous estimons qu'ils sont un petit millier, catholiques pour la plupart, difficiles à arrêter car la population les soutient.

Clemour fit des gestes de dégoût en agitant le bout de ses doigts :

— Ces embuscades, ces pillages, ces meurtres doivent cesser ! En plus de promulguer des sanctions accrues, les parlementaires ont décidé d'apaiser la colère des Londoniens en leur livrant de la bonne racaille irlandaise à exécuter en public ! Ils souhaitent présenter à la foule les visages de ces ignobles Irlandais qu'on évoque tant et lui donner l'occasion d'un bon divertissement. J'étais à Dublin, je serai à Belfast pour recruter, comme ici, vos meilleurs spécimens de condamnés à mort. Confiez-moi ce que vous avez de plus ignoble, je vous en débarrasse !

Andrew Sutton hésita.

— Y voyez-vous un inconvénient ? s'étonna Clemour.

Le gouverneur préféra se montrer prudent :

— À la vérité, j'en pressens plusieurs, mylord. Le premier concerne le choix des condamnés. Je vous l'ai dit : les chefs de bande, bien qu'ils aient du sang sur les mains, passent pour des héros aux yeux de la population, surtout s'ils s'en sont pris aux biens et aux personnes anglais.

Clemour tira de grandes bouffées de sa pipe :

— Ce sont là précisément les individus que le Parlement veut me voir rapporter à Londres !

Sutton hocha la tête :

— Encore faut-il qu'ils puissent atteindre l'Angleterre.

— Comment dois-je comprendre cela ?

— Depuis quatre ans que je gouverne cette prison, pas une exécution capitale n'a pu avoir lieu en public. Mes condamnés, je les pends à l'abri des regards. Certains de ces hommes sont des idoles, qu'un seul d'entre eux sorte d'ici et soyez certain qu'ils seront des dizaines et des dizaines à vouloir le libérer à tout prix.

Il conclut :

— Si je n'ose les conduire sur la place de l'échafaud, située à deux cents mètres, jugez-vous possible de les emmener jusqu'à Londres, en franchissant les bruyères d'Ulster ?

Le lord regarda sa fumée, reniflant avec bruit, comme si de rien n'était.

Sutton insista :

— Avez-vous des forces en suffisance pour défendre le convoi de prisonniers ? Vos hommes connaissent-ils les routes du pays ?

Clemour resta un moment silencieux. Jusque-là, les directeurs de prison s'étaient empressés de lui remettre leurs détenus, sans soulever ce genre d'objections.

L'index dressé, il dit :

— Vous avez raison. Mille fois. On m'avait prévenu : le fils Sutton est digne du père ! Maintenant que vous m'avez ouvert les yeux, je ne vois personne de plus compétent que vous, Andrew Sutton, pour remédier à ces menus inconvénients et se charger de véhiculer mes condamnés jusqu'à Londres. Voilà ! C'est une affaire entendue. Le Parlement m'a donné l'autorité et les fonds nécessaires pour la déportation, je vous les transmets.

Il lui remit un document officiel, signé du roi, sur lequel devait être inscrit le nom des détenus envoyés en Angleterre.

Andrew Sutton blêmit.

— Maintenant dépêchons, exigea Clemour. Qu'avez-vous en magasin, si je puis dire ?

À contrecœur, Sutton ouvrit le rôle de ses détenus.

— J'ai des petits délinquants en grand nombre : des voleurs à la tire, des débiteurs, rien de très important. Et...

— J'oubliais ! l'interrompit le parlementaire : je prends volontiers les bossus, les estropiés, les borgnes, tous les contrefaits. Qu'importe qu'ils soient enfermés ici pour des délits mineurs, même s'ils n'appartiennent pas à la résistance catholique, s'ils sont vilains, ils me conviennent à merveille ! C'est avant tout le visage de l'Irlande que je dois présenter à Londres. La pire grimace, la meilleure.

— J'ai un pied-bot

— Je prends.

— Une prostituée qui a perdu un bras.

— Admirable !

— Mais elle n'est pas condamnée à mort.

— Elle le sera. Quoi d'autre ? N'auriez-vous pas quelques descendants de ces fameux clans dont on nous rebat les oreilles ? Un O'Neil ? Un Tyrone ?

Sutton secoua la tête :

— Ils sont morts ou exilés en France. Rendez-vous à Nantes, vous y serez mieux pourvu qu'ici. Toutefois je peux vous proposer... Marley Duncan ?

Il prononça le nom avec beaucoup de réticence.

— C'est quoi ça, Marley Duncan ?

— Le fils d'un combattant célèbre de l'Ulster. Il fait partie des espoirs de la résistance du comté de Derry. C'est une prise considérable. Il est sous nos verrous depuis une semaine. Je comptais lui trancher la tête lundi.

— N'en faites rien, malheureux ! s'exclama Clemour. Je le veux pour moi. Marley Duncan ! Vous me rédigerez un abrégé de ses exploits et de ceux de son père afin que je puisse l'expédier à Londres.

Enjoué, il se mit à pouffer des ronds de fumée :

— Ah ! ces maudits Irlandais, ils seront furieux, n'est-ce pas, de savoir leur Duncan rôti à Londres, ou pendu à quelque gibet, sous les quolibets de notre bon peuple ?

— N'en doutez pas.

Sutton ne doutait pas non plus du sort qui lui serait réservé si Duncan était libéré par ses hommes.

— Qui d'autre ? demanda Clemour.

Sutton inspecta les feuillets de son rôle.

— Ah, fit-il. Tenez, je peux vous proposer un jeune homme.

— Un jeune homme. Très bien. Cela complétera le tableau. Qui est-il ?

Sutton se gratta le front :

— Ma foi, c'est le problème avec ce garçon. Chez lui, tout fonctionne par paires : il porte deux noms, il a deux métiers, il parle deux langues, il confesse deux religions, il compte deux ennemis irréductibles, il a deux mains droites, il n'a plus de père mais il se reconnaît quatre mères et s'appuie sur deux fois deux gredins qui forment sa garde rapprochée.

Clemour fit la moue :

— Que me chantez-vous là ?

Le nom du malfaiteur est Charles Bateman, mais la population le désigne sous le sobriquet de « l'Américain », parce qu'il nous vient des colonies. Il a deux métiers : le jour il s'occupe de faire émigrer les Irlandais catholiques en Amérique, la nuit il dresse des embuscades aux Anglais. Il parle deux langues : la nôtre et le jargon des pirates. Il a deux religions : celle du pape et celle de l'argent. Il a deux ennemis : des marchands de New York. Il a deux mains droites : il est capable de se battre avec deux épées ou de décharger d'un coup deux pistolets avec une même précision. Son père est mort, mais il a été recueilli ici par celles que nous appelons les Quatre Veuves : des patronnesses du Bog qui ont œuvré à son ascension en Ulster. Enfin il est venu de New York suivi de quatre compagnons, des enfants de prostituées, qui lui sont dévoués corps et âme. Seuls leurs surnoms nous sont connus : Violon, parce qu'il ne va jamais sans cet instrument ; Castor, parce qu'il porte constamment un haut-de-forme en poil noir de cet animal ; la Fronde, car il manie cette arme comme personne ; enfin l'Indien, car il aime être chaussé de mocassins d'Iroquois et porter une ceinture de wampum.

Clemour haussa les épaules :

— Vous m'en direz tant. Une belle bande d'histrions !

Sutton se voulut moins catégorique :

— À votre place, je m'en méfierais. Ils ne vont pas abandonner leur chef sans réagir.

— Méfiez-vous-en vous-même, Sutton. Je voyagerai dans un autre convoi. Cet « Américain », quel âge a-t-il ?

— Dix-neuf ans.

— C'est jeune. Depuis combien de temps est-il en Irlande ?

— Deux années. Sa légende s'est très vite bâtie : à coups de tracts distribués à la population qui vantent ses succès contre les Anglais.

— Le diable d'effronté ! C'est dit : ce sera le clou de mon jour de pendaison ! Comment l'avez-vous arrêté ?

Sutton sourit :

— Les Irlandais se perdent toujours eux-mêmes. Ils se trahissent sans cesse. Un indicateur nous a appris que l'Américain revenait d'un séjour à Bristol. Nous l'avons cueilli à sa descente de bateau.

— Excellent. Excellent, Sutton ! Je crois qu'avec lui j'ai mon compte. Préparez-moi ce pied-bot, cette putain, ce Duncan et cet Américain. À eux quatre, c'est bien le diable s'ils ne me gagnent pas l'estime du Parlement !

Andrew Sutton se leva pour raccompagner Clemour jusqu'à son carrosse.

— Combien de soldats sont-ils commis à la protection du convoi des prisonniers ? demanda le gouverneur de la prison en sortant de son bureau.

— Cinq. Mais j'ai des fonds suffisants pour que vous puissiez en recruter une dizaine supplémentaire, si cela doit vous rassurer.

— Quand partirons-nous ?

— Demain, pardi. Quelle question ! Que voulez-vous que je fasse dans ce trou perdu plus longtemps ?

Le gouverneur lui ouvrit une porte et dit :

— J'espère que si je parviens à les mener sans encombre à Londres, vous ferez valoir en haut lieu les risques encourus.

— Pas d'inquiétudes, Sutton. Comptez sur ma reconnaissance. Je saurai vous distinguer...

Le gouverneur s'effaça pour laisser passer le lord devant lui : il referma brutalement la porte dans le dos du parlementaire.

Ce dernier, se voyant derrière des barreaux, dans une immense cellule, en laissa tomber sa pipe.

— Sutton ? Ouvrez cette porte immédiatement !

Le gouverneur recula, fixant le parlementaire.

Qu'est-ce que cela veut dire ?

Trois jeunes hommes apparurent dans le couloir.

Le premier avait une fronde pendue à sa ceinture, le deuxième chaussait des mocassins d'Indien, le troisième portait un violon en bandoulière. Ce dernier tendit un haut-de-forme en peau de castor au gouverneur de la prison.

Il l'assujettit sur sa tête et dit, s'inclinant :

— Bienvenue à Derry, mylord Clemour !

— Quelle est cette mascarade ? Qui êtes-vous ? Je veux parler à Andrew Sutton ! Amenez-moi Sutton !

Castor lui fit un signe du front : Clemour se retourna et aperçut un pauvre hère enchaîné dans l'ombre.

— Andrew Sutton ? pesta-t-il contre celui-ci. Imbécile ! Comment vous êtes-vous laissé posséder de la sorte ?

Le prisonnier en habit fit écho à sa question et lui dit :

— Ce matin, ils ont envoyé un larron que j'ai pris pour vous. Ce soir, vous avez pris l'un d'eux pour moi. De qui préférez-vous vous moquer, mylord ?

Les quatre jeunes s'esclaffèrent.

Le Violon épaula son instrument et fit résonner deux trilles. Ils s'écartèrent pour laisser le passage à leur chef.

— Ainsi donc, c'est vous « l'Américain » ? grommela Clemour en visant un individu qui s'approchait avec une paire de pistolets à la ceinture et deux sabres droits.

— Charles « Cee » Bateman, en personne ! dit-il.

Il était grand, mince, le front haut, les oreilles un peu décollées, tout de cuir vêtu. Une autorité innée émanait de toute sa personne ; on lui donnait beaucoup plus que ses dix-neuf ans.

— Vous, mylord, reprit-il, seriez-vous cette espèce de cochon qui compte déporter de bons Irlandais catholiques à Londres pour les offrir en pâture à la populace ?

Il secoua la tête :

— Quelle sinistre idée. Et si peu réaliste.

Le Castor lui remit le document officiel où devaient être inscrits les noms des déportés.

— Ne décevons pas ces messieurs du Parlement, fit Bateman. Nous leur enverrons quelques ordures d'Anglais sous des noms à nous. Je fais le pari que le vicomte de Barney, par exemple, fera un excellent Marley

Duncan ! Si l'envie leur prend de le faire exécuter en public, je vous jure qu'en Ulster, nul ne fera entendre de protestation.

La petite troupe rigola de nouveau.

— Monsieur Sutton, dit Bateman au gouverneur en jetant à terre un trousseau de clefs, je visitais vos cellules quand, de fortune, j'ai rencontré une quarantaine de mes compagnons. J'ai cru bon de les élargir. Inutile d'espérer les remettre sous les verrous : tous prendront demain le premier bateau pour la Pennsylvanie.

Andrew Sutton ne desserra pas les dents.

— Messieurs, ajouta Bateman, j'aimerais converser plus longtemps avec vous, mais un rendez-vous m'attend qu'il m'est impossible de manquer. Vous comprendrez, gouverneur Sutton, que votre insistance pour me garder davantage entre vos murs tombait mal. Messieurs, je vous salue.

Les cinq jeunes hommes firent demi-tour et s'éloignèrent au son du violon qui couvrait les jurements de Clemour.

La petite bande abandonna la prison par les toits, longea les rues endormies de Derry pour atteindre les remparts de la cité, du haut desquels ils chutèrent huit mètres dans le vide pour atterrir sains et saufs dans des bottes de foin.

Ils étaient de retour au Bog.

Le lendemain, ils avaient parcouru les quarante lieues qui les séparaient du port de Carrickfergus, dans le comté d'Antrim.

Charles Bateman et son ami le Castor patientaient dans une taverne, assis à une table qui donnait vue par la fenêtre sur les bateaux allant et venant dans la grande anse de Belfast.

Le tavernier, qui les avait reconnus, même s'il soutenait leur cause, les servait en tremblant, inquiet de ce qui pouvait arriver dans les parages de ces hors-la-loi, balbutiant :

— Ce sera-t-il du porto, messieurs, ou du xérès flambé ?

Ce fut deux verres de rhum à trois pence.

— Le *Nonsuch* a relâché il y a quatre jours sur la Foyle, dit Bateman à son compagnon, son équipage a assuré avoir trois jours d'avance sur le *Kingfisher*.

Il montra du doigt un galion de deux cents tonnes amarré au port.

— Le *Nonsuch* est arrivé avant-hier. Ce n'est qu'une question d'heures avant que le *Kingfisher* ne paraisse.

— Tous nos hommes sont à leurs postes.

L'échange de coups de canon entre un navire et la tour du port annonça en début d'après-midi le retour du *Kingfisher* dans la baie de Carrickfergus.

Une vingtaine des hommes de Bateman se mêlèrent à la foule des passants, des débardeurs et des soldats de l'armée anglaise qui approchaient pour sécuriser le déchargement du *Kingfisher*.

D'autres se tenaient sur les toits.

De retour des colonies américaines, les cales du navire étaient remplies de tabac, de rhum, de mélasse et de graines de lin.

Le comté d'Antrim, au nord-est de l'Ulster, hébergeait la majorité de la population catholique demeurée en Irlande : l'armée anglaise veillait avec soin à ce qu'elle soit encadrée. Le déchargement du *Kingfisher* s'ouvrit sous haute surveillance.

Depuis le quai, l'Indien fit des signes en direction de Bateman resté dans la taverne.

Ce dernier ordonnait toujours d'attendre.

— Ne tardons pas trop, prévint Castor. Quand les caisses seront distribuées aux marchands, beaucoup d'entre elles vont nous échapper.

— On attend, s'obstina Charles. Je ne veux lui faire courir aucun risque.

Une silhouette de femme apparut au sommet de la passerelle du *Kingfisher*.

— C'est elle ! Cours la chercher, Castor. Vite !

Son ami sortit et s'avança à la descente du navire :

— Sally Grave !

La jeune femme le reconnut et se précipita dans sa direction.

À dix-neuf ans, elle était grande et mince, avait de longs cheveux clairs, virant vers le roux, et portait une belle robe crème et bleu.

Castor ne lui laissa pas le temps de célébrer leurs retrouvailles, il lui saisit le bras et l'entraîna avec lui.

— Ne restons pas là.

Elle fut conduite à l'arrière de la taverne où un carrosse l'attendait.

— Bienvenue en Irlande, ma belle !

Castor déposa un baiser sur sa joue et s'éloigna.

La portière du carrosse s'ouvrit.

Elle bondit dans les bras de Charles Bateman.

Les deux amis d'enfance de Manhattan s'embrassèrent.

— Laisse-moi te regarder, lui dit-il. Deux ans d'attente ! Enfin, tu es là.

— Tu as fière allure avec tes sabres et des pistolets.

Il sourit :

— Attends. Tu n'as encore rien vu !

Ils montèrent dans le carrosse. Bateman donna le signal guetté par ses hommes avant de refermer la portière.

L'attelage s'éloigna pendant que Sally et lui s'embrassaient de nouveau et que, sur le port de Carrickfergus, des dizaines et des dizaines de tirs de mousquet se mettaient à crépiter...

Après une folle chevauchée, ils arrivèrent de nuit aux portes de Derry.

Sally découvrit le Bog.

L'horreur dans laquelle étaient parqués les catholiques de la ville l'effara. Les rares éclairages à la lanterne rendaient les lieux plus sordides encore : des pourceaux dormaient dans la boue et les eaux croupies ; les masures, à moitié enfouies dans le sol, étaient couvertes de toits de tourbe, et formaient un réseau étroit qui donnait l'impression d'avancer sous terre.

Les odeurs y étaient pestilentielles.

— C'est ici que tu vis, Cee ?

— Ne te fie pas à son aspect, le Bog est le seul endroit où nous autres catholiques sommes libres et en paix. Pas un bataillon armé d'Anglais ou d'Écossais n'oserait le violer. Ils ne nous ont pas enfermés ici, c'est nous qui les maintenons au-dehors !

Ils entrèrent sous une petite porte et là, alors que de l'extérieur tout lui paraissait obscur et silencieux, Sally découvrit des salles communiquant entre elles par des galeries souterraines, richement éclairées et peuplées d'une joyeuse compagnie.

Partout où Cee passait, il était salué d'une tape amicale par les hommes et d'un clin d'œil par des femmes. Tous félicitaient son évasion de la prison de Derry. Sally s'étonnait de se retrouver au milieu de brigands plus répugnants que des pirates, et de filles dépoitraillées et ivres pour la plupart.

Bateman lui fit franchir la populace du Bog avant de monter un escalier qui conduisait à son repaire, dissimulé sous une charpente.

— Voici mon modeste royaume, lui dit-il. Et le tien.

Il écarta une tenture ; une magnifique chambre à coucher était ornée de fines bougies et de plusieurs milliers de fleurs resplendissantes, en bouquets ou en guirlandes, qui embaumaient.

— J'ai craint pour ton odorat, plaisanta-t-il.

Le lit à baldaquin était en bois précieux et verni au tampon, la courtepointe et les coussins piqués de sequins dorés et les draps en soie de Milan.

— Tout cela t'appartient ? demanda-t-elle.

— Maintenant, oui. Il y a encore un mois, un duc du Sussex attendait cette chambre pour sa maison de Jamestown. Il lui faudra s'en passer. Attention : personne n'a jamais dormi dans ce lit. Te sachant en route, je ne le voulais que pour toi.

Ils s'étendirent :

— En bas, certaines filles te suivaient de tous leurs yeux, dit-elle.

— Laisse-les regarder ! Tu peux te renseigner, en deux ans, aucune n'a réussi à m'approcher. Elles me regardent parce que je commande leurs hommes.

Il se défit de ses armes.

— Ainsi ce que l'on raconte à New York est vrai, dit Sally : tu es devenu un bandit de grand chemin !

— Ce doit être un compliment ? répondit-il en souriant. Alors je mérite mieux. Je ponctionne l'occupant anglais pour venir en aide à nos catholiques irlandais. Notre butin sert à affréter des bateaux pour faire émigrer nos coreligionnaires vers l'Amérique ou pour payer l'octroi de passage fixé par les capitaines, afin que les Irlandais, qui ne sont ici rien moins que les esclaves des Anglais et des Écossais, ne soient pas en Amérique des « servants forcés ». Aux meilleurs d'entre eux, nous cédons de quoi acquérir une parcelle de terre.

— Nul ne l'ignore à New York, dit Sally. En moins d'un an, plus d'une soixantaine d'Irlandais affranchis ont débarqué dans la colonie ! Ils n'ont que ton nom à la bouche.

— Entre New York, Boston et Philadelphie, nous avons déjà délivré plus de trois cents des nôtres ! Et je ne compte pas m'arrêter là.

— Mais toi ? s'inquiéta Sally. Quand rentreras-tu ? N'avais-tu pas promis que ta vie serait à New York ?

Il lui caressa les cheveux :

— Et je tiendrai cette promesse. C'est une question de temps.

Sally lui raconta les dernières nouvelles de New York : la plupart des pirates avaient été expulsés de l'île de Manhattan, de nouveaux quartiers naissaient, les Livingston et les DeLancey continuaient leur ascension, rivalisant pour s'accaparer les richesses de la province.

— Robert Livingston cherche toujours à se faire pardonner la mort de ton père, dit Sally.

— Il a fait incendier nos hangars !

— DeLancey a ordonné seul la noyade d'Harry. Livingston prétend qu'il n'a jamais voulu ce qui est arrivé.

— Qu'il aille au diable !

Sally était devenue une magnifique jeune femme ; sa peau claire et ses cheveux auburn marquaient ses origines irlandaises. Ardemment courtisée à New York, elle refusait cependant toutes les propositions, y compris celles appuyées par son père. Elle travaillait dans sa boutique de veloutier mais surtout s'occupait du refuge pour les enfants de prostituées de la colonie institué par le père de Charles.

Ce dernier lui demanda comment elle était parvenue à convaincre ses parents de la laisser voyager en Irlande.

Albee Gage avait toujours bien aimé le petit Charles, mais, en dépit de ses demandes écrites, il refusait farouchement de lui donner Sally en mariage, réprouvant son nouveau mode de vie.

— Sur la promesse d'aller visiter notre famille qui réside à Galway, dit Sally, et de ne pas demeurer en Europe plus de quatre mois.

— Vraiment ? Quand vas-tu te rendre à Galway ?

Elle sourit et dit, avant de l'embrasser :

— Je me fiche de Galway. Je reste avec toi !

Au petit matin, elle demanda un peu inquiète :

— Tu ne m'interroges pas sur ta mère ? Lilly souffre toujours de ton départ.

Charles se raidit :

— En se remariant, elle savait qu'elle courait le risque de me perdre.

— Que peut une veuve dans la colonie ? Du reste, John Ascott était un ami fidèle de ton père ; il est devenu un excellent mari. Robert Livingston s'est montré généreux envers eux.

Il haussa les épaules, avec un air de dégoût :

— Comment rester dans cette ville alors que ceux qui ont tué ou laissé tuer mon père prospèrent ? Mon père voulait ressembler à ces Livingston et ces DeLancey. Pas moi. Pour autant, ils viendront un jour me manger dans la main.

Sally lui trouva les traits durcis.

— Tu as beaucoup changé, Cee.

Il répondit, après un bref instant de réflexion :

— Nous ne sommes plus des enfants.

Le lendemain, l'équipe de hors-la-loi de Bateman revint au Bog avec le butin prélevé sur le port de Carrickfergus.

Un banquet fut dressé pour célébrer le succès de l'expédition qui rapportait plus de cinq mille livres aux Irlandais.

— Nous voilà enfin tous réunis, dit Sally en se voyant à la même table que Charles, Castor, l'Indien, la Fronde et le Violon. Comme au bon vieux temps ! Cee, tu as devant toi tous ceux qui t'ont sauvé de la noyade il y a dix ans !

— Pas seulement, répliqua Castor. Hier encore, qui t'a délivré de prison ? Si nous avions manqué notre coup, cet Andrew Sutton n'aurait pas attendu longtemps avant de te pendre à son gibet.

— Tu nous dois deux vies, Charles Bateman, fit remarquer le Violon.

— Je l'admets. Tenez : en parlant de pendu, dit Bateman, admirez celui-là !

Lord Clemour apparut, assis sur une chaise portée à hauteur d'épaule par deux colosses, les chevilles et les poignets liés, torse nu, piteux, sa perruque de travers, un nœud coulant autour du cou.

— Amis, s'écria Cee pour l'assistance, ce cochon espérait envoyer les meilleurs d'entre vous se faire raccourcir devant les Londoniens.

Le parlementaire en équilibre sur sa chaise fut secoué et bringuebalé en tous sens. La populace du Bog le couvrait de crachats, d'insultes, d'objets divers et d'aliments.

— Il ne risque pas la mort ? s'inquiéta Sally.

— Non, répondit Bateman. Il va juste passer un très mauvais moment. C'est notre religion : nous ne tuons jamais.

Castor, Violon, l'Indien et la Fronde, un peu gris, se mirent à parler, tous ensemble :

— Nous édifions. Nous éclairons. Nous faisons sentir. Nous donnons à comprendre. Nous prouvons jusqu'à l'évidence. Nous portons à la vertu par l'exemple ou par la parole. Nous frappons d'une bonne crainte. Nous filons des trouilles homériques. Nous verdissons autrui de frousse. Nous sommes des pourvoyeurs de cauchemars. À un point !

Ils rirent :

— Mais nous ne tuons jamais…

Après une heure d'humiliations, lord C. Clemour fut enfermé dans une étroite pièce mal éclairée, les poignets et les chevilles toujours entravés. Cee vint le rejoindre.

Il lui libéra les mains, lui donna de la toile pour s'essuyer le visage, lui offrit un verre de vin et même du tabac pour sa pipe ébréchée.

— Mylord, à tout péché miséricorde. Dans la pièce en deux temps que vous réserviez à mes compatriotes à Londres, nous vous avons offert un avant-goût du premier. Le second, vous le savez, c'est la corde et la mort.

Clemour porta en tremblant le verre de vin à ses lèvres :

— Vous ne feriez pas périr un membre du Parlement anglais… Les conséquences pour vous en seraient…

— Ni pires ni meilleures, le coupa Charles. Que Londres envoie dix mille soldats supplémentaires en Ulster et nous nous volatiliserons sur les monts et dans les forêts, comme les Hurons ou les Iroquois. Avec moi à leur tête, ce n'est plus des Irlandais que combattrait votre roi, mais d'insaisissables Indiens d'Amérique. Croyez-moi, mylord, c'est une autre forme de guerre où le grand nombre a rarement le dessus.

Bateman haussa les épaules et dit :

— Bien que vos chances aient atteint le bas de l'ardoise, nous n'en sommes pas là, vous pouvez encore légitimement espérer rentrer sain et sauf chez vous.

Il posa un feuillet sur la table.

— En tant qu'homme de loi de la couronne anglaise, vous disposez de certaines prérogatives. Appartenez-vous au Bureau naval ou au Conseil de l'Amirauté, mylord ?

Clemour fit signe que non.

— C'est égal. Votre signature peut ce que je veux. Deux navires marchands qui ont appareillé à Bristol vont bientôt venir relâcher dans la baie de Derry : je désire que vous les fassiez intercepter sous l'accusation de transport illégal vers les colonies.

Le parlementaire le regarda d'un air surpris, tout en commençant à bourrer sa pipe :

— C'est tout ?

— Oui. Votre signature sur cet acte et vous êtes libre.

Il montra le feuillet déjà rédigé à son intention :

— Il s'agit du *Carcass* et du *Warspite,* dit Bateman.

Clemour allait s'exécuter en prenant la plume tendue par Bateman, mais se ravisa :

— Le *Carcass* et le *Warspite* appartiennent à la flotte des Muir, dit-il.

— C'est la vérité.

— Augustus Muir est un homme très puissant. S'il apprenait que j'ai aidé à...

Bateman désigna la corde à son cou.

Clemour obéit.

Castor attendait Bateman derrière la porte.

— C'est fait ? demanda-t-il.

— C'est fait. Sitôt la flotte Muir immobilisée dans la baie de Derry, nous le laisserons partir. Qu'il décampe à Londres. À la prison, tu lui as bien servi mon petit boniment ?

Castor sourit :

— Les deux noms, les deux métiers, les deux mains droites, etc. Pas d'inquiétude : ta légende ira se propager en Angleterre. L'Américain !

Une semaine plus tard, Cee réveillait Sally en déposant des habits d'homme sur son côté du lit.

— Habille-toi. Dissimule tes cheveux sous cette casquette. Aujourd'hui, tu viens avec nous.

Une heure plus tard ils naviguaient avec Violon, Castor et l'Indien sur l'estuaire de la Foyle qui reliait Derry à l'Atlantique. À bord se tenaient deux officiels de l'amirauté du comté, alertés par l'ordre de lord Clemour.

La flotte Muir mouillait dans la baie.

Lorsqu'ils la virent, Cee et ses amis eurent un moment de stupeur.

Aujourd'hui, la flotte commerciale du comptoir Muir, c'était plus d'une soixantaine de navires, protégés par onze navires de combat menés par le redoutable *Rappahannock*. Son tonnage d'ensemble surpassait tout ce qui se faisait en ce temps-là, y compris sous l'égide de l'immense Compagnie néerlandaise des Indes orientales.

Tous regardèrent Cee, d'un air de dire : « Osera-t-on continuer ? »

Sans un mot, il resta concentré.

Les officiels de Derry rejoignirent deux autres embarcations qui avaient croisé plus tôt dans la baie et isolé le *Carcass* et le *Warspite* pour les avertir de l'accusation d'irrégularité qui leur interdisait de prendre le large.

L'inspection commença à bord du *Warspite*.

Charles et ses amis, accueillis comme les mandataires de lord Clemour, exigèrent de consulter le livre des vivres et des marchandises.

Le capitaine du *Warspite* s'étonna d'un contrôle inopiné qui allait retarder la flotte et risquait de lui attirer les foudres du commodore Walter Muir :

— Les vérifications ont été conduites avant notre départ de Bristol, protesta-t-il. Le Comptoir Muir n'a jamais été inquiété pour transport illégal vers les colonies !

— Lord Clemour le sait, répondit Charles. Il s'agit seulement de lever un doute. Cela ne devrait pas être long.

Son équipe investit les cales et les entreponts. Sally et lui se réservèrent le compartiment d'articles luxueux.

Ils découvrirent de magnifiques meubles en bois tropicaux, des cadres et des miroirs, une commode-bureau dont l'abattant incliné dissimulait des casiers et une petite porte centrale, un bahut laqué peint d'ornements floraux, des portes d'appartement ornées par des ferronniers d'art, un cadre à baldaquin, des coffres et des boîtes à bougies.

Lorsqu'ils furent seuls, à l'aide d'un couteau Charles lacéra les plaquages de bois précieux. Il gravait en lettres capitales le nom de Bateman.

— Ce chargement est destiné à Stephen DeLancey à New York. C'est la seconde fois que je me plais à lui ruiner ses petits plaisirs. Je m'assure surtout qu'il ne m'oublie pas.

Il rompit les draps de soie et taillada les nouvelles perruques bien poudrées de son ennemi.

Castor et la Fronde firent valoir que des balles de draps, un lot de fusils et la quantité de beurre chargés dans le *Warspite* ne correspondaient pas aux données enregistrées au moment de la mise en soute.

Des manquements semblables furent relevés sur le *Carcass*.

Dès lors la flotte, qui ne pouvait pas se permettre d'abandonner derrière elle deux gros galions de marchandises, était empêchée de prendre la mer pour trois jours de vérifications supplémentaires et l'estimation des amendes.

Charles, Sally et leurs amis retournèrent à Derry à bord de leur barque. Ils en profitèrent pour admirer le *Rappahannok* ; trente ans après sa mise à l'eau, le vaisseau amiral des Muir n'avait toujours pas de rival sur l'Atlantique.

— Je ne l'ai pas revu depuis son passage à New York, se souvint Sally.

— Entre-temps, ils l'ont augmenté d'une vingtaine de pièces de canon, refait le gréement, teint ses voiles en noir et doublé la coque, expliqua Cee.

Le navire de combat ressemblait à un monstre marin au repos ; la légende voulait qu'il avait jeté à l'eau plus d'une centaine d'équipages. Sur ses flancs, les Irlandais se sentaient minuscules.

Ils retournèrent au Bog.

Le même soir, conséquence du départ reporté de la flotte, une partie des matelots de Muir fut autorisée à descendre à Derry.

Quatre chaloupes quittèrent le *Rappahannok*.

Dans l'une d'elles se trouvaient Walter Muir, furieux des négligences commises à bord du *Carcass* et du *Warspite*, et un lieutenant en second.

Sur les quais de Derry, ce dernier ne suivit pas les autres officiers de bord ; un morceau de violon s'éleva, il marcha dans sa direction. Au moment où il pensait trouver le joueur de musique, celui-ci avait disparu. La musique reprit un peu plus loin. Le lieutenant de marine la suivit.

Ainsi, à quatre reprises, il fut guidé par l'invisible violoniste.

Il aboutit dans une ruelle étroite où Castor, l'Indien, la Fronde et le Violon étaient tapis dans l'ombre.

— Venez, lui dirent-il. Il vous attend.

Le marin revêtit une capeline noire et se laissa conduire dans le Bog.

— Vous n'avez pas été suivis ? demanda Bateman quand ils furent tous, avec Sally, réunis dans une masure un peu éloignée, surveillée de telle sorte que personne ne puisse surprendre leur réunion. Dépêchons. Les derniers éléments ont-ils pu être rassemblés ?

Le lieutenant en second acquiesça.

Il dégrafa son veston et tira quatre grands feuillets qu'il étendit sur une table.

Apparut le plan de coupe intégral du *Rappahannok*.

— La carte est complète ! fit-il remarquer avec satisfaction. Pas un pouce du vaisseau ne m'a échappé !

Charles, Sally et les autres se penchèrent, médusés par la précision du dessin du lieutenant.

— Te rends-tu compte, Sally ? s'exclama Charles. En dehors de nous, seules trois personnes au monde détiennent une connaissance aussi fine du navire amiral des Muir : Augustus, son fils Walter et l'ingénieur en chef du chantier de Deptford. Les deux premiers concepteurs hollandais sont morts depuis une dizaine d'années. C'est le plan le plus convoité au monde ! On ne compte plus les pirates et les espions français et espagnols qui ont perdu la vie en tâchant de percer les secrets du *Rappahannok*.

Il approcha une bougie :

— Tout y est parfait, s'émerveilla-t-il en contemplant le plan de coupe. Un chef-d'œuvre de force militaire, impossible à aborder ou à saborder. Hormis l'ajout de quelques canons et le doublage de la coque, rien n'a eu besoin d'être perfectionné en trente ans, tant il a été intelligemment pensé.

— Que comptes-tu faire ? demanda Sally. Le reproduire à l'identique ? L'attaquer et le couler ?

— Le couler ? Quelle perte ce serait !

Il sourit :

— Non, nous allons nous en emparer.

La fébrilité monta d'un cran dans la masure.

Sally fronça les sourcils :

— Tu disais qu'il était une forteresse imprenable !

— En effet. Et il a fallu étudier ce navire de soixante mètres pouce après pouce, sur plus d'une année, pour découvrir une faille. Nous la devons au vieil Augustus Muir.

Il se tourna vers le lieutenant :

— Nos fûts sont-ils toujours en place ?

— Oui, personne n'a eu l'idée de s'en approcher depuis notre départ de Bristol.

Charles montra la coulisse des sentines du *Rappahannok*, tout au bas du plan de coupe, là où s'amassaient les eaux croupies du bateau.

Il expliqua :

— Une modification a été apportée juste avant le voyage d'Augustus Muir vers les colonies d'Amérique, l'année où nous avons vu le *Rappahannok* à New York. Le maître du Comptoir a fait redécorer ses cabines selon son goût, annonçant qu'il ne supportait pas les odeurs immonditielles produites par la sentine. Pour répondre à cela, ses ingénieurs se sont inspirés des navires marchands de Madère : en suintant, certaines barriques de vin déversent leur alcool dans la sentine et les odeurs s'en trouvent fortement adoucies. Ce fait enregistré, pour accommoder Augustus Muir, des tonneaux de vin aigre du cap de Bonne-Espérance ont été installés le long de la sentine, avec un système d'écoulement régulier couvrant tout le temps du voyage.

Il hocha la tête :

— Augustus Muir n'est jamais remonté à bord du Rappahannok après ce voyage, mais par convenance, on continue de noyer les sentines avec du vin. De tous les protocoles qui régissent l'avitaillement du vaisseau, celui-ci est le seul qui n'est pas strictement encadré : personne ne descend volontiers plonger ses pieds dans l'immonde sentine. Un détaillant en vin de Bristol est requis pour déposer les huit fûts habituels.

— Ce pauvre Frank Cask et ses deux fils n'ont pas dû apprécier notre venue ! dit l'Indien.

— Le Castor, la Fronde et moi avons embarqué le vin aigre à leur place, reprit Charles.

— Certains de nos fûts sont constitués d'un tiers d'alcool et de deux tiers de poudre à explosif, précisa la Fronde.

— Leur déflagration occasionnera un trou d'un mètre de diamètre dans la coque, dit Bateman, à trois ou quatre pieds sous la ligne de flottaison, ce qui empêchera les incendies de prendre.

— Je disais bien la vérité, répliqua Sally. Vous allez couler le *Rappahannok*. Comment pourriez-vous vous emparer d'un navire à la coque percée ?

Charles sourit :

— C'est ce que ce plan peut expliquer ! Je te l'ai dit, hormis l'odorat délicat d'Augustus Muir, ce vaisseau ne souffre aucun défaut.

Bateman avait patiemment sélectionné quarante hommes, parmi les meilleurs gaillards de tout l'Ulster, au sein des effectifs des Quatre Veuves, ces femmes qui dominaient, depuis dix ans, la résistance et les trafics au Nord de l'Irlande.

Toutes quatre avaient été mariées à des héros de la cause catholique, tués dans une embuscade à Dundee, le 14 octobre 1709. Il y avait ainsi la veuve de Cincinnatus, ancien bagnard, ancien marin, qui boitait si bas de la jambe droite qu'on prétendait que le Très-Haut lui assénait un coup sur la tête à chaque pas ; la veuve de Wallader, un descendant des O'Neil ; la veuve de Boltrayne, un braconnier borgne d'une force spectaculaire, digne d'un Moscovite, qui prétendait avoir tué trois loups à mains nues ; enfin la veuve de Jonas Heist, déserteur des armées du roi Guillaume, parti avec la solde d'un bataillon entier, et dont Derry raffolait car, ivre de bière pâle et de scubac, il entonnait des airs gaéliques déchirants et des chants guerriers où claquaient valeureusement les noms des O's et des Mac. Toutes quatre prirent la succession de leurs vaillants époux et nul jamais n'avait osé leur discuter le pouvoir.

Elles furent vite conquises par Charles Bateman ; le jeune Irlandais né à New York leur promit de gros bénéfices si elles l'aidaient à expédier des compatriotes dans les colonies d'Amérique.

Grâce à eux, Bateman parvenait à connaître la teneur des cargaisons de chaque navire marchand qui revenait en Europe.

Le *Kingfisher* à Carrickfergus était le dernier de la longue liste de ceux qu'ils avaient vidés avec succès.

Charles Bateman ne tarda pas à devenir la coqueluche des Quatre Veuves sous le sobriquet de l'Américain. Cependant il ne leur dit rien de ses projets visant le

Rappahannok, pas plus qu'il ne les avertit des quarante hommes dont il allait les priver.

Le secret fut si bien gardé que le soir de l'attaque, lorsque la population du Bog s'étonna de certaines absences, personne ne fut à même de dire ce qui se tramait.

Chacun était à son poste sur la rive de la Foyle, face à la baie où mouillait la flotte Muir. Cinq embarcations à rames contenaient les troupes de Bateman, dissimulées près du village de pêcheurs de Moville.

La nuit était tombée.

Bateman était déjà à bord du *Rappahannok,* grâce au lieutenant en second qui l'avait hissé hors de l'eau par le sabord de sa cabine.

L'Irlandais se vêtit d'un des habits d'officier de son complice.

Ils descendirent dans la sentine du vaisseau.

L'équipage du *Rappahannok* était réduit de moitié. Il n'en restait pas moins plus de trois cents hommes à bord.

Bateman s'employa à faire abstraction de l'odeur d'urine, d'excréments et d'eau croupie du lavage des entreponts qui stagnait au plus profond du *Rappahannok.*

Les fûts de vin étaient placés contre la coque, suspendus le long du « plafond » de la sentine.

Charles disposa les mèches noires et les alluma avec une pierre à fusil.

— Il nous reste dix minutes.

Les deux sabordeurs ressortirent sur le pont.

Le lieutenant menotta les poignets de Bateman. Ils descendirent sous la dunette, en direction des appartements de Walter Muir.

Des gardes demandèrent ce que désirait le lieutenant :

— Voir le commandant Muir. J'ai démasqué un traître. Cela ne peut attendre.

Walter Muir les reçut dans sa cabine. Jamais Bateman n'avait vu une aussi riche et impressionnante décoration. Muir avait trente-quatre ans, toujours vêtu de noir et d'un liseré bleu clair, pâle, maussade, portant son deuil sur l'océan.

— Nous avons un traître à notre bord, lui dit le lieutenant. Déguisé en officier.

Muir examina Bateman.

— Comment se fait-il que je ne l'aie encore jamais vu ? Qui est-il ? Comment est-il parvenu jusqu'ici ?

— C'est un fils de pirate. Il prétend que vous avez tué son père et ses hommes dans la rade de l'Île-aux-Vaches, il y a douze ans. Sa mère a aussi péri dans l'incendie de la ville. Enfant, il a réussi à rejoindre l'Angleterre, à entrer dans les rangs de la marine où il a accompli des prouesses pour parvenir à être recruté par le Comptoir, à bord du *Rappahannok*.

Muir s'approcha de Bateman :

— Voilà les efforts d'une vie qui avortent. Je suis presque désolé pour vous, mon garçon.

Le lieutenant pointa un pistolet sur la tempe de Walter :

— Je parlais de moi, commandant.

Les poignets délivrés, Bateman ligota Muir à une poutrelle et le bâillonna.

Le maître du *Rappahannok*, jusque-là impassible, commença à s'inquiéter quand d'immenses déflagrations secouèrent son vaisseau.

— Nous nous reverrons, lui lança Bateman avant de se retirer avec le lieutenant.

Ce dernier annonça à grands cris un acte de sabordage.

Ce fut le branle-bas.

Tout l'équipage se réunit sur le pont.

Le lieutenant conduisit des matelots vers la sentine : ils purent constater que l'eau s'engouffrait. Aussitôt on répercuta l'ordre d'évacuer le *Rappahannok*.

L'explosion avait éventré la coque à bâbord sur plus d'un mètre de diamètre, à deux mètres sous la ligne de flottaison.

Comme aucune flamme ne se vit à l'extérieur et que les détonations furent étouffées par l'eau, les navires voisins du *Rappahannok* ne comprirent pas tout de suite ce qui se passait. Mais dix minutes après l'incident, l'immense navire se mit à pencher dangereusement.

Dans la sentine, les fûts de Bateman avaient été placés sous le compartiment contenant les vingt-neuf tonnes du précieux sel des Muir. Éventré en même temps que la coque, il laissait le sel se déverser dans la sentine immergée, déséquilibrant son poids par l'assiette du navire et le faisant plonger sa poupe.

De Moville, les cinq embarcations commandées par Castor, l'Indien et la Fronde, se lancèrent en direction du *Rappahannok*.

La nuit les protégeait. Avant d'arriver, les hommes de Bateman quittèrent leurs barques et nagèrent jusqu'à la poupe du bateau, alors que les embarcations, conduites à la rame par quelques-uns d'entre eux, se proposaient aux marins du navire pour aider à leur évacuation vers la terre ferme ou à bord des autres navires de la flotte.

Cependant, Bateman et le lieutenant hissaient leurs hommes à l'aide d'une échelle de corde, par la fenêtre des appartements de Walter Muir.

Impuissant, ce dernier assistait à l'envahissement de son navire.

La deuxième phase du plan d'abordage du *Rappahannok* se mit en place : les hommes de Bateman pénétrèrent dans les entreponts de marchandises et se mirent à basculer par-dessus bord les cargaisons les plus lourdes.

Des kilos et des kilos de biens et de vivres destinés aux colonies sombraient dans la baie de la Foyle.

— Si c'est insuffisant, faites disparaître des boulets et des canons ! avait spécifié Bateman.

Quand il ne resta plus qu'une centaine d'hommes d'équipage à bord, attendant d'être évacués comme leurs compagnons, le lieutenant et Charles déchargèrent plusieurs coups de mousquet en l'air et annoncèrent la prise du *Rappahannok*.

Pour s'y opposer, un matelot voulut rallier le reste des marins : le lieutenant l'abattit d'un tir en pleine poitrine.

— Le prochain rebelle sera exécuté de même !

Tous furent mis à contribution et l'on continua à déverser les cargaisons et le lest par-dessus bord.

L'heure suivante, le Violon fit embarquer Sally.

— Vu du dehors, dit-elle à Charles, le *Rappahannok* donne l'impression qu'il ne va pas tarder à sombrer !

L'inclinaison du vaisseau ne l'inquiétait nullement.

— Si l'assiette du navire continue de pencher à la poupe, expliqua-t-il, c'est à cause du poids du sel qui se répartit avec l'eau de plus en plus vers l'arrière. Seulement, pour préserver le bien le plus convoité du comptoir Muir, le compartiment qui lui est dédié a été construit de manière étanche ; aussi l'eau de mer qui le submerge, venue de la sentine, y reste prisonnière, mais dans une proportion insuffisante pour faire couler le bateau.

En déchargeant dans la mer les marchandises du *Rappahannok*, les hommes de Bateman faisaient remonter la ligne de flottaison du bateau.

— De charge pleine à charge vide, il existe, sur ce navire comme sur les autres, un écart d'environ six mètres.

Sitôt l'ouverture pratiquée par l'explosion hors des eaux, le *Rappahannok* commencerait à se vider.

— Et le sel a eu le temps de se dissoudre ! se félicita Bateman. En l'expulsant avec l'eau de mer, le bateau va se redresser naturellement, très vite, et nous serons bientôt en mesure de mettre à la voile. Pour une fois, le sel se révèle fatal aux Muir ! Les premiers jours, nous calfaterons les voies d'eau.

Charles et ses hommes avaient délivré Walter Muir et l'avaient présenté sur le pont supérieur, en vue des autres vaisseaux de la flotte afin de décourager leur tentative de canonnage.

À midi, ils levèrent l'ancre et hissèrent toute la voilure en dépit d'un équipage restreint. Ceux de la flotte Muir qui voulurent poursuivre le *Rappahannok*, alourdis par leur pleine charge, furent rapidement distancés.

Walter Muir fut abandonné sur la chaloupe amenée par le Violon.

— Te souviens-tu, autrefois à New York, quand tu rêvais d'être à bord d'un tel vaisseau ? demanda Charles à Sally alors qu'ils cinglaient vers l'Amérique.

Il fit signe au Castor qui sortit un pavillon pirate et le hissa au bout du grand-mât.

Charles avait choisi des couleurs proches de celles de Christopher Moody qui pillait au large des Carolines : rouge et or.

En lieu et place de la tête de mort et des tibias en croix, son pavillon arborait un profil féminin, cheveux au vent.

— C'est toi, Sally Grave !

Les Muir
1720

John Venet entra dans le cabinet de travail d'Augustus Muir et lui glissa un mot écrit.

Le maître y jeta un coup d'œil et fronça les sourcils : la troisième tentative de récupérer le *Rappahannok*, cette fois dans les eaux du Massachusetts, avait échoué. Son fils Walter, de nouveau humilié, était annoncé de retour en Angleterre.

Augustus roula en boule le papier remis par Venet et se tourna vers la personne avec laquelle il était en conversation, un homme de quarante-cinq ans.

— Pardonnez-moi, lui dit-il, contenant mal son dépit, reprenons. Vous vous nommez Purry. Vous êtes suisse.

— Jean-Pierre Purry, né dans la ville et le canton de Neuchâtel.

— Je vous écoute.

— Dans mon pays, j'ai eu l'heur d'occuper diverses fonctions officielles, comme collecteur d'impôts à Boudry ou maire de Lignières. J'ai aussi établi un honorable commerce de vin...

Augustus leva une main :

— Je vous arrête ! Vous n'allez pas me vendre du vin ? Le Comptoir Muir n'en a jamais exporté. On sait le goût qu'il a au départ, jamais celui qu'il a à l'arrivée.

Jean-Pierre Purry sourit :

— Non, monseigneur. Ce que j'ai à vous proposer est infiniment plus précieux que du vin.

Il reprit son boniment :

— À Neuchâtel, je ne possède ni terre ni fortune familiale ; mes vignes n'ayant pas tenu les espoirs que j'avais placés en elles, j'ai décidé, il y a sept ans, de m'embarquer à bord du *Prince Eugène* en direction de Batavia, au nord de l'Australie[1].

— C'est en effet un changement de vie des plus radicaux.

— J'ai conclu un contrat de producteur avec la Compagnie néerlandaise des Indes orientales. Ma traversée m'a conduit du Texel au Cap Vert, à l'île de Sainte-Hélène, à la petite colonie du Cap, enfin à Batavia en février 1714. De là, j'ai pu prospecter les environs à bord des bateaux de la Compagnie et c'est à cette occasion que j'ai découvert un archipel situé au sud de l'Australie, le long des immensités vierges nommées les Terres des Nuyts. Cet endroit fut celui de ma révélation.

— Vraiment ? Une révélation ?

La voix usée d'Augustus restait égale : il ne faisait aucun effort pour mettre son interlocuteur à l'aise. Ce dernier, impressionné par la stature du marchand, comme par la grandeur et le luxe de son bureau à Roderick Park, sentit que son mot de « révélation » était un peu fort et risquait de lui porter préjudice :

— Plutôt une *intuition* forte, corrigea le Suisse. Intuition qui allait se résoudre, après trois années d'intenses études et réflexions, en un principe scientifique irréfutable !

Muir faisait toujours la moue.

— Scientifique et *économique*, rectifia de même Purry. Hautement économique ! Mes voyages et la lecture des

1. L'Australie ne prendra officiellement ce nom qu'en 1824. En 1720, elle se nomme encore la Nouvelle-Hollande.

plus importants traités de géographie m'ont permis de mettre en lumière le lien étroit qui unit une colonisation réussie de terres vierges et la climatologie ! Jugez-en vous-même : la plupart des terres colonisées le sont ou l'ont été par le seul hasard des traversées en mer. Anglais, Espagnols, Portugais, Français, Hollandais s'implantaient là où ils avaient échoué. Ainsi les deux premières tentatives anglaises sur l'île de Roanoke, en Virginie, se sont révélées catastrophiques : les colons y mouraient de faim ou se faisaient dévorer par des cannibales. À Jamestown, seuls soixante colons sur plus de deux cents résistèrent à l'hiver de 1610. En trente ans, sur les trois mille huit cents envoyés en Amérique, à peine six cents survécurent. Les passagers du *Mayflower* se virent décimés en quelques mois : mauvaises conditions, ignorance de l'agriculture locale, climat trop rude, maladies, Indiens hostiles... Tout cela eût pu être évité grâce à ma théorie scientifique. De quoi s'agit-il ? D'étudier chaque partie du monde, de prendre en compte le relief, la végétation, la production des sols, les taux d'ensoleillement et de précipitations, les températures moyennes, pour faire ressortir une formule idéale, délimiter une zone où les conditions sont optimales pour la colonisation, moins prodigues en infrastructures et en vies humaines, plus faciles, et donc plus rapides !

— Eh bien ? Quel résultat donne-t-elle, votre formule idéale ?

Muir se dit que ces informations pourraient intéresser le Conseil privé du Roi. Purry sourit, la curiosité du marchand anglais était touchée.

Sur le bureau, il étala une carte de l'Asie et de l'hémisphère sud dressée pour le compte des Néerlandais :

— Le trente-troisième degré de latitude ! proclama-t-il. Nulle part, sur les deux hémisphères, on ne peut aussi facilement s'implanter, subvenir aux besoins d'une colonie d'hommes, fonder un établissement capable de résister aux injures du temps. Tout y pousse en abondance, le temps y est clément en n'importe quelle saison. Ces deux ceintures de latitude, au nord et au sud, forment rien moins que le Jardin d'Éden de notre planète !

Muir se pencha sur la carte. Purry désigna les Terres de Nuyts au sud de l'Australie qui l'avaient tant frappé à son premier voyage et d'où toute sa théorie découlait. Il situait son archipel au 33,3e degré de latitude sud.

— Je suis allé m'ouvrir de mes conclusions au gouverneur général de Batavia, Christoffel van Swoll, reprit-il, me proposant pour diriger une première occupation en Australie du Sud. Cet homme est décevant ; il voit toute expansion territoriale comme une source d'ennuis administratifs. Aussi ai-je décidé de retourner à Amsterdam m'entretenir avec les Seigneuries de la Compagnie. Pendant le voyage du retour, une escale de six semaines au Cap, situé sur mon degré de latitude de prédilection, m'a permis d'approfondir et de multiplier des enseignements positifs sur ma théorie. Arrivé à Amsterdam, en dépit des courriers négatifs expédiés par van Swoll, j'ai pu convaincre les directeurs de la justesse de mes vues et être auditionné par la Haute Chambre. En mars 1719. son accord m'était donné pour une nouvelle implantation. Un navire et des premiers colons allaient être recrutés !

— Félicitations, monsieur Purry.

— Mais six jours plus tard, soit le but de van Swoll avait été atteint, soit des protestations du Cap demandant plus de moyens prévalurent sur mon projet : il n'était plus question d'une nouvelle colonie. Je suis allé en France. Les membres de l'Académie royale des Sciences ont aussitôt perçu le potentiel de ma théorie, ne serait-ce que pour leur colonie de la Louisiane qui se trouve, justement, sur mon trente-troisième degré de latitude nord. C'est alors qu'un nouveau partenaire naturel pour mon projet m'est apparu : je me suis précipité chez Horace Walpole, l'ambassadeur d'Angleterre à Paris.

— Et c'est à lui que vous devez notre entrevue, dit Augustus.

Pour Muir, Horace Walpole était un personnage falot, trop bavard pour un diplomate, mais il était le frère de sir Robert Walpole, homme politique en vue qui avait déjà été chancelier de l'Échiquier et Premier Lord au Trésor.

Jean-Pierre Purry déroula devant Muir une nouvelle cartographie des territoires américains, avec les colonies anglaises, françaises et espagnoles.

Il pointa un espace compris entre le sud de la Caroline et le nord de la Floride, bordé à l'est par l'Atlantique et à l'ouest par les Monts Appalaches :

— Voilà un espace sauvage de mille kilomètres carrés qui n'appartient aujourd'hui à personne, bien que Français, Anglais et Espagnols le réclament. Ce territoire est situé sur ma ligne idéale de l'hémisphère nord. Une colonie implantée à cet endroit ne pourrait que prospérer !

Muir hocha la tête :

— Est-ce là votre projet ? Fonder une nouvelle colonie anglaise en Amérique ? Vous me parliez d'une découverte à caractère *économique* : je ne connais pas pire gouffre financier que les colonies ! Où se situerait le profit pour un homme tel que moi ?

— J'y viens. J'y viens, monsieur Muir ! Ne vous y trompez pas : cette parcelle du Nouveau Monde n'est pas comme les autres.

Il sourit :

J'y ai découvert une mine d'or !

Muir oublia aussitôt le Conseil privé du roi : il avait le goût de l'argent comme les fauves l'ont du sang. Le Suisse sortit un livre et l'ouvrit à une page qu'il lui soumit.

L'ouvrage imprimé était une suite de vignettes dessinées reproduisant faune et flore. Celle présentée à Muir illustrait un arbre.

— Il s'agit d'un mûrier blanc, expliqua Purry, fébrile. Les Français le nomment l'Arbre d'Or. À juste titre. Pour la seule Angleterre, cet arbre pourrait représenter cinq cent mille livres sterling de gain par an !

La tournure de l'entretien s'obscurcissait pour Muir :

— Expliquez-vous.

— La soie ! La soie, monsieur Muir ! L'Angleterre ne parvient pas à en produire sur son sol. Les vers à soie se nourrissent exclusivement de feuilles du mûrier blanc dont la culture n'est pas adaptée au climat britannique. Aussi, chaque année, votre royaume achète pour cinq cent mille livres sterling de soie à l'Italie.

Il pointa le dessin du livre :

— Dès lors que nous savons, grâce à ce document, que cet arbre pousse à l'état sauvage sur les rives du Savannah, l'Angleterre pourrait produire elle-même sa soie, réaliser une économie d'un demi-million de livres et, vu l'immensité des terres cultivables dans cette zone de l'Amérique, gagner le vaste marché européen de ce textile de luxe.

Purry se redressa, passionné :

— Je ne vous propose pas de constituer une nouvelle colonie, monsieur Muir, mais de vous réserver le monopole de la soie, comme vous détenez celui du sel !

Augustus estima que cinq cent mille livres par an, c'était cent mille de plus que les gains de son sel de Pologne et représentait la moitié de son chiffre marchand annuel avec les colonies.

Il prit entre ses mains le livre de Purry et l'examina. *Les Observations sur les habitants, le climat, les sols, les rivières, les cultures, les animaux et autres matières dignes d'intérêt* faites et illustrées par l'explorateur Thomas Lamar, imprimé par Jack Barn à Charles Town.

— Êtes-vous certain de la pertinence de ces reproductions ?

Purry se récria :

— Les scientifiques d'Amsterdam et de Paris à qui je l'ai présenté ont plébiscité cet ouvrage comme un modèle du genre botanique, animalier et anthropologique. Le livre de Lamar n'a pas été composé dans le but de promouvoir un territoire. Son authenticité scientifique ne fait aucun doute.

Augustus Muir réfléchit.

Pour le presser, Purry ajouta :

— Les Français ont décidé, grâce à ma théorie et à Lamar, de développer la culture de l'indigo en Louisiane, afin de ne plus être dépendants de leurs importations d'Inde. Il faut agir vite. Bientôt le privilège de ma découverte sera perdu. Et les Français de la Louisiane pourraient vouloir faire valoir leurs droits sur cette terre au sud de la Caroline, s'allier aux Espagnols et l'envahir.

Muir fit un signe de la tête, disant qu'il comprenait tout cela. Il demanda cependant :

— Où se cache votre intérêt dans cette entreprise, Purry ?

Le Suisse se rassit, croisa les jambes, comme si le plus dur de son affaire était passé :

— Je voudrais me réserver une baronnie de… disons douze mille acres de terre et permettre l'émigration de trois à quatre cents de mes compatriotes de Neuchâtel et des protestants français qui se sont réfugiés dans notre canton.

— C'est tout ?

— C'est tout.

Muir observa de nouveau la carte. Il se souvenait de son voyage à bord du *Rappahannok* : le long de ces terres vierges au sud de la Caroline, on lui avait parlé du précieux sassafras que les Français importaient, avant d'être décimés par les Espagnols, eux-mêmes refoulés jusqu'en Floride par les Anglais.

— Et quel nom envisagez-vous pour cette nouvelle colonie ? demanda-t-il.

— La Caroline a été nommée d'après le roi Charles II. Un projet en Nouvelle-Écosse devait être baptisé Annapea, en l'honneur de la reine Anne. Votre souverain se prénomme George, il est votre ami proche, me dit-on : « la province de Géorgie » pourrait être approprié ?

Augustus Muir commença par faire authentifier les chiffres avancés par Purry sur le commerce de la soie ; il en étudia les modalités de fabrication et s'intéressa aux manufactures exportatrices d'Italie, dans le Piémont et en Toscane. Il s'enquit aussi des dernières tentatives peu concluantes de fabrication de soie sur le sol anglais par des Français émigrés à Spitalfieds. Un tisserand tourangeau lui confirma les dispositions climatiques favorables au mûrier.

Il alla ensuite s'ouvrir du projet à James Craggs le Jeune, Secrétaire d'État au Département du Sud, cabinet qui supervisait les territoires d'Angleterre méridionaux, l'Irlande, le Pays de Galles et les colonies d'Amérique, ainsi qu'à John Fellows, sous-gouverneur de la Compagnie des Mers du Sud, entreprise qui vivait un incroyable essor spéculatif.

Tous deux l'incitèrent à poursuivre.

James Craggs l'avertit d'un dessein similaire porté par un certain baronet Robert Montgomery.

Augustus Muir se fit apporter les documents officiels et les publications qui accompagnaient le projet de Montgomery, dont son *Discours concernant un Plan d'établissement d'une nouvelle colonie au sud de la Caroline dans le pays le plus délicieux de l'univers*, imprimé à Londres en 1717.

Il convoqua ensuite sir Robert Montgomery, troisième baronet écossais de Skelmorlie, dans son palais de Roderick Park.

Ce dernier, bien que flatté et surpris d'avoir été remarqué par le tout-puissant Muir, faisait mine de n'en rien montrer et même de se croire l'égal de son interlocuteur.

Lorsqu'Augustus lui demanda l'origine de son intérêt pour l'édification de nouvelles colonies, Montgomery invoqua son histoire familiale.

— Mes ancêtres ont essayé de fonder une colonie au Canada, mon père a participé à l'érection de Stuart Town. Que voulez-vous : il y a un trait de génie dans ma famille, je n'y saurais déroger ! se vanta-t-il.

Le territoire qu'il réclamait était proche de celui du Suisse Purry, entre la Caroline du Sud et la Floride.

— Vous prétendez que cette terre sera une terre d'abondance ? fit Muir.

— Je pourrais vous présenter une multitude de raisons pour vous en convaincre mais, étant le promoteur de ce projet, vous les contesteriez toutes, sous le motif que j'aurais trop à gagner à vouloir rendre cette terre plus belle qu'elle ne l'est. Aussi emploierai-je un argument qui émane de plus haut que moi !

Comme Purry avant lui, il déploya une carte du monde sur le bureau d'Augustus et, comme Purry avant lui, il mit en avant les degrés de latitude compris dans sa région.

— Regardez, dit-il.

Il suivit du doigt le trentième degré de latitude nord :

— Mon territoire est situé sur la même latitude que le Pays de Canaan ! Je parle en effet de la Terre Promise, où le miel coule, offert en récompense par Dieu aux Hébreux ! Si cette parcelle du monde est ainsi favorisée, ce n'est pas Robert Montgomery qui le revendique, mais la Bible !

Muir était plus sensible aux arguments de Purry.

Cependant Montgomery était plus avancé dans son projet que le malheureux Suisse. Tous les détails d'implantation avaient été étudiés, les dimensions, l'organisation de la colonie, ses structures juridiques et politiques.

— Le territoire sera administré comme un marquisat, dit Montgomery. Je lui ai donné le nom, beau je crois, de Marquisat d'Azilia.

Il présenta à Muir un document officiel signé du 19 juin 1717 par les Lord Propriétaires de la Caroline du Sud lui donnant jouissance légale de ces terres sous forme de location et d'intéressement aux bénéfices du marquisat.

— Ces bénéfices, justement, fit Muir, de quel ordre seront-ils selon vous ?

Montgomery n'avait pas pensé à la soie mais à la potasse qui servait aux laveries et que l'Angleterre importait de Russie.

— Je compte produire du vin. Mon marquisat est aussi situé sur la même latitude que Madère, ce qui est de bon augure pour la viticulture.

L'argent seul manquait à Montgomery.

Augustus Muir se dit qu'en alliant les visions de l'Écossais et du Suisse, il pourrait parvenir, grâce à son entregent, à faire valoir une troisième voie, qui lui serait propre.

Il exprima son intérêt pour le sud de la Caroline auprès de parlementaires et de membres du Conseil privé du Roi.

Robert Walpole l'invita à se renseigner auprès de deux Caroliniens qui étaient en ce moment à Londres afin de négocier la nomination d'un premier gouverneur royal.

Leurs noms étaient John Barnwell et John Lamar.

Augustus Muir assista à leur audition devant une commission d'arbitrage réunie par le Secrétariat d'État au Sud.

John Barnwell était un Écossais de quarante-neuf ans, propriétaire d'une plantation de riz à Beaufort, au sud de

Charles Town. Réputé pour ses faits d'armes, surnommé « Tuscarora Jack », il avait mené à la victoire les milices de la colonie contre les Indiens Tuscarora.

John Lamar avait aujourd'hui soixante-quatorze ans, encore grand et droit malgré son âge, musculeux, les cheveux et la barbe blancs ; né à la Barbade, c'était la première fois que l'intrépide propriétaire d'esclaves des bords du Savannah se rendait à Londres.

Selon Barnwell, toutes les questions commerciales au sujet de la Caroline du Sud n'avaient pas lieu d'être tant que le souci de sa *sécurité* n'était pas résolu.

— Charles Town est menacé par les Indiens, les Espagnols et les Français, dit-il. Nous n'avons pas d'armée, aucune défense, et des immensités de terres vierges au sud et à l'ouest ouvertes à tous les envahisseurs.

Il proposa de s'inspirer de la tactique des Français au Canada et de créer un « cordon sanitaire », une ligne de fortifications le long des frontières de la colonie.

John Lamar distribua des tracts français qui incitaient le cabinet de Versailles et les occupants de la Louisiane et du Mississippi à envahir les terres situées au sud de la Caroline :

— S'ils y parvenaient, les douze colonies anglaises seraient encerclées ! Au sud, à l'ouest et au nord par les Français. Il ne nous resterait plus que l'océan pour nous enfuir !

Un projet très avancé d'éradication des Anglais du continent américain initié par Louis XIV, et appuyé par les Espagnols en 1702, se nommait justement « Projet pour la Caroline ».

— Que fera le royaume anglais si ses colons du Nouveau Monde devaient retourner à la mère patrie ? demanda Lamar.

Les arguments et la forte personnalité du Carolinien impressionnèrent les membres de la commission.

Lamar finit par brandir un livre que Muir reconnut pour être le même que celui présenté par Purry. Le dessinateur ethnologue Thomas Lamar n'était autre que son fils !

— Si vous examiniez attentivement l'ouvrage savant de mon aîné, vous y verriez toutes les richesses que contiennent nos terres. Protégez-les et elles vous enrichiront ! dit-il.

Augustus Muir, qui ignorait les difficultés réelles de la Caroline, sa disparition tout juste évitée au cours de la guerre avec les anciens alliés Yamasees, se dit que sa quête de la soie américaine et de ses cinq cent mille livres sterling passait par un renforcement militaire. Il allait avoir besoin de solides appuis.

Devant le coût d'une telle entreprise, Robert Walpole lui rappela l'exemple de William Paterson, le fondateur écossais de la Banque d'Angleterre, qui s'était aventuré dans la colonisation de l'isthme de Darien[1] et qui y avait vu toute sa fortune engloutie.

— Je vais lancer une offre publique, décida Augustus.

Il organisa une rencontre entre Purry, Montgomery, Barnwell et Lamar et fit imprimer un document de publicité inspiré de la convergence de leurs vues.

La perspective d'un profit immense tiré de la soie, la rigueur d'une colonie fondée sur le modèle d'Azilia, des forts militaires pour défendre l'idée même des colonies anglaises en Amérique : Augustus Muir ne doutait pas un instant qu'il trouverait l'argent et les soutiens nécessaires, tout en se réservant le monopole de la soie anglaise.

Pour la première fois, il apposa son nom au haut d'une souscription publique. C'était en soi une caution qui allait susciter l'adhésion générale.

Une société fut constituée : Carolina Silk.

1. Actuel Panama.

Les fonds réunis, Muir déposerait une demande de charte coloniale auprès de son ami le roi George I d'Angleterre et la Géorgie deviendrait une réalité.

Sur ces entrefaites, son fils aîné arriva à Londres.

Depuis le drame de Londonderry où il s'était vu ravir le vaisseau amiral de sa flotte, Walter n'avait pas passé un jour sans tenter de reprendre le *Rappahannok*. Mais son nouveau maître, Charles « Cee » Bateman, se révélait être la prudence même. Personne ne savait où trouver le *Rappahannok*. Quand on pensait le surprendre, il avait déjà fui. Quand on le croyait à mille milles, il vous tombait dessus et vous infligeait de lourdes pertes.

— Comment ce Bateman a-t-il pu se constituer un équipage en nombre suffisant pour manœuvrer un navire aussi puissant que le nôtre ? demanda Augustus.

— Il reçoit beaucoup de soutien des Irlandais exilés dans les colonies anglaises dont il a, pour la plupart, favorisé le départ, répondit Walter. Hélas pour nous, son coup a été préparé de longue date.

Walter avait fait le voyage jusqu'à Londres pour annoncer à son père qu'il renonçait à pourchasser le *Rappahannok*.

— Ce navire m'a tenu lieu de refuge pendant de nombreuses années. Désormais qu'il n'est plus en notre possession, et qu'il paraît peu probable que nous le regagnions dans un avenir proche, je préfère renoncer au commandement de la flotte du Comptoir.

Augustus protesta, mais la décision de son fils était ferme :

— Je suis las de courir les mers.

— Soit. N'importe comment je peux avoir besoin de toi à Londres. Ou même dans une nouvelle colonie que j'espère fonder d'ici peu.

— Vous m'avez mal compris, père. Je quitte le commandement de la flotte *ainsi* que ma participation dans le Comptoir Muir.

— Que dis-tu ?

— Je souhaite me retirer sur mes terres, peut-être revoir mon éducation religieuse. Mon frère Clemens me remplacera sans difficulté. Depuis le temps qu'il me supplée à Londres, cette promotion est méritée. J'abandonne mon droit de primogéniture.

La violente réprobation d'Augustus n'y fit rien.

— J'aspire au silence et à la solitude, dit-il. Ma résolution est définitive.

Walter se leva pour quitter le cabinet de travail de son père. Avant de sortir, il demanda :

— Aucune nouvelle de Shannon ?

Augustus secoua le front :

— Aucune, fit-il. Cela fait six ans, il ne sert plus à rien d'espérer. Elle a pu changer de nom, peut-être de pays. Mourir même. J'ai tout mobilisé pour la retrouver. Cela n'a pas donné de résultat.

Walter hocha tristement la tête et se retira.

Jamais Augustus ne s'était ouvert auprès de son aîné des événements qui s'étaient produits à Dryburgh entre Shannon et lui ; pas plus ne lui avait-il expliqué la subite disparition de tous les membres du clan Monroe. Pour la jeune Shannon, à l'opposé de ce qu'il affirmait, il l'avait retrouvée quelques jours après son départ du manoir de Dryburgh.

Seulement, ce qu'il en avait fait, ce à quoi il l'avait réduite, jamais il n'oserait l'avouer devant son fils.

L'offre publique pour la Géorgie connut un échec retentissant.

Les colonies en Amérique ne faisaient plus recette. Même la perspective de gains commerciaux importants et le sentiment patriotique suscité pour la défense des colons n'émouvaient plus personne.

Augustus Muir voulut réitérer l'opération mais l'explosion de la bulle spéculative de la Compagnie des Mers du Sud, qui ruina la grande majorité des investisseurs du royaume, mit un terme à ses ambitions coloniales.

— L'argent et la sécurité, l'élan religieux lui-même, ne soulèvent plus les foules, déplora Robert Walpole. Pour fonder une colonie au sud de la Caroline, il va falloir trouver un appât différent, un moyen encore jamais utilisé. Une idée neuve, mon cher Muir...

1720

Shannon marchait dans Clerkenwell, à l'angle des rues de Seckford et d'Aylesbury. La pluie tombait depuis le milieu de la nuit : les passants se bousculaient dans les deux sens de la marche, les chevaux étaient éclaboussés jusqu'aux œillères. Se reculant autant que possible sur les trottoirs, elle ne réussit pas à protéger sa robe des projections.

Ce quartier de Londres lui était étranger : la jeune femme n'avait pas quitté la Zone Permise de la Fleet depuis de longues années. Une adresse et des directions griffonnées sur un morceau de papier indiquaient l'endroit où elle devait se rendre, mais la boutique à l'enseigne de La Tunique Rouge y manquait.

Des enfants poussèrent des cris et deux d'entre eux se mirent à se battre au milieu de la rue. Des badauds interrompirent la circulation et engagèrent des paris autour du combat, repoussant les rares bonnes gens qui voulaient séparer les enfants.

Shannon contourna la cohue et inspecta les façades. Elle finit par repérer un écriteau en ferraille suspendu à une hampe où se devinaient les lettres délavées de Rouge.

Elle poussa la porte.

La pièce était sombre, les volets clos, éclairée par deux faibles bougies ; des dizaines de boîtes de boutons d'habits rangées dans des compartiments recouvraient les étagères des murs, des tuniques de soldat étaient suspendues à des cintres, des bottes noires d'équitation, des bandoulières blanches, des ceintures, des tricornes, des chemises à longues franges s'entassaient de toute part en désordre.

— C'est bien ici, se dit Shannon.

Une femme releva la tête de sous son comptoir, une aiguille et du fil pincés entre les lèvres. Elle avait une quarantaine d'années, le cheveu et les yeux noirs, un peu basanée de peau. Shannon pensa aussitôt qu'elle devait être originaire des Indes occidentales ; la femme avait le regard méfiant :

— On peut aider ?

— Je viens pour rencontrer monsieur Ken Goodrich, répondit Shannon.

— *Monsieur* Ken Goodrich ? Et que lui voulez-vous à ce *bon à rien* de Ken Goodrich ?

— Je réponds à l'annonce qu'il a déposée et...

— Laquelle ? Où ?

— À la Fleet, madame.

La femme fronça les sourcils :

— Je vous préviens : c'est une maison honorable ici !

— Je n'en doute pas, madame, fit Shannon en s'empressant de lui tendre une lettre qu'elle avait gardée au sec sous son chemisier. J'ai une recommandation du haut bailli de Westminster, John Huggins, gouverneur de la Fleet.

— *Madame*, hein ? répéta la femme d'un air soupçonneux. Vous êtes trop courtoise pour être honnête. Et trop jeune et jolie pour être inoffensive.

Shannon baissa les yeux.

— J'ai vingt-quatre ans.

La femme lut le document.

— Depuis combien de temps y êtes-vous ?

— Six ans.

— Dieu vous assiste ! Vous savez coudre ?

— Je crois pouvoir dire que oui, madame.

La porte de la boutique s'ouvrit.

— Le voilà votre Ken Goodrich ! s'exclama la femme.

Elle ajouta, avec un air pince-sans-rire, en regardant Shannon :

— Donnez-lui du *monsieur* tant qu'il vous plaira, ça ne fera jamais de mon mari autre chose que ce qu'il est : une incapable brute.

— Impossible de faire se séparer les deux bagarreurs ! maugréa l'homme en entrant. Le plus jeune des garçons a arraché l'oreille de son adversaire avec les dents ! Et tout le monde d'applaudir ! Quand j'ai voulu m'interposer, on m'a fait rouler dans la boue. Tout ça pour parier une petite pièce. C'est un monde !

Il aperçut Shannon.

— Qui est-ce ?

— Une demoiselle qui vient répondre à l'une de tes annonces.

— J'en ai déposé plusieurs. Marshalsea ? King's Bench ?

— Non, monsieur, Fleet, dit Shannon.

— Ah.

L'homme hocha la tête d'un air désolé :

— Pauvre petite chatte.

La femme lui remit la recommandation de John Huggins.

— Ce fieffé Huggins ! dit-il. Enfin, s'il se porte garant pour vous, que puis-je réclamer ? Shannon Glasby, c'est cela ? Vous savez coudre ?

Elle prétend que oui, fit sa femme.

—Voyons.

L'épouse Goodrich attrapa un pan d'étoffe, s'approcha de la flamme d'une bougie et y cousit, en quelques secondes, un bouton de cuivre :

— J'espère que vous saurez faire aussi vite que moi, petite.

Shannon saisit l'aiguille, le fil, l'étoffe et la boîte de boutons, cependant elle négligea la lumière de la bougie.

Mieux : elle ferma les yeux et, dans le même intervalle de temps que la Goodrich, cousit deux boutons.

Ken Goodrich était stupéfait :

— Où as-tu appris à faire cela, cousette ?

L'aurait-il crue, Shannon aurait évoqué son enfance dans le palais d'Augustus Muir à Roderick Park, les robes de ses sœurs adoptives qu'elle devait repriser pour les ajuster à sa taille, certaines retouches qu'il fallait accomplir la veille pour le matin, les jours de fête ou de réception.

Elle répondit plutôt :

— À l'orphelinat de Bradington où j'ai passé ma vie, j'étais en charge de repriser les loques de tout le monde.

Ken Goodrich fit un second hochement de tête désolé et répéta :

— Pauvre petite chatte.

La voyant trempée, il lui procura une serviette et lui offrit à boire.

— Chez nous, dit-il, les officiers et les soldats de l'armée royale se fournissent en tuniques et en costumes d'apparat. Nous devrions en vivre, en réalité les militaires n'ont pas le sou et préfèrent se repasser entre eux leurs uniformes plutôt que d'en acheter de neufs ; notre activité se concentre sur le reprisage, le rapiècement, la teinture et la pose de boutons, de galons et de liserés. Notre chance, c'est que leurs effets se détériorent vite.

Il montra une pile de tuniques rouges d'un régiment à pied décolorées par le soleil du Maroc.

— Un bain de garance leur rendra leur couleur d'origine. Jeune fille, il faudra coudre, teinter et livrer dans tout Londres pour deux shillings et neuf pence la semaine. Sommes-nous d'accord ?

Le visage de Shannon s'éclaira :

— Oui, monsieur Goodrich.

— Dans sa lettre, John Huggins parle de deux Glasby ?

— J'ai un fils, monsieur.

— Le salaire est maigre pour nourrir deux bouches. Mais je ne pourrai pas faire mieux.

— Il me convient. Voilà six mois que j'ai perdu mon dernier emploi : il me faut retrouver un salaire pour pouvoir assumer le loyer d'une cellule décente à la Fleet !

Ken se tourna vers sa femme :

— Qu'en dis-tu, Marcia ?

— J'en dis qu'il faudrait d'abord juger de la moralité de cette demoiselle. Que peut-on espérer de quelqu'un qui a passé six années dans la prison la plus mal fréquentée de la ville ?

Goodrich haussa les épaules :

— Et comment prétends-tu juger de cela, dans l'instant, petite madame Goodrich ? En posant ta paume sur son front ? En lui faisant tirer la langue ?

Marcia Goodrich haussa les épaules :

— C'est son minois qui te fait parler, rien d'autre.

Elle laissa tomber, d'un air suprême et définitif :

— Tu n'es qu'un homme.

Ken sourit et rassura Shannon :

— Ne crains rien, madame Goodrich ne cesse de rugir, mais dans le fond, c'est une gentille petite souris. D'ailleurs, Marcia, rends-toi utile et montre-lui le métier. Shannon, je ne te paierai qu'à compter du jour où tu seras prête à répondre à tout.

— Je comprends, monsieur.

Le restant de la journée, Marcia Goodrich lui fit coudre des initiales sur une chemise, refaire le galon de deux manchons de cuir, remodeler un tricorne, ôter des taches de sang sur une tunique d'infanterie, renouveler les poches d'un justaucorps de flanelle.

Shannon fut étonnée du manque d'organisation des Goodrich qui perdaient plus de temps à rechercher une forme de bouton adéquate, un fil ou un liseré (et à se rejeter la multitude des fautes), qu'à travailler efficacement.

Quand elle prit conscience que le soir tombait, elle s'écria :

— Je dois partir !

Ken Goodrich lui restitua le *bill* de John Huggins en bas duquel il avait apposé sa signature pour consentement et l'invita, toujours avec son langage affectueusement animalier :

— Reviens dès demain, joli petit oiseau.

— Merci, monsieur. Merci, madame. Dieu vous bénisse.

Dehors, elle fut prise de la même angoisse qu'au matin : s'égarer dans le grand Londres. Si la pluie avait cessé, les rues étaient toujours aussi embourbées.

Elle descendit Clerkenwell Street et finit par rejoindre le cours de la rivière Fleet.

Cette dernière ne ressemblait plus aux eaux claires qui arrosaient les prés d'Hampstead et de Kentish Town. Ici, tributaire fétide de la Tamise qu'elle rejoignait à Blackfriars, elle servait de fossé, d'égout à l'air libre qu'on avait fini par canaliser et par recouvrir en partie.

Shannon fila devant la prison de Ludgate : un détenu, qui faisait la manche avec un gobelet à travers une grille étroite, la reconnut et lui lança de bon gré :

— Vite, Shannon, la nuit monte ! Sept heures vont sonner !

Continuant de longer la Fleet, elle redoubla le pas sur Farnanding Street ; les passants purent constater que d'autres personnes couraient de même.

Les clochers des églises Saint-Paul et Saint-Martin se mirent à résonner : la course devint frénétique. La jeune femme se dirigea vers un porche massif ; presque hors d'haleine, elle se précipita sur une grande porte cloutée et parvint à s'y glisser, juste avant que celle-ci ne se referme dans son dos, sur le septième et dernier coup des cloches.

L'homme qui la suivait n'eut pas cette chance.

Dans la grande cour cailloutée aux murs coiffés de chevaux de frise, Shannon se joignit au rang d'une douzaine de personnes debout devant trois sentinelles armées et deux personnages élégamment habillés : John Huggins, le gouverneur de la prison de la Fleet, et son fils, John J.-R.

Le premier, un homme d'âge mûr, plié et ridé, des lambeaux de peau violacée sur le visage, portait un manteau vert à longues basques et un foulard blanc. Le second était un freluquet au teint olivâtre, le crâne dégarni sur le devant, avec deux favoris qui se rejoignaient sous son menton ; il arborait le même manteau et le même foulard que son père.

Dans le rang, un détenu manqua à l'appel de son nom.

— Laissez-le entrer, grommela Huggins en direction de la porte.

Le malheureux qui courait sur les talons de Shannon apparut dans la Fleet, désemparé.

Huggins fit un signe au portier. Ce dernier lui lia les poignets.

— Quatre jours au donjon, décréta John Huggins.

Les plaintes du retardataire n'y firent rien, il fut emmené.

John Huggins se saisit d'un feuillet où étaient inscrits les noms des détenus qui avaient bénéficié aujourd'hui d'une permission de sortie. Il observa du coin de l'œil le ciel qui s'obscurcissait et s'exclama soudain :

— Tobit Boon !

Un petit rouquin sortit du rang.

— Tobit Boon, vous êtes redevable envers notre institution de huit shillings à titre du loyer du mois de mai. Il est consigné ici que vous deviez vous acquitter de cette somme aujourd'hui même, avant le coucher du soleil.

Il pointa le ciel :

— Il ne vous reste que peu d'instants. Eh bien, monsieur Tobit Boon ? Notre loyer ?

Le détenu, ex-savetier failli de Cannon Street, se lança dans une véhémente justification :

— Je n'ai pas pu aujourd'hui rencontrer la personne de confiance que j'espérais. Mais je suis *à deux doigts* de jouir d'une grosse fortune ! Je vous assure, monsieur Huggins : une fortune ! Aussi vrai que je vous fournis en souliers ! Donnez-moi seulement deux jours supplémentaires et...

Huggins se tourna vers son fils :

— C'est sans cesse la même chose. À la prison de Newgate, les criminels sont tous des innocents, à celle de la Fleet, les endettés insolvables sont tous des millionnaires. *À deux doigts près* !

— Vous ai-je jamais menti, monsieur Huggins ? protesta Boon. J'aurai bientôt la ressource suffisante pour éteindre toutes mes dettes. Une fortune, vous dis-je !

— Ce n'est pas une fortune que j'attends de vous, monsieur Tobit Boon, mais huit shillings, grommela Huggins. Monsieur Guybon ? lança-t-il d'une voix haut perchée.

Thomas Guybon, le gardien chef, tout en rondeurs sur des jambes de coq, serré dans une veste de futaine couverte de taches, approcha.

— Monsieur Guybon, dit Huggins, veillez à ce que monsieur Boon demeure à l'isolement jusqu'à ce que le montant de nos comptes soit complètement payé et acquitté.

Le rouquin se récria :

— Parole d'honneur, vous commettez une erreur, monsieur Huggins ! En m'enfermant, vous allez me faire manquer une excellente affaire. Une affaire dont vous pourriez profiter !

— Hélas, monsieur Boon, dit Huggins d'un air facétieux, je réciterai ce soir les sept psaumes de la pénitence pour me faire pardonner les montagnes d'or que je nous ai fait perdre.

Les Huggins, Thomas Guybon et les gardes rirent de bon cœur. Les autres détenus demeurèrent silencieux ; « l'isolement » de la Fleet était un horrible cul de basse-fosse infecté par les relents de la rivière.

Tobit Boon laissa tomber son menton sur la poitrine et s'effondra dans les bras de ses geôliers.

— Eh bien, monsieur Guybon, dit John Huggins au gardien chef après avoir promené son regard sur le rang des détenus, à ce qu'il paraît tout le monde est de retour au bercail ce soir.

— Oui, monsieur le gouverneur. Cent quatre-vingt-douze têtes dûment dénombrées. Le compte est fait.

— Allons !

Il fit signe aux détenus de rompre le rang.

— Guybon, donnez-nous notre cassette afin que mon fils et moi puissions rentrer souper.

Les Huggins, propriétaires de la prison de la Fleet, logeaient dans une maison de rapport sur St. Martin's Lane. Guybon leur remit un coffret qui renfermait les trente livres sterling prélevés au cours de la semaine sur les prisonniers.

— Pas mal. Pas mal, se félicita John Huggins.

Shannon Glasby choisit ce moment pour s'approcher et dire au gouverneur, en s'inclinant avec autant de bonne grâce qu'elle en sut feindre :

— Pardonnez-moi, monseigneur Huggins. Votre charitable recommandation a convaincu l'excellent monsieur Ken Goodrich de m'engager dans sa boutique !

Elle lui présenta le papier contresigné par le propriétaire de La Tunique Rouge.

— Ah oui, fit Huggins. Ken Goodrich ? Bien, mon enfant. C'est un homme honnête, qui fait son chiffre à ce qu'on m'a dit.

— Puisqu'il est désormais acquis que je vais toucher les livres promises par cet emploi, et que je suis confinée aux Indigents depuis six mois, m'est-il permis de réintégrer mon ancienne chambre au quartier des Maîtres ?

Huggins fit venir Thomas Guybon d'un claquement de doigts :

— Vous entendez, Guybon ? Une pensionnaire de plus au quartier des Maîtres. À cinq shillings et trois pence. Et grâce à nous, je vous prie ! Prenez-en de la graine, gardien chef, et remplissez-moi ces cellules inoccupées qui ne nous rapportent que du manque à gagner.

— En réalité *deux* pensionnaires, avec mon fils, rectifia Shannon.

— Et un de mieux ! se réjouit Huggins. Voilà une fille qui s'assure de l'ouvrage et va nous donner un loyer constant de plus de dix shillings la semaine. Tout ce que j'aime à entendre !

Il regarda Shannon :

— Si l'on pouvait se reposer sur tous les détenus comme sur vous, mon enfant, notre métier ferait des envieux. Hélas… Allons, John Jr, rentrons : j'ai faim !

Le fils ne suivit pas son père sur le coup. Il approcha de shannon, l'air soupçonneux.

— Vous, je vous connais, lui dit-il. Vous êtes une faiseuse d'histoires. Prenez garde. Je vous tiens à l'œil !

Malgré ce ton menaçant, la jeune femme se montra moins impressionnée que devant le père :

— Hélas, ça me fait beaucoup de peine que vous vous montriez si sévère envers une innocente comme moi, Junior.

Huggins sursauta :

— Je vous défends de m'appeler ainsi !

— C'est pourtant le nom que l'on vous donne à la Fleet.

— Méfiez-vous, dis-je. Vous, et tous vos semblables. Un jour, cette prison sera toute à moi ; alors vous verrez les choses aller d'un autre train !

Shannon lui fit une courbette, tout ce qu'il y a de plus effrontée, et lui susurra :

— Comme si cela pouvait seulement être pis.

Elle pivota sur les talons et s'éloigna.

De toutes les prisons pour endettés que comptait Londres, la Fleet était réputée pour être la plus atroce, grâce aux efforts de John Huggins et de son fils qui en avaient acheté, cinq ans auparavant, la charge de gouverneur *à vie,* pour cinq mille livres sterling.

Selon le droit anglais, un débiteur qui se trouvait dans l'incapacité de couvrir un emprunt devenait *physiquement* la propriété de son créancier. Ce dernier, après l'avoir fait condamner par le tribunal des Insolvables, pouvait exiger son incarcération dans une prison pour dettes. Différente d'une prison pour crimes, il s'agissait d'un établissement privé *à but lucratif :* en plus du remboursement de leurs créanciers, les détenus devaient payer un loyer pour l'occupation de leur cellule et participer aux frais des repas. Les plus démunis comptaient sur l'aide de leur famille et amis qui venaient déposer chaque semaine une petite somme à la loge des portiers, ou bien sur la générosité publique (en faisant la manche par les soupiraux de leurs cachots ou par la grille prévue à cet effet à l'entrée de la prison). Certains étaient autorisés par leurs créanciers à continuer de travailler depuis l'intérieur de la prison, recevant des visites et des clients ; d'autres bénéficiaient du droit de sortir de l'enceinte, de commercer et de loger dans un territoire dénommé la Zone Permise de la Fleet, plusieurs rues autour de la prison, couvrant un cercle d'un mille approximatif de rayon, reliquat du droit d'asile qui se trouvait jadis autour des églises.

Une seule règle prévalait à la Fleet, comme dans les autres maisons pour insolvables : tout était scrupuleusement *tarifé*.

Système démoniaque qui voulait qu'un détenu devant rembourser une créance voyait ses rares ressources disparaître en frais d'emprisonnement.

Si un détenu ne pouvait plus s'acquitter du loyer de sa cellule, il était expédié au donjon, à l'isolement ou dans une *sponging-house* : cachot infâme où il était littéralement essoré jusqu'à ce que la charité des siens couvre sa dette envers l'institution pénitentiaire.

Fleet était séparé en deux quartiers : celui des Maîtres, réservé aux « riches » endettés et aux personnalités, puis celui des Indigents.

Il était courant qu'un détenu intègre la Fleet avec femme et enfants.

En ce jour, la prison comptait cent quatre-vingt-douze détenus, mais accueillait plus de six cents locataires.

Locataires qui rapportaient la modique somme de soixante livres sterling hebdomadaires aux Huggins.

Shannon rejoignit le vaste bâtiment insalubre, élevé sur quatre niveaux avec donjon, où s'entassaient les Indigents.

Après avoir gravi un escalier obscur et crasseux, elle atteignit au troisième étage un étroit couloir interminable qui ne recevait la lumière du jour qu'à travers deux fenêtres situées à ses extrémités.

Il distribuait une trentaine de chambres de détenus.

La plupart, basses de plafond, sales, surpeuplées, baignaient sous un épais nuage de fumée de tabac ; les endettés, hommes, femmes, enfants, chiens, chats et poules s'y entassaient à la diable.

Shannon se faufila jusqu'à une porte du fond du couloir ; elle pénétra dans une chambre moins nue que les autres, avec cinq lits de fer sans montants, une chaise, un poêle, et deux chandelles en moelle de jonc.

Un homme et une femme s'y trouvaient : Conrad et Edith Standish. Lui, assis, vêtu d'un vieux pardessus et de chaussons, le cheveu coupé très court, était absorbé dans la contemplation du poêle ; elle, pétulante, lavait des racines et des fanes pour le repas.

Elle se leva et reçut Shannon à bras ouverts. Cette dernière était encore en nage après sa course dans Londres, la chevelure défaite, sa robe ayant subi quelques accrocs et ses chaussures maculées de boue.

— T'a-t-il embauché, ce Ken Goodrich ?

— C'est fait.

— Dieu soit loué !

— L'homme paraît avoir bon cœur. J'ai parlé au père Huggins. Je peux réintégrer le quartier des Maîtres.

— Je vais regretter que nous ne partagions plus la même chambre, mais ton fils et toi serez mieux là-bas.

Shannon approcha de l'homme qui était demeuré immobile sur sa chaise et lui demanda, une main posée sur son épaule :

— Comment vous portez-vous ce soir, monsieur Conrad ?

À quarante-neuf ans, Conrad Standish respirait le découragement et la misère :

— Bah ! fit-il. Je suis mort.

— Ne dites pas cela.

— Mort aux yeux de ma famille.

— Mais non.

— Mort aux yeux de mes amis.

— Mais non.

— Mort aux yeux de la société.

— Comme toujours, vous vous faites des idées, monsieur Conrad.

Conrad haussa les épaules.

Il résidait à la Fleet depuis douze ans.

Originaire de l'île de Man, ayant occupé dans la noblesse de son île une position qui pouvait le mener à tout, et qui, après une installation fastueuse à Londres, l'avait conduit droit à la prison pour dettes.

Son solde débiteur initial, élevé à mille deux cents livres sterling, aggravé, au fil des ans, de remèdes qui s'avérèrent pires que le mal, était monté à sept mille livres. Il avait tout perdu : sa fortune, son foyer, son bonheur.

— C'est la pente insurmontable. On ne peut jamais arriver au bout de ce que l'on doit ! L'Angleterre a réalisé l'impensable : il existe désormais sur Terre un Enfer dédié aux sans-le-sou ! Dieu devrait interdire cela ! s'écria-t-il avant de se lancer dans le décompte des avanies dont il était la victime.

— Ne crie pas, lui dit sa femme. Shannon le connaît, ton refrain : elle est à la Fleet avec nous, rappelle-toi !

— Elle n'a pas sept mille livres de dettes, elle !

Shannon sourit, Standish perdait la tête : avec douze mille livres sterling sur les épaules, elle n'était pas plus près de quitter la Fleet que lui.

Les deux derniers locataires de la chambre entrèrent : Philip Glasby, six ans, et Rebecca Standish, neuf ans.

Philip était le portrait de Shannon : encore blond, les yeux clairs intelligents, un petit nez ; Rebecca avait l'air sévère de son père, le cheveu tirant vers le roux mais le visage rond et franc de sa mère.

— Nous revenons des matchs !

Hormis la boisson, les jeux de sport étaient la seule distraction des pensionnaires endettés ; certains des champions de la Fleet étaient si réputés qu'il n'était pas rare de voir des personnes de l'extérieur s'introduire dans la prison pour y miser gros.

Philip raffolait de ces parties ; Rebecca les trouvait sottes. Rebecca aimait lire ; Philip trouvait la lecture assommante. Philip adorait se battre ; Rebecca, avec ses trois ans et une tête de plus que lui, lui flanquait toujours des piles. Rebecca ne mentait jamais ; Philip ne voyait pas de raison de s'en priver. Ils se chamaillaient sans cesse mais ne s'imaginaient pas vivre une journée l'un sans l'autre.

Une rareté les liait : tous deux étaient nés à la Fleet.

Rebecca en 1711, trois ans après la condamnation pour dette de son père, et Philip, en 1714, six mois après l'incarcération de sa mère.

Au sein de la communauté des enfants grandissant à la prison (une soixantaine en 1720), ils occupaient une place à part : eux deux étaient d'*ici*...

Le lendemain, Shannon et Philip se rendirent au quartier des Maîtres, emportant une besace qui renfermait leurs biens.

D'aspect extérieur, le bâtiment était en tous points similaire à celui des Indigents : grosse bâtisse en brique à donjon de quatre niveaux – qu'on nommait ici des *galeries* –, mêmes couloirs étriqués qui couvraient les deux cents pieds de long de la façade, éclairés par deux fenêtres aux extrémités.

Le rez-de-chaussée, auquel on accédait après un perron de huit marches, avait pour nom la « galerie de la halle » ; s'y trouvaient la chapelle, une buvette, les chambres du surveillant chef et de ses subordonnés, dont le porte-clefs, et vingt chambres de prisonniers.

Au sous-sol, entre les deux celliers réservés à la buvette, quinze chambres insalubres étaient disposées pour les détenus.

Au premier étage, vingt-cinq chambres de prisonniers. Au deuxième étage, vingt-sept ; l'une d'elles, face à la cage de l'escalier, servait aux réunions du Comité des pensionnaires ; une autre fut autrefois salle de billard : onze personnes y logeaient désormais, dont quatre se partageaient la table de jeu pour dormir.

Au troisième et dernier étage se trouvaient de même vingt-sept chambres.

Toutes coûtaient officiellement un shilling et trois pence par semaine et par personne.

Des classes de gens très diverses s'y rencontraient en captivité : des nobles, des capitaines de vaisseau, des notables, des docteurs, des écrivains, des prodigues ruinés, des brigands, des voyous, des ivrognes, certains incarcérés pour des années, parfois quelques semaines, quelques jours ou quelques heures, selon le poids de leurs dettes.

Les chambres étaient moins bondées que chez les Indigents. Quelques-unes n'accueillaient qu'une seule personne et étaient pourvues de meubles décents.

Chaque porte comportait un numéro et un dessin tracé à la craie censé donner idée du locataire ou délivrer un message : on y voyait un squelette pendu fumant la pipe, un ange déchu tombant dans les eaux de la Fleet, deux cochons que tous savaient être le père Huggins et son fils, les fesses de l'actrice Sidonie Smithson tant regrettées par un auteur dramatique ruiné, etc.

Shannon et son fils se présentèrent au surveillant chef.

— Voilà mademoiselle Numéro-Six qui nous revient !

— Je n'aime pas que vous m'appeliez ainsi, monsieur Marmaduke, répondit Shannon.

— Avec tout ce monde qui me passe sous le nez, comment retiendrais-je des noms ?

— Après six ans ?

— Après six ans, mademoiselle Shannon Glasby, vous restez pour moi la locataire de la chambre numéro six, et comme pour tous vos semblables, je prétends que ce nom vous sied aussi bien que le vrai.

— La chambre est-elle vacante ?

— Hormis l'Israélite, qui voulez-vous qui s'y colle dans ce taudis hanté ?

Douze ans après sa mort, la réputation du juif Manassé était toujours aussi vive à la prison de la Fleet : ruiné par la restauration manquée de Jacques II, cet usurier de Southwark avait eu l'insigne honneur d'être l'insolvable le plus « riche » de l'histoire de la Fleet, avec deux millions de livres sterling de dettes.

L'homme vécut cloîtré dans la chambre numéro six du troisième étage de la maison des Maîtres. Là, refusant tout contact avec ses voisins, pendant dix-sept ans, il s'occupa à couvrir ses murs de dizaines et de dizaines de petits dessins. Privé d'Ancien Testament, le juif retraçait les épisodes majeurs de l'histoire de son peuple. Sa fresque prit de telles proportions qu'il ne resta plus un seul pouce de libre sur ses murs. Après sa mort, le gouverneur décréta que ces miniatures devaient être recouvertes de chaux afin de supprimer ces « blasphèmes où la figure du Christ n'apparaît nulle part ».

Seulement, deux mois après le rafraîchissement, à la stupéfaction de tous, les dessins du juif reparurent peu à peu sous la couche de blanc. On s'écria que le cachot était hanté et que l'âme de Manassé devait y être retenue prisonnière.

Un fantôme, et qui plus est un fantôme juif : il n'en fallut pas davantage pour que personne ne voulut plus mettre les pieds dans la chambre numéro six.

C'est ainsi qu'à son arrivée à la Fleet, la toute jeune Shannon, craignant la promiscuité des autres détenus, insensible aux rumeurs du spectre, accepta de loger entre les murs du défunt Manassé et s'en trouva fort bien.

Le petit Philip poussa la porte de bois incrustée d'une étoile de David. Après six mois passés aux Indigents dans la chambre des Standish, Shannon et lui avaient la désagréable impression de rentrer « chez eux ».

Le garçon s'assit sur son petit lit de fer.

À six ans, alors que Shannon ne parvenait toujours pas à lui enseigner les rudiments de la lecture, il pouvait réciter par cœur l'antiquité des Hébreux, sa mère ayant posé des noms sur les personnages et les lieux crayonnés par Manassé.

Sur son lit, à hauteur de tête, il retrouva le dessin qui montrait la rencontre de Juda et de Tamar.

De son côté, contre son oreiller, Shannon revit l'image de Ruth et de Noémie sur le chemin de Bethléem.

Le cœur serré, elle se souvint que c'était en contemplant cette illustration, six ans auparavant, peu après son arrivée à la Fleet, qu'elle s'était rendu compte qu'elle était enceinte des œuvres d'Augustus Muir.

Au cours des semaines suivantes, Shannon se rendit chaque jour à La Tunique Rouge. Ken et Marcia Goodrich se révélèrent d'excellents maîtres, débonnaires, généreux et « pittoresques » :

— Les voir se quereller sans cesse, proférer des invectives auxquelles ni l'un ni l'autre ne croit, c'est une véritable attraction, disait Shannon. On dirait qu'ils jouent à un jeu.

Les Goodrich racontaient qu'ils venaient des îles Barbades. Marcia avait du sang arawak. À ce titre, ce mariage fut réprouvé par leurs deux familles : ils préférèrent s'exiler en Angleterre.

Acquise sept ans auparavant, pour près de trois cents livres, La Tunique Rouge était une piètre affaire, l'infanterie anglaise (encouragée en son temps par Cromwell) ne cessant de disparaître au profit de la marine. Ken et Marcia espéraient céder un jour leur boutique à d'autres

« gourdes » et réaliser le rêve de leurs vieux jours : pour elle, une petite maison au nord de Londres, près des bains d'Hampstead ; pour lui, une bicoque de pêcheur face à la Manche.

L'arrivée de Shannon leur fut une bouffée d'air frais : elle travaillait bien, grâce à elle ils purent livrer davantage de produits et se spécialiser dans le métier de boutonnier.

En mai 1723, John Huggins Jr, le fils du gouverneur de la Fleet, fit une visite inopinée à La Tunique Rouge :

— Êtes-vous satisfaits de Shannon Glasby ?

— Elle nous donne entière satisfaction, merci.

— Peut-on dire que sa présence a bénéficié à votre établissement ?

— Indéniablement.

Sans détour, Huggins Jr exigea des Goodrich qu'ils lui restituent une part des gains réalisés par la prisonnière de la Fleet.

— Si vous refusez cette « contribution amicale », nous ne manquerons pas de raisons valables pour l'assigner à l'isolement et l'empêcher de revenir chez vous.

La « recommandation » initiale de son père était à ce prix.

Ken Goodrich accepta de mauvaise grâce :

— Nous n'allions pas te faire une chose pareille, pauvre petite chatte ! dit-il plus tard à Shannon. C'est égal, nous paierons ces affreux crapauds d'Huggins.

Shannon était en secret satisfaite du tour que prenaient les choses. De retour dans sa chambre à la Fleet, elle consigna la date, l'heure et le montant de la somme prélevée par John Huggins Jr. et mit le document en sécurité : elle avait dans le mur du versant nord de la chambre une cachette aménagée derrière une pierre facile à desceller.

« Ne jamais mollir. »

Tel était, au moral, le portrait de la jeune femme.

Depuis la naissance de son fils, elle avait arrêté un plan ; et ce plan, au fil des ans, s'était transformé en *idée fixe* : réformer les abus pratiqués à la Fleet.

Devant le montant astronomique des dettes héritées de Bat Glasby, elle savait qu'elle avait toutes les chances de finir ses jours à la Fleet et que son fils y passerait le plus clair de son existence. Les Huggins y faisaient régner la terreur, extorquant aux prisonniers de quoi rembourser les cinq mille livres avancées pour acheter la charge de gouverneur *à vie* et *héréditaire*.

Shannon était effarée par leurs crimes.

L'année précédente, ils avaient retenu en otage le cadavre d'un tisserand insolvable, refusant de remettre la dépouille à sa famille tant que celle-ci ne se serait pas acquittée des huit livres dues par le défunt pour ses bons de sortie. Le cadavre se décomposa six semaines durant, répandant une odeur infecte dans tout le bâtiment des Indigents.

Les morts de froid et de faim étaient fréquentes en hiver, comme celle du huguenot français Quatremère de Créqui, captif à la Fleet pour seulement douze livres dues à son boulanger ! Huggins Junior violait des détenues ; père et fils volaient le gouvernement en haussant les tarifs de la prison fixés par la Cour de Justice ; lorsqu'ils recevaient du nouveau mobilier payé par les deniers publics, soit ils se l'appropriaient, soit ils le louaient aux endettés, en plus de leur bail, ce qui était contre la loi ; ils détournaient le bois de chauffage ; ils facturaient des documents légaux qui eussent dû être gratuits ; pour augmenter les revenus de la maison des Maîtres, il arrivait qu'ils entassassent des détenus dans la salle de billard et louassent leurs chambres vacantes à des personnes de Londres qui n'avaient rien de condamnés pour insolvabilité ; sans parler de la brigue qu'ils faisaient subir à tous les commerçants situés dans la

Zone Permise autour de la prison, et même au-delà, comme en attestait le cas des Goodrich.

Pour remédier à ces traitements inhumains, Shannon Glasby ne croyait qu'à la vertu d'un scandale : elle notait tous les mauvais traitements dont elle pouvait être victime ou témoin et voulait consigner la somme de ces crimes sous la forme d'une pétition adressée au juge en chef, sir Peter King, ainsi qu'à la population de Londres.

Tel était son dessein : révolutionner la prison de la Fleet qui reposait sur cinq siècles de traditions.

Les quelques prisonniers dans la confidence, comme messieurs Brailesford et Mobray, lui dirent qu'un imprimeur failli, Moses Pitt, ex-prisonnier de la Fleet, avait écrit et publié en 1691 un ouvrage intitulé *Le Cri des oppressés* rendant compte des infamies que subissaient les insolvables dans la plupart des prisons pour dettes d'Angleterre, mais que ce livre n'avait, en définitive, rien changé.

— Moses Pitt s'en est pris à l'institution pénitentiaire dans son ensemble, répondait Shannon. Il en appelait à des juges pour juger d'autres juges : son entreprise était condamnée à l'échec. Moi, je veux m'en prendre aux Huggins, et à eux seuls.

— Par quel biais ?

— En faisant ce qu'a omis de faire Moses Pitt : rallier les créanciers à notre cause. S'ils découvrent à quel point la cupidité et les exactions des Huggins freinent voire empêchent leurs remboursements, nous aurons le scandale attendu. En allant se plaindre aux juges, ils précipiteront la chute des Huggins !

Un élément jouait en sa faveur : depuis l'arrivée des Huggins à la Fleet, jamais les évasions n'avaient été si fréquentes. Les endettés préféraient risquer les fers de Newgate plutôt que d'endurer leurs sévices.

— Tous ces débiteurs envolés, ce sont autant de pertes pour les créanciers !

Au printemps 1723, les Huggins pillaient deux cent neuf insolvables et plus de cinq cents personnes qui leur étaient attachées au titre des familles. Si ces dernières n'étaient pas soumises aux mêmes contraintes que les prisonniers, entrant et sortant de l'enceinte à leur guise, il arrivait que, pour mieux exercer de pressions sur des mauvais payeurs, les Huggins oppriment leurs femmes et leurs enfants.

Philip Glasby et Rebecca Standish enduraient cette vie de semi-réclusion depuis toujours.

Ils connaissaient les moindres recoins de la prison, n'importe laquelle de ses parcelles pouvait se transformer en terrain de jeu. Par un étrange basculement des choses, c'était plutôt la ville extérieure, les habitants du vaste Londres qui leur paraissaient inquiétants. L'imagination leur tenait lieu de liberté, ils vivaient au milieu des horreurs de la Fleet mais sans les voir.

Cependant, si à neuf ans, Philip en était toujours là, Rebecca, son aînée de trois ans, se leurrait de moins en moins sur le monde qui les entourait.

Le 1er juin, alors qu'ils se tenaient sur le toit à pignon du donjon de la maison des Indigents, d'où ils pouvaient apercevoir la cour principale, les rives de la Fleet et contempler la tombée du jour sur les toits de Londres, Rebecca dit :

— Dieu fasse que l'on s'en aille un jour.

Philip sursauta.

— Quoi ?

— J'aimerais vivre en Italie ou en Grèce, reprit-elle. Ici, il fait trop gris. J'irai là où l'on trouve du soleil, de la lumière, des pins parasols, comme dans les poèmes de Virgile, une mer bleue et non cet affreux limon puant de la Fleet !

Rebecca ne quittait pas l'horizon des yeux.

— Tu es sérieuse ? s'inquiéta Philip.

— Bien entendu. Tu n'as jamais ce genre de rêve ?

— Je n'y ai jamais songé. En fait, je me vois toujours à la Fleet.

— Alors je te plains.

Rebecca changeait ; elle était moins encline à jouer, moins souriante aussi. Philip avait repéré les autres garçons de la prison qui lui tournaient autour.

— Si, pourtant, j'ai un rêve, moi aussi ! dit-t-il après avoir réfléchi à ce qu'il devait répondre.

— Tu vois.

— Un jour, je serai un gladiateur fameux !

— Comme Spartacus ?

Il hésita :

— Heu… non. Je ne le connais pas, celui-là. Plutôt comme James Millar ou Butler, le titan irlandais !

— La bonne nouvelle !

— Rigole pas, j'ai tout prévu : à quinze ans, j'irai faire mes classes à l'école de James Figg sur Oxford Road, puis j'inventerai une botte qui portera mon nom et je deviendrai la nouvelle idole de l'arène de d'Hockley-in-the-Hole !

— Avec tes jambes de coq, ce sera plaisant à voir.

— Je grandirai !

Rebecca haussa les épaules :

— Ces jeux de brutes, tout le monde sait qu'ils sont arrangés. C'cst un traquenard pour plumer les parieurs. Perdre deux shillings pour aller admirer Benny le Moscovite faisant semblant de casser la tête du Grand Fauve d'Hibernia ? Non merci. Et quel nom grotesque t'es-tu choisi ? Pandarus de Troie ? Le Goliath de la Fleet ?

Philip secoua la tête d'un air vexé :

— Si tu m'accompagnais à Hockley, au moins une fois, tu verrais que tu ne sais pas de quoi tu parles ! Les gladiateurs répandent trop de sang sur la piste pour être de mèche. Tu peux te moquer, j'en serai et je remporterai alors assez d'argent pour éteindre les dettes de ma mère. Tu nous verras peut-être filer en Italie, longtemps avant toi, c'est moi qui te le dis !

— Te fâche pas, va.

— Ah oui ? Et pourquoi non ?

— Parce que rien n'est aussi simple.

Ils se turent un long moment.

Shannon apparut dans la cour de la prison, de retour de La Tunique Rouge. Comme chaque soir, l'appel était fait pour les prisonniers qui avaient bénéficié d'un droit de sortie.

Shannon alla ensuite au-devant d'autres détenus, dont une vieille dame à laquelle elle rapportait un petit pain.

À vingt-six ans, on lui en donnait dix de plus. Très maigre, elle travaillait dur, s'occupait des autres plus que d'elle-même, endurait de nombreuses privations et devait sans cesse lutter contre les attaques lubriques des surveillants ou d'autres prisonniers.

— C'est une sainte, ta mère, dit Rebecca.

— Oui.

— Nous devrions toutes prendre exemple sur elle.

Shannon aperçut les deux enfants assis sur le haut du donjon et leur fit un signe de la main.

— Tu sais, je ne suis pas certaine qu'elle apprécierait d'apprendre que tu te destines à te battre en public comme un sauvage pour gagner ta vie.

— Tu le crois ?

— Elle s'inquiète déjà assez pour toi.

Shannon n'avait toujours pas réussi à inculquer à son fils les bases de la lecture et de l'écriture. Philip peinait sur les mots, inversait des lettres, confondait les syllabes. Le docteur Lee, incarcéré à la maison des Maîtres, l'avait ausculté en pensant qu'il souffrait de la vue : ce n'était pas le cas.

Son blocage ne s'expliquait pas.

Pourtant Shannon misait sur l'instruction pour assurer l'avenir de son fils, elle qui avait eu la chance d'être éduquée comme une fille de seigneur ; elle souffrait beaucoup de ses faiblesses.

Rebecca était songeuse. Elle promenait à nouveau ses regards sur Londres.

Philip marmonna :

— La Grèce, l'Italie, Hockley, au final ce ne sont que des rêves. Nous sommes là et bien là.

Rebecca regarda Shannon disparaître dans la maison des Maîtres et dit :

— Tu veux que je t'accompagne à Hockley ?

— Oui.

— Voir les matchs des gladiateurs ?

— Oui.

— Je suis prête à faire cet effort.

— Ah !

— Pour cela...

— Quoi ?

—... il faudra que tu lises, enfin, un livre de la première à la dernière page. Parce que j'y tiens. Et que cela plairait à ta mère. Et que j'aime ta mère. C'est cela ou rien.

L'enthousiasme de Philip retomba aussitôt. La lecture des quelques lignes d'annonces de combats imprimées dans le *Postboy* ou le *Spectator* lui prenait déjà un temps terrible !

— Soit, dit-il néanmoins.

— Un livre ?

— Un livre.

— En entier ?

— En entier.

— C'est conclu ?

Et toi, tu passes une journée avec moi à Hockley ?

— Je m'y engage.

— J'ai le choix du jour ! Tu ne pourras pas t'en aller en cours de temps. Et tu devras payer nos deux bons d'entrée !

— S'il le faut. Seulement...

— Quoi ?

Elle sourit :

— C'est moi qui choisis le livre.

Par prudence, elle opta pour le grand succès du moment.

Un roman d'aventures.

Depuis les derniers projets d'une colonie au sud de la Caroline, dont celui d'Augustus Muir, suite aux rumeurs élogieuses qui circulaient autour de l'ouvrage savant d'un certain Thomas Lamar de Charles Town et de son expédition sur le Savannah et le Chattanahoogee, un imprimeur londonien du nom de William Taylor, l'homme ayant reçu les exemplaires de Jack Barn avec les vignettes pornographiques, eut l'idée de le diffuser de manière plus large, mais en le faisant entièrement réécrire à la manière d'un récit d'aventures.

Le héros, Thomas Lamar, quittait toujours son île de Tomoguichi sur le Savannah en compagnie de sa femme Kitgui et de leurs deux fils, mais au lieu de s'occuper à relever pacifiquement les coutumes des Indiens, il essuyait d'incroyables péripéties : il sauvait sa famille des griffes du cruel Taori des Yeohs qui voulait les immoler ; la peau de buffle révélée par le conjureur de sort d'Apalichicolas ne recouvrait plus la légende de Kashita mais une carte au trésor ; grâce à elle, Lamar découvrait les tombeaux d'or et de perles de la cité perdue de Cofitachequi ; il sauvait ensuite des jeunes Cherokees en tuant un ours à mains nues ; une princesse Natchez se noyait par amour pour lui ; grand justicier, il punissait les mauvais Blancs et scalpait les mauvais Rouges ; enfin, au terme de son expédition, le grand roi Brim des Creeks le sacrait roi à sa place mais Thomas Lamar, digne sujet de Sa Majesté anglaise, ne reçut la couronne des Creeks, des mains de Brim que pour la remettre à Londres à son seul souverain.

Tel était le Thomas Lamar que la foule britannique adulait : le preux « Peau-Rouge-Blanc » ! Le roman illustré rencontrait un succès retentissant dans tout le pays. Les *Observations sur les habitants, le climat, les sols, etc,* étaient devenues, dans l'édition de William Taylor : *Luttes à la vie à la mort d'un Blanc chez les Sauvages.*

On voulut faire venir le héros à Londres mais Lamar et sa famille avaient disparu après la redoutable guerre des Yamasees qui avait opposé la confédération des Indiens aux Anglais de Charles Town.

Ses aventures captivèrent le jeune Philip ; il y consacra ses jours et ses nuits, butant sur les mots, reprenant phrase à phrase, autant pour relever le pari de Rebecca qu'absorbé par les rebondissements de l'expédition de Lamar et des siens. Lorsqu'il tourna la dernière des deux cents pages de *Luttes à la vie à la mort,* il dévorait les phrases sans difficulté.

Soulagée, Shannon remercia Rebecca d'avoir poussé son fils à accomplir de tels progrès.

Philip fit un résumé du roman devant sa mère et les Standish : personne ne pouvait l'arrêter, il bondissait, il roulait, il s'immobilisait, revivant les prouesses de son héros.

Le plus amusé de ses spectateurs était Ken Goodrich. Sous la pression de Philip, il accepta de lui confectionner des mocassins similaires à ceux de Lamar et un costume proche de celui de son héros.

— Je doute que tout cela soit véridique, dit-il cependant au sujet de ses exploits.

Philip lui n'en doutait pas.

Rebecca reconnut sa défaite.

Tous deux pensaient avoir joué un bon tour l'un à l'autre.

— Le jour où Cupidon s'occupera de ces deux-là, il n'aura pas à viser bien loin ! pressentit Edith Standish en les voyant si heureux ensemble.

Le 14 juin, une nouvelle évasion à la Fleet fit grand bruit : celle du savetier Tobit Boon.

— Il a dû enfin la réaliser, sa *formidable fortune* dont il nous rebattait les oreilles, le rouquin ! disaient les prisonniers entre eux.

— Il a déguerpi pour en profiter sans en rien laisser aux Huggins et à ses créanciers.

— Dieu le garde !

Aux yeux des juges du tribunal des Insolvables, cette évasion était celle de trop. Ils convoquèrent John Huggins et les dispositifs de sécurité de la Fleet furent renforcés.

Pendant plusieurs jours, toutes les autorisations de sortie furent suspendues.

Philip n'avait pas oublié l'enjeu de son pari : il choisit la date du 21 juin 1723 pour emmener Rebecca aux jeux d'Hockley-in-the-Hole ; un programme particulier avait été annoncé dans le *Postboy* : combats de gladiateurs et *bull-baitings* auraient exceptionnellement lieu le même après-midi ! Mais l'évasion de Tobit Boon risquait de tout ficher par terre.

Pour le consoler, Ken Goodrich lui confectionna un arc d'Indien.

Heureusement, les portes de la Fleet se rouvrirent le 20 juin.

Philip respira.

L'arène d'Hockley était située dans le quartier de Clerkenwell, non loin de la boutique des Goodrich.

L'entrée la moins chère pour le ring valait quatre pence. Une file d'attente interminable précédait le guichet ; les spectateurs appartenaient à toutes les classes basses de la société.

Lorsque Philip passa devant le guichetier, celui-ci lui fit un clin d'œil en le voyant, pour une fois, accompagné d'une jolie fille.

Rebecca découvrit le « chaudron d'Hockley » : une arène circulaire, couverte, bondée de six cents spectateurs en furie sur des gradins autour d'une piste de terre battue.

Philip l'entraîna par la main à travers la foule pour se rapprocher du centre. Les cris, la fumée de tabac, les relents de sueur et de bière la stupéfièrent. Une chaleur intenable régnait. L'arène n'était pas aérée. Seuls les riches possédaient des loges placées en hauteur qui profitaient de petites fenêtres.

Sur la piste, un taureau de Newington était attaché à un piquet planté au centre du ring. Pour exciter la bête, un homme lui appliqua sur le cuir un fer rougi, pendant qu'un autre lui lançait du poivre dans les nasaux.

Deux chiens entrèrent en piste.

— C'est du *bull-baiting*, dit Philip à Rebecca. Les parieurs misent sur l'un des chiens pour élire celui qui attaquera le mieux le taureau. Si l'un d'eux est blessé ou meurt, l'autre est déclaré vainqueur.

Les lévriers irlandais se jetèrent sur l'animal. Ce dernier, retenu par une corde de dix pieds et bien que l'extrémité de ses cornes soit gommée, repoussait leurs morsures avec une violence inouïe. L'un des lévriers reçut un coup de sabot qui le souleva dans les airs. En retombant, il se brisa une patte.

Le combat se finit prématurément, sous les huées du public.

Les spectateurs qui avaient misé sur le chien vainqueur exultaient pendant que les autres insultaient le propriétaire du lévrier blessé qui leur faisait perdre une demi-guinée.

— Le taureau n'a pas même été mordu au sang !

Pendant que l'on nettoyait la piste, les gradins autour de la piste s'éclaircirent :

— Les gagnants vont chercher leurs gains, dit Philip, c'est le moment de nous trouver une place.

Les deux enfants s'assirent au quatrième rang de banc au-dessus de la piste.

Un ours entra en remplacement du taureau.

Un homme en livrée rouge et haut-de-forme noir investit la piste et fit la réclame du combat :

— Je suis convaincu que notre experte assemblée de spectateurs aura reconnu un ours brun pyrénéen de la plus belle espèce. Eh bien non ! Ce spécimen nous vient tout droit de Bulgarie !

— C'est ça ! lui renvoyait le public.

— Menteur !

— C'est toi le Bulgare, avec ta tronche de cul !

Philip donna un coup de coude à Rebecca :

— Détends-toi. C'est pour rigoler.

L'ours fut attaché au piquet. Deux mastiffs entrèrent.

L'annonceur, imperturbable, poursuivit son boniment :

— Pour affronter ce monstre sanguinaire : à ma droite, un mastiff au collier rouge de quatre-vingt-huit kilos, mis en jeu par son propriétaire de Newgate Market ; à ma gauche, un molosse de même race au collier noir, mais de cent kilos, messieurs dames !, mis en jeu par son propriétaire d'Honey Lane Market.

Le propriétaire de l'ours réussit l'exploit d'accrocher une étoile en papier sur la tête de l'animal.

— Si un chien l'attrape, expliqua Philip, il est déclaré vainqueur.

Le combat dura une vingtaine de minutes. Harcelé par les mastiffs, l'ours, protégé par son épais pelage, de plus en plus ivre de rage, finit par trouver la parade : lorsqu'il eut attrapé entre ses griffes le plus lourd des chiens, il s'affaissa sur lui et l'écrasa de tout son poids.

— Quelle horreur ! s'écria Rebecca.

On ramassa le chien mort. La piste fut nettoyée et un deuxième taureau succéda à l'ours bulgare.

Cette fois, il était donné en pâture à deux chiens très prisés du public anglais : les *bulldogs*. Issue du croisement entre le mastiff et le carlin, cette race de chiens avait été conçue exprès pour ce sport.

Afin d'exciter le taureau, on fit exploser des feux d'artifice tout autour de lui.

Le combat commença après que les fumées se furent dissipées. Très vite, les trois animaux furent baignés de sang.

Le chien le plus vaillant arracha le museau du taureau et fut déclaré vainqueur.

— Et cela dure comme cela toute la journée ? s'inquiéta Rebecca, écœurée.

— Et même un bout de la nuit. On allume les torches pour illuminer la piste.

— Des torches, en plus ? Avec cette chaleur ?

Un boucher reprit son pauvre taureau, la gueule dégoulinante.

— Il va en tirer un bon prix, dit Philip.

— Comment ça ?

— Plus le taureau a été affolé par les chiens, plus sa viande est goûtue. C'est ce que disent les maquignons.

Le ballet des gagnants et des perdants recommença dans les gradins. L'arène avait beau être pleine à craquer, Rebecca vit soudain des dizaines et des dizaines de personnes entrer en force.

— Qu'arrive-t-il ?

On ôta le piquet et la corde du centre de la piste.

— Les gladiateurs !

La fièvre monta d'un cran.

L'annonceur réapparut, toujours accablé d'injures, pour lire le *challenge* qui allait opposer les combattants :

— « Pour cette lutte dans l'art noble de l'attaque et de la défense, moi, James Millar... »

À l'énoncé de ce nom, les hurlements de la foule recouvrirent sa voix.

« ... Moi, James Millar, parangon en l'art de combattre, ayant vaincu à plus de cent reprises, détenteur de vingt prix d'honneur, j'ai échangé des mots acerbes avec mon opposant, je lui en demande aujourd'hui raison sur le ring sans pareil d'Hockley et promets de défendre mon nom jusqu'à la mort. Qu'il tremble et n'attende aucune pitié de moi, le lâche avorton ! Vivat Rex ! »

Philip se joignit aux cris enthousiastes de la foule.

L'annonceur allait maintenant lire la réponse au challenge de Millar.

Il y eut une accalmie momentanée dans le public :

— « Moi, Timothy Buck… »

Rebecca dut se boucher les oreilles tant les cris devenaient assourdissants.

— Millar et Buck ! Millar et Buck ! s'écriait Philip avec les centaines de spectateurs.

— « Moi, Timothy Buck, pilier des gladiateurs de Londres et du monde, reçois sans trembler le challenge de James Millar. Il perdra, parole d'honneur, et viendra me demander grâce en larmoyant comme une vilaine commère qu'il est ! Vivat Rex ! »

— Tout cela, c'est de l'esbroufe, expliqua Philip. Tout le monde savait que Millar et Buck devaient se rencontrer aujourd'hui, les gazettes l'ont annoncé depuis huit jours, mais c'est la tradition de faire semblant de le découvrir, les partisans de l'un et de l'autre devant pousser le plus de *oh !* et de *ah !* possible.

James Millar pénétra le premier sur la piste, précédé de deux joueurs de tambour.

Géant de deux mètres, crâne chauve, yeux fardés, torse nu, il fit le tour du ring en saluant ses partisans et en provoquant ceux qui le huaient.

— Lève la tête : tu vois qui je vois ? dit Rebecca à Philip.

Elle pointa du doigt les loges des riches où venaient d'apparaître le gouverneur de la Fleet, John Huggins et son fils.

— Bande de chiens galeux qui viennent perdre ici l'argent arraché aux endettés !

— Oh ! En voilà du beau vocabulaire digne d'Hockley, Rebecca ! Tu t'adaptes vite.

Les Huggins occupèrent une belle loge avec d'autres personnalités. Ils étaient habillés de leurs éternelles redingotes vertes et de leurs foulards de soie blanche. Ils se comportèrent en gens d'importance.

Cependant Timothy Buck entrait sur la piste. Il était vêtu d'une longue cape noire à capuchon brodée de paillettes. Aussi austère que Millar était démonstratif, il ignora la foule, ne quittant pas son adversaire des yeux.

— Tu vois, dit Philip, chacun d'eux porte un ruban au poignet : comme les chevaliers d'autrefois, ils combattent en l'honneur de leur dame de cœur. Moi, quand ce sera mon tour d'être gladiateur, ce sont tes couleurs que je porterai !

— Si jamais tu empruntes l'un de mes rubans pour aller te mesurer à ces crapules, répondit-elle, je t'étrangle avec !

Philip haussa les épaules :

— Quel rabat-joie !

L'affrontement entre Millar et Buck s'engagea au gourdin et à la canne.

La foule était hystérique : chacun avait misé gros jeu et encourageait son champion. La moindre attaque, la moindre parade, étaient commentées.

— Ce sont les deux meilleurs champions du moment !

— Il y a déjà eu des morts à Hockley ?

— Jamais. Ou plutôt si : le malheureux Butler a eu la jambe ouverte, elle s'est infectée et il n'a pas survécu.

— Tu vois bien que tout est arrangé ! Il devrait y avoir un mort toutes les semaines !

Millar réjouissait l'assistance en poussant des hurlements et en faisant des figures grotesques ; Buck suscitait l'admiration grâce à ses bottes élaborées.

Les gladiateurs passèrent aux épées.

Millar porta un coup droit sur le front de Buck qui se mit à saigner abondamment. On lui appliqua un tampon de vinaigre et de papier gris.

— Tu disais ? fit Philip. Arrangé ?

— La botte était prévue : Buck s'est laissé atteindre, cela saute aux yeux !

Rebecca détourna le regard du duel et étudia les têtes et les expressions des gens qui l'entouraient. Elle fut surprise de compter un nombre important de femmes. Celles-ci buvaient, fumaient, criaient aussi bien que leurs hommes.

Elle reconnut un nouveau visage au milieu de la foule.

— Regarde, Philip ! Regarde !

— Quoi ?

— De l'autre côté de la piste !

— Je ne vois rien.

— Près de l'énorme barbu en redingote jaune. C'est pas Tobit Boon ?

Philip aperçut la tignasse rousse du savetier récemment évadé de la Fleet.

— Et les Huggins qui ne sont pas loin ! dit Rebecca. Avec le scandale qu'a produit son évasion, s'ils le coincent, c'est le gibet.

Ivre, Tobit Boon participait aux beuglements de la foule.

— À quoi pense-t-il en venant ici ?

— C'est toujours la même chose avec les parieurs d'Hockley, dit Philip. Quand tu commences, tu ne sais plus t'en passer.

— Il faut le prévenir avant que les Huggins ne le repèrent.

— T'es folle ! S'ils nous voient à ses côtés, nous serons pris pour ses complices.

— Bravo pour le courage.

— Ce n'est pas ça…

— Fais comme tu veux !

Elle commença d'avancer à travers la foule. Philip se résigna à la suivre.

Ils étaient écrasés, bousculés, rejetés en arrière. À chaque coup spectaculaire de Millar ou de Buck, tout le monde se dressait et formait un mur infranchissable.

Buck blessa à son tour James Millar. Tobit Boon, faisant partie de ses supporters les plus déchaînés, entonna un hymne à la gloire de Millar, bientôt suivi par tous ses voisins.

Rebecca regarda du côté des Huggins. Le chant de Boon attirait toute l'attention à lui.

— L'idiot ! dit-elle.

En effet, John Huggins Junior regarda dans sa direction, s'avança et finit par le reconnaître. Il le désigna du doigt à son père puis se leva et quitta leur loge.

— Dépêchons ! s'écria Rebecca.

Philip la retint par la main.

— C'est fini. Nous ne pouvons rien pour lui.

Tobit Boon brocardait Buck, applaudissait Millar, sans deviner que son ennemi mortel n'était qu'à quelques pas de lui.

Rebecca avait été étonnée par le ton ferme employé par Philip pour la faire plier : elle renonça.

Huggins Junior posa sa main sur l'épaule de Boon. Celui-ci sursauta et regarda son homme avec effroi.

— Le malheureux va être roué et pendu, dit Rebecca.

— S'il se débat pour fuir, on risque d'assister à un second combat dans les gradins.

Mais la peur disparut des yeux de Tobit Boon et les deux hommes se serrèrent la main. Huggins murmura un mot à l'oreille de Boon et ils partirent ensemble vers la sortie de l'arène.

— Qu'est-ce que cela veut dire ?

Philip et Rebecca les retrouvèrent dans la cour à l'arrière d'Hockley, là où les taureaux étaient équarris après les combats.

Les enfants virent Tobit Boon remettre une bourse à Huggins Junior. Les deux hommes se serrèrent une nouvelle fois la main puis chacun retourna de son côté assister à la fin du combat.

— Du diable si j'y comprends quelque chose !

Shannon s'écria :

— Ces Huggins sont bons à pendre entre deux chiens ! Ainsi s'expliquent les nombreuses évasions de la Fleet : ils les encouragent et se font payer après coup par les évadés !...

Pour elle, le temps de rédiger la grande pétition était venu.

La jeune femme se fournit en papier et en encre et commença, la nuit, la rédaction de son brûlot. Elle était la mieux placée dans toute la maison des Maîtres pour tourner les formules dans le meilleur anglais qui soit :

« Au Très Honorable Sir Peter King, Chevalier, Lord-Chef de Justice de la Cour des Plaids-Communs, l'Humble Pétition des Prisonniers confinés pour Dettes à la Prison de la Fleet. »

Elle se limita aux griefs dûment argumentés, implacables pour les deux Huggins.

Le réquisitoire était accablant.

Sur les vingt-cinq membres de la maison des Maîtres qui avaient accepté d'être cités dans la pétition, l'un d'eux, M. Brailesford, se chargea de l'impression.

En août 1723, tout était prêt.

Shannon et ses complices voulaient la remettre, le même jour, à sir Peter King et au plus grand nombre de créanciers ayant des débiteurs à la Fleet.

Philip et Rebecca reçurent des placards à distribuer dans les rues avec les douze accusations visant les Huggins.

La date fatidique fut arrêtée au 4 septembre.

Le 5, le scandale éclata.

Ce fut un raz-de-marée.

Les créanciers firent le siège du tribunal des Insolvables ; la population prit le parti des prisonniers ; avoués, clercs et saute-ruisseaux étaient dans tous leurs états ; à Londres, de l'aristocrate à l'homme de la rue, on ne parlait que des exactions des Huggins et du régime inhumain des prisons pour dettes ; la *London Gazette,* le *Daily Journal* et le *Gentleman's Magazine* évoquèrent les points de la pétition de la Fleet, répandant l'affaire dans tout le royaume.

Le nom de Shannon Glasby devint célèbre, non seulement au sein des endettés de la Fleet et des autres prisons, mais auprès du large public.

Elle fut l'inspiratrice d'une chanson : *The Stout Lady of the Fleet.*

Des lettres de soutien parvinrent à la prison, ainsi que de nouveaux dons pour les prisonniers accompagnés de la mention inscrite, en gros caractères : « Défense aux Huggins d'y toucher ! »

Après quelques jours, pour endiguer le chahut, il fut annoncé que le Lord-Chef de Justice, sir Peter King, se déplacerait à la Fleet pour vérifier les accusations de la pétition.

Depuis la publication du brûlot, les Huggins n'avaient pas reparu à la Fleet, se terrant dans leur maison de St-Martin's Lane.

Cependant, le jour de la visite de Peter King, ce dernier se dit forcé de remettre son inspection à la semaine suivante.

Cette semaine-là, il annula et reporta une deuxième fois.

Puis encore, et encore.

Un mois après la publication, le scandale avait soulevé l'indignation mais rien n'avait changé à la Fleet : le gardien chef, Thomas Guybon, sans nouvelles des Huggins, poursuivait leur politique comme si de rien n'était.

Shannon ne pouvait plus se rendre à La Tunique Rouge des Goodrich ; Guybon craignait les manifestations de soutien de la foule.

Les pétitionnaires perdaient espoir quand Shannon Glasby fut appelée à comparaître à la Cour de Justice pour s'entretenir avec sir Peter King du sort des prisonniers pour dettes.

L'égérie de la contestation de la Fleet était reconnue par le plus haut magistrat de la Cour des Plaids-Communs !

Philip était très fier de voir sa mère transfigurée en héroïne de la cause commune.

L'entrevue fut fixée au 14 octobre 1723.

Ken et Marcia Goodrich, qui suivaient les exploits de leur petite protégée à l'aide des publications et des rumeurs véhiculées par la rue, déposèrent à la Fleet une robe, belle mais sobre : « *Tu n'as rien à te mettre sur le dos, pauvre petite chatte. Marcia et moi t'avons confectionné cette robe. Soigne-toi bien : il convient de faire la meilleure impression possible devant sir King.* »

Le grand jour, Thomas Guybon, flanqué de deux sentinelles, vint chercher Shannon à l'aube à la maison des Maîtres et l'escorta dans Londres jusqu'au bâtiment de la Cour de Justice. Elle avait réfléchi toute la nuit à son discours ; cent fois elle avait répété des phrases censées pouvoir répondre à toutes les critiques de sa pétition.

En arrivant devant la grande esplanade, elle fut surprise par le nombre de gens en habit qui s'y rendaient de même.

— Faut croire qu'il y a procès ce matin, dit Guybon.

À l'intérieur de la Cour de Justice, on l'assit sur un banc dans le grand vestibule. Une foule d'hommes en perruque passait devant elle. Ils la regardaient, la désignaient parfois du doigt avec plus ou moins de mépris :

c'était donc ce bout de femme qui avait produit un tel scandale ? Certains la jugeaient un peu belle, d'autres la traitaient de souillon.

Shannon n'avait cure de leurs remarques ; elle regrettait presque de s'être apprêtée, en portant la robe bleu pâle offerte par les Goodrich ; ses habits de la Fleet eussent été préférables : elle se serait montrée dans toute la vérité des endettés de la Fleet.

Les huissiers ouvraient les grandes portes à chaque entrée de personnage. Shannon vit la salle du tribunal se remplir. Une heure après son arrivée, les retardataires franchissaient encore le vestibule. Lorsque les portes se rouvrirent devant un juriste qui avait toutes les peines du monde à faire tenir sa perruque sur son crâne, Shannon, stupéfaite, reconnut dans la foule le visage d'Augustus Muir.

Elle se figea et pâlit horriblement.

Muir était en train de discuter avec des magistrats.

Elle posa ses deux mains sur le banc pour ne pas chanceler.

Un des huissiers du vestibule s'approcha :

— Vous vous sentez bien, mademoiselle ?

Il lui apporta un verre d'eau.

— Mon père a été un an à la Fleet, murmura-t-il. Ce que vous faites est formidable, mademoiselle. Tenez bon.

Elle lui sourit, mais comme un automate, en portant le verre à ses lèvres.

— C'est vrai que tu fais peur à voir ! dit à son tour Guybon.

— Augustus Muir est présent ?

— Certainement, répondit Guybon. Il est surintendant des prisons. Mais ne t'inquiète pas, t'es un trop petit poisson pour lui : il ne va pas te manger !

— C'est déjà fait, bredouilla Shannon.

— Que dis-tu ?

— Rien.

À la Fleet, personne, pas même les amis proches de Shannon comme Edith Standish, ne suspectait son passé avec le grand marchand.

Une vingtaine de minutes plus tard, l'huissier s'approcha de Shannon :

— C'est à vous.

Il l'aida à se relever.

Elle tourna ses pas en direction du tribunal, mais l'huissier avait ordre de lui faire franchir une porte latérale.

Elle se retrouva dans une très grande salle lambrissée, toute en longueur, meublée d'une table en acajou entourée d'au moins soixante fauteuils capitonnés de rouge.

De hautes fenêtres donnaient sur la rue et sur l'esplanade.

La pièce était déserte.

À un homme près.

L'huissier les quitta en refermant la porte, fredonnant effrontément *The Stout Lady of the Fleet.*

À vingt mètres, elle distinguait une silhouette ronde, immobile, les mains passées derrière les basques de son habit, le visage tourné vers l'extérieur.

— Shannon, approchez.

Cette voix aurait pu être celle d'un mort ressuscité ; cela faisait neuf ans qu'elle ne l'avait pas entendue.

Augustus Muir, face à la fenêtre, continuait de l'ignorer : son profil avait beaucoup épaissi, ses rares cheveux étaient blancs. À soixante-trois ans, il avait déjà tout d'un vieillard.

Lorsqu'elle fut à proximité, il tourna enfin la tête, la trouva amaigrie, éteinte ; si elle conservait certains traits gracieux, cette femme usée ne faisait plus guère penser à la lointaine beauté de Dryburgh.

Une fois encore ce fut Shannon qui osa prendre la parole la première :

— J'attends ce moment depuis longtemps, monsieur. Depuis notre séparation de Dryburgh. Je vous ai écrit de nombreuses lettres. Vous n'y avez jamais répondu.

Il resta muet.

— Les avez-vous lues, au moins ?

Sa voix était tremblante.

— Je les ai lues, fit Augustus. Que pouvaient-elles m'apprendre que je ne savais déjà ?

Il parlait avec une extrême lenteur.

— Ma version sur les faits qui se sont déroulés entre nous méritait d'être entendue, je crois, répondit-elle la gorge serrée.

— J'avais mes raisons d'en douter.

— Et mes regrets, aussi ! Vous aurez compris que dans cette histoire je n'ai été que l'instrument des Monroe.

L'émotion la gagnait, elle s'efforçait de prendre sur elle-même, refusant de se laisser submerger.

— Je vous ai décrit, à plusieurs reprises, le portrait que lord Joseph Monroe m'avait dressé de vous, avant notre rencontre.

— Oui.

— Je l'ai cru, au mot près ; avais-je le choix ? J'étais jeune. N'existe-t-il pas de pardon pour ces choses-là ?

— Vous inversez les rôles : vous n'étiez pas la victime. Je l'étais.

Elle baissa la tête.

— Les procédés de ma femme Tracy et de son père me sont familiers. Je ne vous en ai jamais voulu de vous être laissée convaincre par eux de devoir me perdre, au prix d'une odieuse comédie : je vous en veux d'être allée au terme de cette machination. En dépit de notre rencontre.

— J'ignorais comment m'en sortir ! Je leur avais juré fidélité. Votre femme m'inspirait une telle frayeur ! Si vous saviez les scrupules qui m'ont torturée le soir où je suis venue vous rejoindre dans votre chambre.

— Vos scrupules ? Voilà ce que vous avancez pour votre défense ? Des misérables scrupules qui n'ont rien empêché.

Elle baissa de nouveau la tête.

À Dryburgh, le lendemain de leur apparition au manoir, Augustus avait fait arrêter lord Monroe et ses deux fils par des mercenaires écossais : sur son ordre, ils leur tranchèrent la tête et firent disparaître les corps.

— L'absence inexpliquée des Monroe a occupé un temps le Tout-Londres, mais personne n'a jamais su la vérité, dit-il. Pour ma femme Tracy, voilà neuf ans qu'elle est enfermée dans une chambre située sous les combles de mon palais. N'enviez pas son sort : c'est un réduit sans poêle où elle ne jouit que d'un galetas et d'un pot de chambre. Elle ne voit jamais la couleur du ciel, sauf les soirs où je donne une grande réception. Alors je fais entrouvrir sa fenêtre barrée, pour qu'elle puisse admirer, du bout des pieds, ce beau monde qu'elle a perdu.

Quant à Shannon, Augustus l'avait fait retrouver par ses mercenaires écossais trois jours après la mort des Monroe, dans les hautes terres. Pour la châtier, il liquida les douze mille livres sterling de dettes dont elle était redevable à travers Bat Glasby, puis, étant devenu son nouvel et unique créancier, la fit incarcérer à la Fleet.

Des instructions furent dictées pour que, y compris après sa mort à lui, elle ne recouvre jamais la liberté.

— Vous êtes mes deux prisonnières à vie : vous, à la Fleet, Tracy, surplombant son ancien palais. La plus malheureuse n'est pas celle que vous croyez. Toutefois Tracy a eu la sagesse de se faire oublier ; ce n'est pas votre cas.

— Votre femme ne défend qu'elle-même, répondit Shannon en relevant le menton. Mon cas m'importe peu, c'est celui des endettés de la Fleet que je défends. Ce n'est pas vous que j'attaque, mais les Huggins.

— Vous êtes une intrigante. Déjà à Dryburgh.

— Je n'intrigue pas. Je fais apparaître la réalité.

— La réalité, vraiment ? Pauvre idiote.

Il agita une clochette posée sur la table : Shannon vit apparaître John Huggins.

L'homme s'inclina devant Muir.

Augustus dit :

— Vous accusez le sieur Huggins, ici présent, d'extorsion et de péculat.

— J'en ai les preuves.

— Moi aussi.

Shannon fronça les sourcils ; Huggins sourit.

— Moi aussi, répéta Muir. Le Premier Lord du Trésor aussi. Le Chancelier de l'Échiquier de même. Je ne vois rien à y redire. Personne, d'ailleurs, ne voit quoi que ce soit à y redire.

Shannon resta silencieuse.

— Que croyiez-vous ? Que M. Huggins conservait tout cet argent pour lui ? Déprédateur, concussionnaire, prévaricateur, et ce, sous le nez des autorités ?

Muir haussa les épaules :

— Huggins ne fait que ce que nous demandons de faire à tout gouverneur de prison pour dettes. Ces gains, même s'ils contournent la loi, la justice les lui réclame : ils aident à payer le salaire des surveillants, des porte-clefs, des huissiers, des juges, l'entretien de nos cours de justice, moi-même j'admets leur devoir une portion de mon traitement de surintendant. Avant Huggins jamais un gouverneur n'avait si bien équilibré les comptes de la Fleet !

Le gouverneur s'inclina devant Muir pour le remercier de son compliment.

— Le système des prisons privées pour dettes existe dans notre royaume depuis plus de trois siècles, poursuivit Augustus, par quel miracle selon vous ?

Shannon essayait de rester impassible, malgré le dégoût que lui inspiraient ces révélations :

— Les créanciers des insolvables se réjouiront d'apprendre la manière dont on les spolie, déclara-t-elle.

— Qu'il leur prenne seulement l'envie de protester, s'esclaffa Augustus, le résultat ne se fera pas attendre : nous abolirons les prisons pour dettes ! Après tout, il n'y a pas de fatalité à ce que la justice du royaume s'occupe de leurs déboires : ils sont les seuls responsables s'ils ont prêté de l'argent à n'importe qui et de manière légère. La justice est déjà bien généreuse de se porter à leur secours. Ne vous reposez pas sur les créanciers : même imparfaits, nous leur sommes trop utiles. Pas vrai, monsieur Huggins ?

— C'est la stricte vérité, monseigneur Muir.

Shannon était profondément atteinte par les déclarations d'Augustus : Huggins ne s'engraissait que pour engraisser ses supérieurs ! Du misérable subordonné de la Fleet au Premier Lord du Trésor, jusqu'au roi peut-être !, tous étaient liés.

— Il n'y aura donc jamais d'issue, murmura-t-elle.

— Non. Mais il faut en trouver une au scandale que vous avez initié, dit Augustus. J'en ai débattu avec les magistrats : soit vous signez, ici même, une déclaration sur l'honneur, confessant que vous avez « exagéré » les griefs qui pourraient être retenus contre le bon gouverneur Huggins.

Il lui montra un document et le porte-plume posés sur la table près de la clochette.

— Dès lors, vous serez seule à subir un juste châtiment pour vos mensonges. Soit vous refusez de signer et je vous laisserai pénétrer dans la salle voisine du tribunal. Les juges y sont prêts à faire de vous de la charpie. Vous, mais pas seulement !...

Il fit signe à Huggins qui lui tendit un papier.

Muir lut :

— Tomberaient, à vos côtés, les capitaines Paterson et Eastland, le docteur Lee, sir Alexander, messieurs Ascough, Durstan, Calchlave, Etheridg, Doyly, Clemour, Relf, Brailesford, Curach, Pullen, Jenkin, Dean, Mobray, Baker, Wyndham, Bond, Power, ainsi que mesdames Powell, Shaw et Warren[1]. Croyez-moi, avec ce qui se prépare à côté d'ici, si vous les sacrifiez, vos amis regretteront de vous avoir fait confiance.

— Dans les deux cas, je suis perdue, dit Shannon.

— Dans les deux cas, oui. Ma clémence a ses limites.

Huggins était aux anges.

— Et quel serait mon « juste » châtiment, selon vous ?

— Le châtiment qui fera que je n'entendrai plus jamais parler de vous. Monsieur Huggins, vous veillerez à ce que Shannon Glasby soit assignée à l'isolement, dès son retour à la Fleet et ce pour une durée que nous qualifierons... d'indéterminée.

Huggins lui-même se montra surpris par la sévérité de la peine. À la Fleet, les prisonniers n'enduraient jamais plus d'un mois dans le cul de basse-fosse.

— Je ne vous tue pas, Shannon, je vous efface de la surface de ce monde. Chose que j'aurais dû accomplir longtemps auparavant si je n'avais pas fait preuve de faiblesse. Vous voilà traitée sur un pied d'égalité avec cette misérable Tracy : elle dans la soupente, vous, sous terre...

Shannon ne cilla pas. Elle ne baissait plus les yeux devant Muir.

— Que vous vous acharniez sur moi, dit-elle, je peux le comprendre, mais en m'assignant à l'isolement, ce n'est pas seulement moi que vous frappez, mais mon fils, qui se retrouvera sans mère.

1. Signataires authentiques de la pétition de la Fleet de 1723 adressée à sir Peter King.

— Cet enfant vous regarde seule, gronda-t-il. Il est pire qu'un usurpateur sur cette terre, il est une *faute.* Votre faute.

— Il est *votre* fils !

— Ne me parlez pas de ce garçon, reprit Muir. Il n'est rien à mes yeux. Il ne sera jamais rien. C'est votre croix. Portez-la sans moi.

— Alors vous n'êtes rien qu'un pauvre homme...

— Tais-toi, insolente ! s'interposa Huggins.

— Les Monroe n'avaient peut-être pas tort, lança-t-elle en criant presque : vous n'avez pas de cœur.

— Hélas, si. Il a battu. Une fois.

Shannon s'approcha de la grande table et signa d'un trait de rage le document qui la rendait seule responsable de la pétition contre les Huggins.

— Vous vous trompez d'image en disant que Philip est ma croix. La croix n'afflige pas le Christ, monseigneur, elle le sauve. Souvenez-vous-en.

— John Huggins ?

— À vos ordres, monsieur Muir ?

— Conduisez cette misérable devant le tribunal afin qu'elle confesse ses fautes puis faites-la disparaître. Je désire qu'on oublie son visage et le son de sa voix.

À la Fleet, Shannon décrivit l'ampleur de son échec à ses compagnons et les raisons qui l'avaient poussée à en supporter seule le poids.

— Ne vous croyez pas saufs pour autant ; même si la Cour a accepté ma déclaration et ne vous a pas désignés, attendez-vous à ce que les Huggins se vengent par eux-mêmes. Au final, ces monstres ne sont réprimandés par la Cour que pour n'avoir pas respecté les tarifs *légaux* d'emprisonnement.

De leur côté, les prisonniers étaient blâmés pour avoir arraché des arbres de la cour principale. Ils l'avaient fait, l'hiver dernier, pour se chauffer après que les Huggins avaient revendu leur bois.

— Trois ans d'efforts et voilà le peu de chemin parcouru, déplora Shannon.

Huggins ne lui accorda que quelques minutes pour faire ses adieux à ses proches. Shannon confia son fils à Edith Standish. Le petit Philip était désespéré ; les gardes de Guybon l'arrachèrent des bras de sa mère au moment où ils vinrent pour la descendre à l'isolement.

Tous les prisonniers de la Fleet étaient réunis dans la cour et suivaient, casquette à la main, dans un profond silence, le supplice de Shannon.

À peine put-elle déposer un dernier baiser sur le front de son enfant : on l'engouffra dans l'escalier étroit et lugubre qui débouchait sur une porte de fer en ogive.

La pièce qu'elle renfermait était une ancienne citerne transformée en cachot, entièrement nue, les murs suants, le sol inégal.

De forme circulaire, avec cinq mètres de diamètre sur douze de haut, elle ne recevait le jour qu'à travers une petite ouverture en arc de cercle grillagée, ouverte au ras du sol de la rue Fleet Lane.

Les prisonniers l'appelaient l'« *Œil de Caïn* ».

Des passants y lançaient un morceau de pain ou une piécette. D'autres, plus cruels, y urinaient ou y jetaient des excréments.

Shannon entra, terrifiée. Elle n'y vit pas même une litière de paille où s'allonger.

Les Huggins étaient ravis.

Junior lui dit :

— Je savais que tu finirais comme ça. Faiseuse d'histoires !

Il referma la porte en la claquant. Dans l'ancienne citerne, le moindre bruit résonnait affreusement.

À compter de ce 14 octobre 1723, Shannon Glasby devint un souvenir.

Les premiers frimas arrivèrent. Chaque matin, on craignait d'apprendre la nouvelle de sa mort. Dans la rue, des passants s'accroupissaient parfois pour essayer de l'apercevoir à travers les barreaux ; ils savaient qu'il s'agissait de la fille de la chanson. Les gardes de la prison postés à l'entrée de la Fleet, ayant vue de la rue sur l'« œil de Caïn », les dispersaient : il était interdit de s'arrêter devant les barreaux.

Shannon ne poussait jamais un cri. Jamais une plainte. Jamais un bruit.

Elle ne communiquait plus avec le monde extérieur, excepté à travers un code établi avec Philip : chaque matin, il faisait résonner deux fois un barreau de la grille pour lui faire savoir qu'il était en bonne santé.

Elle avait donné des instructions précises aux Standish : rien ne devait être tenté depuis la Fleet pour sa libération. Shannon protégeait avant tout son fils, craignant que des tentatives ne lui portent préjudice. L'oubli était préférable.

Un terrible hiver frappa Londres cette année-là.

John Huggins lui accorda une couverture mais aucune brassée de paille.

Cependant elle survécut.

Une sorte d'aura naquit autour d'elle.

L'hiver suivant fut encore plus rigoureux.

Elle lui résista.

Cette aura se transforma en légende.

Une nuit, un inconnu vint graver dans la pierre, audessus du grillage de la cellule, sur Fleet Lane :

ANDROMÈDE

Comme la fille de Cassiopée du mythe grec, attachée nue à un rocher, Shannon Glasby était sacrifiée, enchaînée à la pierre de la prison de la Fleet.

Mais dans le mythe, Andromède était délivrée par Persée.

Shannon pensait souvent à Walter Muir.

Toutes ces années, elle s'était retenue de lui écrire, honteuse de son comportement avec son père. Qu'était devenu le compagnon de sa jeunesse ? Elle se demandait ce qu'Augustus avait pu lui dire. Elle n'avait pas oublié ses lettres enflammées. Sans doute avait-il entendu parler du scandale de la Fleet ? Maints articles avaient fait mention de l'affaire et du nom de la prisonnière à l'origine de la révolte. Mais Walter, où qu'il se trouvât, ne pouvait avoir lu que des *Miss Glasby*. Même si ses yeux étaient tombés sur son nom complet : Shannon Glasby, cela ne pouvait rien évoquer pour lui. Son amour, sa *Mélibée*, s'appelait Muir. Il ignorait tout des subtilités de son adoption.

Les années passaient, et Shannon n'était pas sauvée.

— Il n'est pas de malheur, pas plus qu'il n'est de chemin, qui n'ait une fin, pensait-elle cependant.

Les bons Ken et Marcia Goodrich prirent le jeune Philip sous leur aile. Il put travailler à La Tunique Rouge en remplacement de Shannon et en compagnie de son amie Rebecca, et payer ainsi un loyer à la Fleet non loin de sa mère.

L'humeur du garçon s'était terriblement assombrie, il devint grave, taiseux. Rebecca s'inquiétait de le voir ressembler à son propre père, Conrad Standish.

Il occupait toujours la chambre peinte du juif Manassé. Il continua de lire. Abondamment. L'Ancien Testament surtout, en compagnie de Rebecca qui avait économisé pour lui acheter un exemplaire en langue anglaise. Elle et lui étaient plus proches que jamais. Il lui plaisait de voir Rebecca repousser les avances des autres garçons et être toujours la première à prendre sa défense.

— Quand tout sera fini, lui dit-il, ma mère et moi nous irons avec toi en Grèce ou en Italie, et nous vivrons heureux.

À la Fleet, tous les prisonniers mesuraient l'injustice de la peine qui frappait Shannon Glasby ; son exemple ne resta pas sans suite. Après la première pétition, les Huggins avaient été sanctionnés sur le versant légal des tarifs qu'ils pratiquaient et sir Peter King s'était ému des conditions des « chambres fortes », aussi certains hommes de la maison des Maîtres, dont James Cavenaugh, décidèrent-ils de reprendre le flambeau laissé par Shannon et de multiplier de nouvelles pétitions, toutes dirigées contre le gouverneur et ses petits arrangements avec la loi. De 1723 à 1727, il s'en compta pas moins d'une dizaine.

Aucune d'entre elles ne produisit le scandale de l'originale, mais, par petites touches, elles écornaient les marges de manœuvre des Huggins et rognaient leur champ d'abus.

En 1728, l'inespéré se produisit : John Huggins, usé par l'acharnement des prisonniers et par les juges des Insolvables mis dans l'embarras par les multiples pétitions, invoquant son âge, jeta l'éponge, en accord avec son fils.

Ils remirent à la vente leur concession de gouverneur à vie, au prix des cinq mille livres qu'elle leur avait initialement coûté.

Cette nouvelle fut vécue comme le plus grand soulagement de l'histoire de la Fleet.

Philip se précipita pour le crier à sa mère, à travers l'« Œil de Caïn ».

Elle dit simplement :

— C'est bien.

Le successeur des Huggins fut vite connu.

Son nom était Thomas Bambridge.

Petit homme trapu, privé de cou, figure de dogue, le menton saillant. Au sujet de l'éventuel remplacement des Huggins, Shannon avait prétendu : « Quand bien même nous supporterions une nouvelle brute, avec nous il saurait au moins à quoi s'en tenir : tout n'est pas permis dans une prison pour dettes ! »

Appointé par Augustus Muir, Thomas Bambridge, déjà connu des prisonniers comme sous-gouverneur depuis quelque temps, allait se révéler pire que les Huggins conjugués.

Il durcit les conditions de sortie, les pénalités furent alourdies ; compagnon des malfrats de Londres, quand ceux-ci ravissaient un malheureux pour obtenir une rançon, c'était à la Fleet qu'ils le cachaient ; si Bambridge était en manque de liquidités, il faisait enlever un passant dans la rue et l'assommait d'une dette imaginaire ; il falsifiait les documents pour alourdir le poids de celles existantes ; il n'avertissait pas les familles lors de la mort d'un prisonnier pour continuer de percevoir son terme ; et afin de faire plier certains prisonniers qui ne s'acquittaient pas à temps de leur loyer, il fit entrer la torture à la Fleet.

Bambridge endigua le phénomène des pétitions : pas un mot écrit n'entrerait ni ne sortirait plus de la prison sans passer sous son œil. Les fouilles par les portiers devinrent systématiques.

John Huggins lui avait signalé le cas particulier de Shannon Glasby, recluse à vie à l'isolement :

— Pas de danger qu'elle sorte avec moi ! dit Bambridge.

Seulement, moins malin, il était aussi moins discret que son prédécesseur : un jour qu'il croisait le jeune Philip, Bambridge le convoqua dans son cabinet de travail :

—Je me moque que tu sois le bâtard d'Augustus Muir ! Tu pourrais aussi bien être celui de Walpole ou de l'archevêque de Canterbury que je m'en soucierais pas plus que de cela. Ici, le maître, c'est moi. Aucun traitement de faveur. Fais-toi tout petit, gamin. Déguerpis !

Il était réjoui de l'effet que sa « mise au point » avait produit sur le visage du jeune garçon de quatorze ans.

Une seule fois, Philip avait questionné Shannon sur l'identité de son père : « Oublie ça. Si je dois un jour te révéler son nom, ce sera sur mon lit de mort. »

« Augustus Muir ! » L'homme qu'il savait être derrière leurs douze mille livres de dette.

À quatorze ans, Philip restait le portrait de Shannon, il dépassait désormais Rebecca d'une bonne tête. Maigre et pâle, triste et peu bavard, il gardait toutes ses pensées pour lui ; sa prison intérieure faisait écho à celle de sa mère.

Il ne révéla rien de sa découverte à Rebecca, ni aux Standish, ni aux Goodrich. Il se rendit à Roderick Park et examina l'immense palais de son père.

Trente-sept ans après son élévation, cette bâtisse qui avait symbolisé pour Muir l'affranchissement du clan des Monroe, restait la plus vaste habitation de Londres.

Philip se hissa sur les branches d'un frêne situé dans la rue pour pouvoir inspecter ce qui s'y passait, dissimulé derrière les feuilles.

Il ne tarda pas à se familiariser avec l'emploi du temps d'Augustus Muir. Celui-ci, toujours aussi maniaque, respectait des horaires invariables. Philip sut quand Muir se levait, quand Muir soupait, quand Muir recevait, quels jours et à quelles heures Muir quittait son palais pour se rendre au Conseil privé du Roi, ou au Parlement, ou aux offices de son Comptoir.

À travers les fenêtres, il devina où se situaient ses bureaux, ses salons et sa chambre. Il découvrit même le mal qui rongeait le vieil homme de soixante-cinq ans : ses insomnies. À la nuit tombée, il devinait l'instant où la lumière se rallumerait au chevet d'Augustus.

Il se renseigna sur ses nombreuses activités et apprit que Muir se trouvait au cœur d'un scandale : un pamphlet intitulé *The Sailor's Advocate* venait d'être publié à Londres. Son auteur présumé, un certain James Oglethorpe, jeune parlementaire prometteur, y révélait les conditions révoltantes d'enrôlement et le traitement inhumain des marins dans la Royal Navy, mais aussi de ceux des flottes commerciales telles que celle d'Augustus Muir.

James Oglethorpe accusa celui-ci de réquisitionner des hommes dans les prisons pour compléter ses équipages, sans égards pour leurs droits et la durée de leurs peines.

À la lecture du *Sailor's Advocate*, l'opinion s'émut des conditions de vie des marins, comme elle s'était émue des souffrances des endettés à la lecture de la pétition de Shannon Glasby.

— Ces indignations sont le témoignage d'une mutation profonde de notre société, déclara Oglethorpe à la Chambre des Lords, le 12 décembre 1728. N'assistons-nous pas à l'émergence d'un nouveau sentiment public ? L'*altruisme* ! Voyez ces œuvres de charité chaque année plus nombreuses, ces souscriptions de dons, ces hôpitaux et ces orphelinats qui naissent sous l'impulsion de bonnes gens de la noblesse. Dans un monde civilisé, la souffrance et l'injustice deviennent de moins en moins tolérables. La lumière philanthropique se propage !

Ce à quoi, Augustus Muir opposa cette réponse fracassante :

— Au lieu de nous réjouir, plaignons-nous que les cœurs de notre beau royaume s'amollissent ! La vie des marins est dure, c'est un fait, inutile de verser des larmes. Choyez-les et vous n'aurez plus que des femmelettes à bord de nos vaisseaux. L'Angleterre ne vit que du commerce extérieur et le commerce extérieur, ce sont nos marins qui le font vivre. Votre philanthropie tuera notre prospérité !

Sa sévérité ne surprit personne : le tout-Londres savait que le riche Allemand était devenu un horrible misanthrope.

Un soir, comme à son habitude, Philip était à son poste devant Roderick Park et assista au retour du carrosse de Muir, ponctuel après une séance du Conseil du Roi présidée par Walpole.

Il le regarda disparaître derrière le grand portail et sauta de l'arbre pour retourner à la Fleet.

Il se releva face à une présence inattendue.

Clemens Muir.

Le fils d'Augustus. Philip l'avait vu à plusieurs reprises auprès du patriarche. Son physique était proche de celui de son père : déjà empâté, trop « germain » au goût des Anglais.

Clemens était le successeur d'Augustus à la tête du Comptoir Muir.

Deux gardes l'encadraient.

Effrayé, Philip fit un pas de recul.

Clemens se nomma.

Philip le salua :

— Moi, je suis...

— Mon père se doute bien de qui vous êtes, l'interrompit Clemens. Il sait aussi que vous l'observez depuis plusieurs semaines.

Philip ne cacha pas sa surprise : rien ne l'avait averti que son poste était découvert.

— Il a daigné vous laisser du temps, pensant que vous vous lasseriez. Aujourd'hui, il m'envoie vous dire que si vous persistez à l'épier de la sorte, si vous revenez, ne serait-ce qu'une seule fois, il vous fera jeter dans la Tamise ! Quant à moi, je veillerai à ce que vous y laissiez votre vie. Ma famille n'a que faire d'un bâtard !

Clemens Muir était de ces enfants qui imitent leur père en tout : il se faisait une religion de se montrer aussi cruel que lui.

— On peut en finir avec vous comme on en a fini avec votre mère !

À l'évocation de Shannon, Philip serra les poings.

— Quel âge as-tu ?

— Quatorze ans, dit le garçon.

— Ce n'est pas un âge pour mourir. La Tamise n'est pas loin. Déguerpis !

Philip ne bougea pas.

Clemens le poussa violemment de ses deux mains. Le garçon manqua de tomber à la renverse.

— Allez !

Clemens le rejeta une fois de plus en arrière.

— Ne reviens jamais !

Philip recula avant de s'arrêter à nouveau.

Alors les deux gardes armés firent mine de le charger et Clemens lui lança des pierres.

Le garçon détala, terrifié.

Il chuta à plusieurs reprises, en larmes. Clemens Muir le bombardait.

Le 18 juin 1728, un nouvel endetté fut déféré par le tribunal des Insolvables à la Fleet, escorté de deux soldats.

L'homme avait une trentaine d'années, vêtu galamment, emportant une lourde sacoche de cuir.

Introduit dans la loge des portiers, il paraissait anéanti par la réalité de son incarcération.

On lui fit comprendre qu'il allait devoir « poser pour son portrait ».

Deux surveillants chefs, quatre gardes et le porte-clefs de la maison des Maîtres se plantèrent face à lui.

« Poser pour son portrait » à l'entrée de la Fleet n'avait rien d'une discipline artistique : les gardiens s'imprégnaient de la figure de leur nouveau locataire afin de pouvoir le reconnaître, soit dans la prison, soit dans la Zone Permise.

À ce jeu curieux, ces brutes étaient passées maîtres dans l'art de la physionomie.

Le porte-clefs lui dit en souriant (il devait le répéter à tous les nouveaux prisonniers) :

— Être de la Fleet, ce n'est pas entrer derrière ces murs en deuil, c'est pénétrer *là* !

Il pointa son front du doigt.

Après dix minutes, la petite troupe se dispersa. Le gouverneur, Thomas Bambridge, arriva. Il s'assit devant le nouveau prisonnier, son dossier judiciaire entre les mains.

— Quel malheur vous frappe, mon excellent monsieur ?

L'homme ressentit un léger soulagement de revoir quelqu'un qui, après les précédentes brutes, lui sembla mieux éduqué et plus compatissant.

— M. Robert Castell, c'est bien cela ? dit Bambridge à la lecture des documents. Votre métier ?

— Architecte, monsieur.

— Ah ! le beau métier. Le grand art. J'aurais tant aimé architecturer moi-même. Vous pourrez nous donner des avis éclairés sur cette vieille bâtisse de la Fleet ?

— Certainement, monsieur.

Bambridge s'épargna la peine de lire et referma le dossier :

— Par quelle fatalité un grand architecte comme vous se retrouve-t-il contraint pour dettes ?

— J'ai fait composer à mes frais un livre illustré sur les villas de campagne du temps des Romains.

— Intéressant.

— J'y traitais de leurs jardins, de leurs bains, de leurs plans au sol...

— Intéressant.

—... et je donnais, pour la première fois, des reproductions fidèles des deux maisons de Pline le Jeune dans le Laurentin et en Toscane.

— Intéressant...

— M'inspirant de ses lettres à Gallus et à Apollinaire.

— Très intéressant.

— J'ai fait tirer mon ouvrage à peu d'exemplaires et j'ai ouvert une souscription pour le commercialiser. Hélas, il n'a pas rencontré le succès escompté. J'y suis de ma poche de plus de cinquante livres. Après un an, mon imprimeur n'a plus voulu me faire crédit, et me voilà.

— C'est une bien triste histoire que vous me contez là. Avez-vous de la famille ? Viendra-t-elle séjourner auprès de vous ?

— J'ai une femme et quatre enfants en bas âge.

— Intéressant.

— Mais ils demeurent pour le moment chez une amie, à Durham-Yard ; je ne souhaite pas leur infliger la vie de prison.

— J'entends bien.

Intérieurement, Bambridge se sentit volé d'une dizaine de shillings par semaine. Il n'en laissa rien paraître et déclara :

— Laissez-moi vous peindre les conditions de la Fleet. Pour votre entrée, il vous en coûtera d'abord cinq livres sterling. À me remettre.

— Cinq livres ?

— La loi m'impose de payer les surveillants, les porte-clefs, les portiers. Cinq livres, vous les avez ?

— C'est à peu près tout ce que je possède.

— Il nous faut ensuite nous mettre d'accord sur une chambre digne de votre condition pour la durée de votre séjour parmi nous. J'écarte d'emblée la maison des Indigents. Nous avons une maison des Maîtres où vous serez en paix, au prix d'un shilling et quatre pence par semaine. Il vous faudra aussi payer pour votre nourriture. Votre famille pourra-t-elle subvenir à ces besoins les plus élémentaires, le temps que vous rassembliez la somme réclamée par votre créancier ?

— Miss Jone, qui héberge ma femme et mes enfants, a promis de se porter garante.

— Et pour l'extinction de votre dette dans les meilleurs délais, je suppose que vous avez arrêté un dessein ?

— Je compte dédommager mon imprimeur en lui soumettant un nouvel ouvrage sur le point d'être achevé.

Il désigna sa lourde sacoche de cuir.

— Une traduction nouvelle d'un traité d'architecture en latin de Vitruve.

— Intéressant. Vous êtes un homme entreprenant ; j'aime cela.

Il se leva pour lui faire visiter la maison des Maîtres, mais se rassit aussitôt. Robert Castell resta debout.

Le visage de Bambridge changea ; il prit un ton de confidence :

— M. Castell, vous m'avez l'air d'un homme très estimable. Un architecte de renom. Qui traduit le latin de surcroît ! Puis-je vous parler du fond du cœur ?

— J'allais vous en prier, cher monsieur Bambridge.

— Un homme comme vous a-t-il quelque chose à faire dans une prison comme la mienne ?

Castell se rassit :

— Que voulez-vous dire ?

— La maison des Maîtres de la Fleet ne porte pas son nom aussi bien qu'elle le devrait. Entendons-nous : pour le confort, vous ne trouverez pas sa pareille à Marshalsea ou à Ludgate, seulement est-ce suffisant ? Les Insolvables sont pour la plupart de fieffés voleurs, des fripons qui méritent leur sentence. Mais vous ?

Bambridge vérifia que personne ne les écoutait :

— Il existe un territoire autour d'ici, intitulé la Zone Permise de la Fleet où mes prisonniers peuvent loger en semi-liberté. Vous dormiriez dans une auberge. Votre famille aurait tout loisir de vous visiter quand cela lui chante et non en se soumettant aux horaires de la prison. Et puis une auberge, pour des enfants en bas âge, c'est tout de même un meilleur cadre qu'une cellule de prison ? Qu'en dites-vous ?

— Quelles sont les conditions d'habitation dans la Zone ?

Pendant leur entretien, Bambridge avait détaillé les vêtements de Castell :

— Offrez-moi votre montre de gousset, votre justaucorps en satin et vos chaussures à boucle et nous n'en parlerons plus.

Étonné, Castell consentit à faire ces sacrifices :

— Sommes-nous quittes ?

— Oui. En revanche, pardon, il reste les cinq livres sterling dont nous avons parlé. Ceux-ci, ma foi, c'est la loi qui les exige.

Après avoir remis la somme, Castell fut conduit à la taverne King's Arm et y attendit en compagnie de Bambridge l'arrivée de Richard Corbett, ami du gouverneur et l'un des cinq huissiers de la Zone Permise qui veillaient à la présence des prisonniers en semi-liberté. L'architecte devint très inquiet car un homme, près d'eux, parlait d'un véroleux qui se tenait dans la pièce d'à côté.

— Je n'ai jamais eu d'accès de petite vérole, dit Castell. Dans ma famille, ceux qui en ont été frappés en sont tous morts. Je vous saurais gré si nous pouvions ne pas rester ici trop longtemps.

— Bien entendu.

Bambridge interrogea Corbett sur ses disponibilités dans sa maison, mais l'huissier affirma qu'il n'avait plus un lit de libre.

Ils décidèrent alors de placer Robert Castell chez un certain monsieur Underwood qui louait des chambres aux prisonniers de la Fleet.

— J'en ai une, dit-il, vous la partagerez avec une personne qui se trouve être, elle aussi, un artiste.

— Ne vous disais-je pas que vous vous trouveriez mieux ici, mon ami ? fit Bambridge.

Castell qui se doutait que d'une manière ou d'une autre Bambridge le volait, s'agaça de se voir appelé « ami » par lui mais ne dit rien.

— Ce sera un shilling la nuit, fit Underwood.

Bambridge répliqua aussitôt :

— Vous verrez cela avec Miss Jone qui s'est portée garante de monsieur.

Underwood fit monter Castell à l'étage dans une chambre avec deux lits en bois, une table, une chaise et deux commodes.

Un petit vieux y logeait déjà :

— Monsieur Plantois, voici M. Castell, dit le propriétaire. Vous êtes peintre et écrivain, il est architecte !

— Je vous souhaite la bienvenue, monsieur, dit le vieillard.

Castell le salua puis s'installa après le départ de Bambridge et d'Underwood.

— Vous êtes un insolvable ? lui demanda Plantois.

— Hélas, oui. Et vous-même ?

— Non. Je suis ici pour mes affaires.

Comme il n'y avait qu'une table et qu'une chaise pour travailler dans la pièce :

— Qu'à cela ne tienne, dit le peintre, nous la partagerons à tour de rôle. Sur quoi travaillez-vous en ce moment, cher collègue ?

— Je réalise une nouvelle traduction du chef-d'œuvre de Vitruve, *De architectura,* avec des illustrations de mon cru et des commentaires inédits d'Inigo Jones.

— Et combien pensez-vous tirer de cet ouvrage ?

— S'il est imprimé en deux volumes, je pourrais étancher mes cinquante livres de dette.

— Ah ? C'est moitié de ce que je gagne en un mois !

Le vieux lui montra l'une de ses œuvres en cours.

Robert Castell rougit : Plantois croquait des vignettes pornographiques qu'il revendait aux prisonniers de la Fleet. C'était à lui qu'étaient destinés les dessins lubriques mettant en scène des Indiennes expédiés quinze ans auparavant par l'imprimeur Jack Barn ; Hubert Plantois avait été le premier en Europe à poser des yeux surpris sur les *Observations* de Thomas Lamar.

Après une semaine, le gouverneur de la Fleet revint voir Robert Castell : il se plaignit de l'administration pénitentiaire qui lui réclamait des gages supplémentaires à son sujet. Castell s'en tira en requérant cent shillings auprès de Miss Jone.

La semaine suivante, le gouverneur insista au sujet de frais d'avoués qui lui étaient réclamés en son nom. Castell se résigna à lui remettre trois cents shillings durement réunis par sa femme Mary.

La troisième semaine, Bambridge essaya d'un nouveau moyen, mais cette fois Castell s'insurgea.

— Vos pratiques sont illégales, mais en plus vous me prenez pour un imbécile, dit-il. Prenez garde, j'ai des amis haut placés, qui siègent au Parlement ; si vous ne voulez pas que je leur dénonce vos pratiques, vous me laisserez tranquille. Ma famille et moi nous sommes saignés pour vous ces derniers jours : vous n'aurez plus rien de nous. Soyez raisonnable : comment voulez-vous que je rembourse mon créancier si vous me prenez tout ce que j'ai ?

Le lendemain, trois soldats dépêchés par le tribunal surgirent dans la chambre de Castell et lui passèrent les fers. Thomas Bambridge s'était plaint auprès des juges que Castell avait des termes impayés et qu'il avait essayé de le corrompre en lui offrant sa montre et des habits.

La peine de l'architecte fut aggravée.

Robert Castell fut traîné à la Fleet et enfermé dans une petite cellule infecte, au grand plaisir de Bambridge.

— Attendez que le parlementaire James Oglethorpe soit mis au courant du traitement que vous m'infligez ! protesta Castell.

— Oglethorpe ? répéta Bambridge. Pourquoi ce nom me dit-il quelque chose ? Ah ! oui. *The Sailor's Advocate.* Le rédempteur des pauvres marins ! S'il est de vos amis, que ne vous a-t-il déjà tiré des griffes de vos juges, ce brave homme ?

— Alors je ne criais pas à l'injustice.

— L'injustice, comme vous y allez !

— Oglethorpe...

— Oglethorpe, vous lui direz de ma part que son Parlement, je m'assois dessus. Aujourd'hui, vous me devez quarante livres de plus que celles dues à votre imprimeur. Faites comme moi : en définitive nous n'avons plus qu'à nous en remettre à Miss Jone et à la bonne petite madame Castell ! Adieu !

Castell endura quinze jours dans la « chambre forte ». Il réussit à rédiger une courte lettre et à suborner un gardien pour la faire porter dans Londres.

Elle tomba droit dans les mains de Bambridge.

Le réquisitoire était adressé à :

Lord James Oglethorpe,
membre du Parlement représentant
du district d'Haslemere,
résidant au palais de Wesbrock,
à Godalming,
dans le comté de Surrey.

À toutes fins utiles, Thomas Bambridge s'ouvrit de cette étrange affinité d'un endetté avec un parlementaire à son *mentor,* l'homme qui lui avait permis d'acheter la charge de gouverneur de la Fleet aux Huggins : le vieux marchand, Augustus Muir.

Celui-ci ne tarda pas à faire connaître sa réponse : « *Cet Oglethorpe est un idéaliste des plus nuisibles. Ne le laissez approcher de nos intérêts sous aucun prétexte. J'ai eu toutes les peines du monde à m'en défaire au sujet de mes marins. Un seul mot d'ordre : tenez Oglethorpe à distance.* »

Dans le langage d'Augustus Muir, cela voulait dire : « Choyez Robert Castell pour l'apaiser. »

L'esprit tordu de Bambridge comprit l'inverse.

Il appela son gardien chef :

— Allez me sortir l'architecte et foutez-moi ce faiseur d'histoires à l'isolement ! On verra, alors, s'il peut appeler son lord à l'aide.

Robert Castell fut jeté dans la plus ignoble des cellules de la Fleet. Il tambourina à la porte, hurla qu'il ne pouvait être traité de la sorte pour une dette de cinquante livres.

Sa voix résonnait dans la haute geôle. Il s'emportait, menaçait, tempêtait, lorsqu'il entendit, entre deux cris, une voix spectrale lui demander :

— Parlez moins fort, je vous prie.

Il sursauta.

Dans le misérable réduit, il n'avait pas remarqué une sorte de tache grisâtre, affalée au sol, informe.

Il approcha.

À travers la pénombre, il ne put dire s'il avait affaire à un homme, une femme ou un enfant.

Le corps était squelettique, la tête enfouie entre les épaules, les cheveux décolorés et d'une longueur terrifiante.

— Qui êtes-vous ?

— Parlez bas, je vous en supplie.

Il se pencha, écarta délicatement ses cheveux : c'était une femme, recroquevillée sous une couverture poussiéreuse, encastrée dans la rondeur du mur.

— Depuis combien de temps êtes-vous ici ?

— Je ne sais pas.

Ses réponses étaient longues à venir. Elle désigna un pan de mur. Chaque jour était marqué d'un trait d'ongle.

Castell passa ses mains sur toutes les encoches :

— Nous sommes le 19 juillet 1728. Vous avez passé deux mille cent deux jours dans ce cachot. Plus de cinq ans et neuf mois !

Il songea aux derniers hivers :

— Vous les avez endurés sous cette simple couverture ?

Elle acquiesça.

— Un homme en pleine santé ne le supporterait pas !

— Un homme, ce n'est pas une mère, articula-t-elle après un long moment.

Bribe par bribe, Robert Castell apprit l'histoire de Shannon Glasby : son fils Philip, l'intransigeance des Huggins, la pétition, même la vindicte d'Augustus Muir.

Il s'occupa d'elle, partagea ses maigres rations, l'incita à reprendre des forces. Il parlait sans cesse de ses projets, de ses livres, de ses rêves d'architecte ; il se saoulait de paroles, étonné de découvrir que sa voisine d'infortune connaissait l'œuvre de Pline le Jeune.

— Je ne vous importune pas avec mes histoires ?

— Dans le malheur, dit-elle, à chacun sa façon.

Castell se mit à son tour à compter les jours et à les inscrire d'un coup d'ongle sur les murs.

— Nous sommes dans une ancienne citerne. Les parois se sont gorgées d'eau de la Fleet et sont devenues tendres. On pourrait rédiger nos vies sur ces murs !

Shannon n'avait pas écrit mais dessiné les grandes étapes de sa vie, à la manière du juif Manassé dans sa chambre des Maîtres : par ce truchement, Castell assista au jour de son adoption par Augustus Muir, à sa jeunesse dorée à Roderick Park, à ses études dans la grande bibliothèque, connut Tracy puis vit ses frères et sœurs, puis son arrivée au château de Dryburgh en Écosse.

Shannon n'avait pas eu le cœur de poursuivre au-delà.

L'été fut insoutenable : la chaleur exhalait les vapeurs de la Fleet. Shannon n'arrivait plus à se lever. Depuis des mois, elle se tenait à un endroit de la cellule qui lui permettait d'atteindre sa ration quotidienne, glissée par les gardiens par une petite trappe au bas de la porte, en tendant simplement le bras.

Castell se mit en tête de lui faire faire quelques mouvements. Il la porta, la redressa, avec l'impression de déplacer une poupée de verre.

— C'est inutile, lui disait-elle. Je ne sortirai jamais d'ici.

— Moi je sortirai. Et une fois dehors, je vous jure que je vous sauverai de là !

— Promettez-moi de veiller sur mon garçon.

— Non : vous veillerez sur lui vous-même.

Les gardiens n'entraient jamais dans la cellule ; ils servaient deux rations par jour. Si Shannon ou Robert oubliaient de déposer leur gamelle vide, ils n'étaient pas nourris.

L'automne arriva et les premiers froids. Aucune nouvelle ne venait encourager Castell. Tous les jours, il interrogeait en vain ses geôliers.

Le froid tomba et l'architecte commença à s'inquiéter fortement.

Je ne tiendrai pas l'hiver !

Il voulut appeler à l'aide à travers l'« Œil de Caïn ».

— Il faut hurler pour se faire écouter de la rue, lui dit Shannon. C'est assourdissant. Les geôliers entreront pour vous rouer. Quand bien même nous serions entendus des passants, qu'est-ce que cela changerait ?

— Ma femme pourrait être prévenue. Quelqu'un pourrait aller nous chercher de l'aide. Transmettre un message !

— Oubliez vos amis puissants et espérez seulement que eux ne vous oublient pas tout à fait.

En octobre, des pluies diluviennes firent sortir la Fleet de son lit. Ses eaux immondes gouttèrent par la petite ouverture grillagée.

L'odeur était insupportable.

L'eau d'égout finit par détacher un morceau de la paroi de l'ancienne citerne, un fragment situé à six mètres du sol.

Cela donna une idée à Robert Castell.

Il se mit à gratter la paroi. Peu à peu, le vieux mortier à la chaux qui avait servi jadis à isoler la citerne se décolla et Castell put enfoncer ses doigts dans une terre humide.

Il pratiqua deux trous d'un demi-pied de diamètre et de profondeur, écartés de quarante centimètres, puis recommença l'exercice, un mètre plus haut.

— Que faites-vous ? demanda Shannon.

— Je nous sauve.

Il se confectionna des points d'appui pour gravir les douze mètres qui le séparaient de l'ouverture grillagée.

— Vous n'allez réussir qu'à vous rompre le cou.

— Mourir d'une chute ou mourir de froid, quelle différence ?

Le soleil pénétrait peu dans la cellule ; la lueur du jour, vers midi, n'éclairait que le haut de la citerne.

— Les trous visibles par nos gardiens seront ceux des deux derniers mètres, estima-t-il. Encore faudrait-il qu'ils rentrent et que l'envie les prenne de lever les yeux. La grille atteinte, je pourrai interpeller quelqu'un de la rue. Et si la providence met une bonne âme sur notre chemin : nous sommes saufs !

Shannon se surprit à reprendre espoir. Elle retenait son souffle lorsque Castell gravissait, mètre après mètre, la paroi de la citerne. Il s'arrachait le bout des doigts ; certains de ses points d'appui s'affaissaient sous son poids.

Il se brisa une côte après une chute de six mètres et dut patienter plusieurs semaines, en se tordant de douleur, dans le froid de plus en plus vif, avant de pouvoir reprendre son projet fou. Ce fut Shannon cette fois qui s'occupa de lui.

Début décembre, il atteignit enfin la grille tant convoitée. Le jour où sa main s'agrippa à l'un des barreaux, Shannon et lui en pleurèrent.

— À présent, réfléchissons. Rien ne doit être laissé au hasard.

Le lendemain matin, il était hissé à son poste au moment où le fils de Shannon, Philip, vint faire résonner ses deux coups quotidiens pour signifier à sa mère qu'il allait bien.

Le garçon faillit tomber à la renverse en voyant des doigts couverts de boue et de sang, squelettiques, cramponnés à un barreau et un visage de mort apparaître dans la faible lumière du matin :

— Tu es Philip ? Mon nom est Robert Castell, je suis enfermé avec ta mère.

— Comment est-elle ? Comment est-elle, monsieur ?

— Elle survit, péniblement. Écoute-moi. Tu dois aller trouver ma femme à Durham-Yard, Mary Castell. Chez Miss Jone. Dis-lui que je suis traité pire qu'un assassin. Que ma vie est en péril. Elle doit courir supplier pour moi mon ami James Oglethorpe. Tu te souviendras ? Oglethorpe ! Vite, avant que les gardes ne nous aperçoivent. Si je suis sauvé, ta mère le sera aussi. Je t'en donne ma parole. Cours ! Cours !

Philip bondit. La nouvelle le stupéfiait. La tête lui tournait. Il connaissait mal Londres. Il ne sut où aller. Il se rendit à La Tunique Rouge et raconta ce qu'il venait de vivre à Ken Goodrich.

— Durham-Yard, dis-tu ? Je sais où c'est ! Je t'accompagne. Dépêchons !

Ken remit la boutique à sa femme et entraîna Philip ; ils redescendirent de Clerckenwell vers la Tamise.

Durham-Yard s'étendait entre le Strand et le fleuve.

Arrivé dans ce quartier de marins et de commerçants, ils commencèrent à demander l'adresse de Miss Jone, sans résultat. Goodrich eut l'idée de s'approcher des habitations qui longeaient le Strand. Ils firent maison après maison avant d'être aiguillés vers le bon endroit.

Miss Jone habitait une petite maison toute en hauteur, devant un modeste carré de verdure. Quatre jeunes enfants s'y amusaient avec la neige tombée la nuit précédente. Miss Jone était une veuve d'une cinquantaine d'années ; elle avertit Philip et Ken que Mary Castell ne tarderait pas à rentrer.

Les deux amis attendirent une heure. L'épouse de Castell avait vingt-huit ans ; belle encore, délicate malgré des traits fatigués, elle défaillit lorsque Philip lui répéta les paroles de son mari.

En larmes, elle dit ne cesser de déposer des réclamations auprès du tribunal des Insolvables pour qu'on lui rende le droit de visiter son époux, mais les clercs répliquaient que le gouverneur Bambridge s'était plaint de défauts de paiement et d'une tentative de corruption de la part de Castell.

— Je me suis tournée vers l'imprimeur qui retient la créance de cinquante livres de Robert. Il s'imagine que je cherche à l'émouvoir en inventant des histoires et refuse d'agir tant qu'il n'aura pas été payé.

— Il faut vous adresser à ce M. James Oglethorpe, comme le réclame votre mari ! fit Philip. Ce n'est plus sa liberté qui est en question, mais sa vie.

— M. Oglethorpe est un bon ami, reconnut Mary Castell. Il a souscrit pour deux exemplaires du livre de Robert sur les villas romaines, pour nous soulager. Seulement il réside à Godalming, dans le Surrey ! C'est à plus de quarante miles d'ici. Je n'ai aucun moyen de m'y rendre.

— J'irai ! s'exclama Ken Goodrich. Philip, conduis madame Castell et ses petits à la Tunique Rouge : Marcia s'occupera des enfants pendant que vous deux entrerez en communication avec M. Castell.

« Madame, assura-t-il à Mary, si ce M. Oglethorpe est moitié l'homme de cœur que vous dites, je le convaincrai de tout abandonner pour rallier la Fleet et sauver votre mari et la pauvre Shannon !

Mary Castell lui baisa les mains ; elle lui fournit tous les éléments pour situer le manoir de Wesbrock des Oglethorpe.

— Bien, fit Goodrich. Rassemblez votre famille et suivez-moi ce petit homme !

Philip demanda :

— Comment allez-vous vous rendre dans le Surrey ?

Ken Goodrich lui sourit :

— Sur les mains, s'il le faut !

La famille Castell fut accueillie par Marcia Goodrich à La Tunique Rouge. Rebecca s'offrit aussi pour s'occuper des enfants.

Philip retourna avec Mary Castell sur Fleet Lane et lui désigna, de loin, l'ouverture grillagée à ras du sol sous laquelle gisaient les deux emprisonnés.

— Une citerne de douze mètres.

— Comment fait-il pour atteindre la grille ?

— Je n'ose l'imaginer.

Philip l'empêcha de se précipiter :

— Les gardes du portail sont trop proches. Si l'on s'attarde à l'endroit de la grille, à la moindre suspicion ils interviendront. Il faut agir le matin, à l'heure de la relève des sentinelles. J'y passe chaque jour. Une nuit d'attente supplémentaire et je vous promets que vous verrez et entendrez votre mari !

Le lendemain, Philip passa une première fois, seul, pour s'assurer que l'architecte s'était hissé jusqu'à la grille.

Il s'accroupit :

— Monsieur Castell ? Monsieur Castell ?

Pas de réponse.

Il s'éloigna.

— Il n'y est pas encore, dit-il à sa femme. Il a dû entendre ma voix. Laissons-lui du temps.

Cinq minutes plus tard, il recommença.

L'« Œil de Caïn » restait toujours sombre et silencieux.

Philip s'acharna à plusieurs reprises, mais la rue devenait populeuse.

— Il faut renoncer pour aujourd'hui.

— Non !

— Nous recommencerons demain. Croyez-moi, à trop tenter le diable… Imaginez que les gardes découvrent que M. Castell parvient à communiquer avec le monde extérieur !

Le matin suivant, Philip se glissa de nouveau au sol de Fleet Lane.

Personne.

— Monsieur Castell ! Je suis avec votre épouse, Mary ! Si vous m'entendez, M. Castell, montrez-vous.

Philip réitéra plusieurs fois ses appels désespérés.

— Je ne comprends pas, dit-il.

— Il lui sera arrivé quelque chose !

— S'il ne peut pas monter jusqu'à nous, nous pouvons encore essayer de communiquer.

— Comment ?

— Lui écrire. L'avertir au moins que M. Oglethorpe est en route pour la Fleet.

Le message fut rédigé sur un morceau de papier que Philip noua autour d'une petite pierre.

— Je la glisserai demain.

— Non, aujourd'hui ! Tout de suite !

Mary Castell était dans un tel état de détresse qu'il se résigna.

Le jour était froid et pluvieux, la rue moins peuplée qu'à l'ordinaire, aussi les gardes de la Fleet, à seulement une cinquantaine de mètres, profitaient-ils d'une vue dégagée sur l'emplacement de la grille.

Philip décida de longer le bord de la rivière et, sitôt à hauteur de l'« Œil de Caïn », il projeta la pierre. Elle roula, rebondit sur les pavés irréguliers, vira et resta retenue entre deux barreaux.

— C'est une calamité ! Si je repasse tout de suite, je vais devenir suspect.

— L'eau ruisselle ! Elle va effacer l'encre du message. J'y vais !

Mary Castell était partie en courant avant que Philip ait le temps de protester. À hauteur de l'ouverture, elle fit mine de se tordre la cheville sur la chaussée glissante, s'appuya d'une épaule au mur et, d'un mouvement sec du talon, heurta la pierre qui disparut dans la geôle.

La pierre vola, percuta la paroi opposée, roula dans l'air, chuta douze mètres en atterrissant avec un petit bruit sourd.

Au sol, elle décrivit un bref arc de cercle et s'immobilisa.

La cellule était déserte.

La porte grande ouverte.

Trois jours auparavant, un tanneur de Southwark nommé Plumbturd était venu trouver Bambridge :

— Je suis en manque de merde pour tanner mes peaux, lui dit-il. Ne pourrions-nous pas trouver un arrangement ?

Surpris mais ravi, le gouverneur était tout disposé à voir les étrons de ses prisonniers changés en menu monnaie.

C'est ainsi que des prisonniers commis d'office avaient visité les cellules de la Fleet, y compris la citerne du donjon, afin d'y relever, pour la première fois, les déjections.

— La chance est aveugle, prétend le dicton, moi je dis qu'elle n'a pas d'odeur ! se félicita Bambridge.

La tentative d'évasion de l'architecte fut révélée à cette occasion. Le lendemain, le message roulé autour d'une pierre de Philip et Mary Castell atteignait une cellule déserte pour finir entre les mains des gardes qui le remirent à Bambridge. Le gouverneur s'attendait désormais à la prochaine visite de James Oglethorpe.

— J'ai bien fait de les laisser accomplir leur petit manège dans la rue.

Il fit venir à la prison son ami Robert Corbett.

L'huissier de la Zone Permise possédait une double maison qui, en plus de faire office d'épicerie et de buvette, servait de *sponging-house* et de gîte à prisonniers.

— Tu as toujours le véroleux dont tu m'as parlé ? demanda Bambridge. J'ai deux locataires à te remettre.

— À placer à côté du malade ? s'enquit l'huissier.

— Au plus près.

— Ce Joseph White semble immunisé ; il dit avoir déjà été atteint dans sa jeunesse. Si ce n'est pas le cas pour tes prisonniers, c'est les mettre en grand danger.

— La meilleure chose qui puisse leur arriver : disparaître proprement.

— Un meurtre ?

— Non. Pas un meurtre : un accès de petite vérole, ce n'est pas la même chose.

Pour Bambridge, Castell et Glasby ne devaient sous aucun prétexte être en mesure de témoigner de leurs sévices si un procès lui était intenté par Oglethorpe. Il se souvenait de la terreur que cette maladie provoquait chez l'architecte.

Corbett monnaya son concours et Bambridge les fit transférer de nuit.

Au vu de l'aspect putréfié du visage du malade, Robert Castell comprit les risques encourus.

Il hurla. Supplia qu'on le ramène dans sa geôle. Ses plaintes ne cessaient jamais. Il semblait si convaincu d'y laisser sa vie, que même les complices de Bambridge essayèrent d'inciter le gouverneur à la clémence. La femme de Corbett et sa servante Catherine Mackartney tentèrent de le calmer. Son ancien colocataire Plantois vint le voir.

Shannon, elle, ne disait rien : elle priait.

Tous deux étaient vidés par les semaines passées dans la citerne. La petite vérole ne tarda pas à les prendre.

D'abord la fièvre, les éruptions puis les délires.

Robert s'imaginait être dans une vaste maison de la Rome antique où il gravissait des escaliers de marbre sans fin. Il répétait inlassablement : « Encore une marche. Encore une marche... »

Shannon se revoyait sur le petit théâtre d'Augustus Muir dans la salle des banquets de Roderick Park, à l'âge de cinq ans, dans sa petite robe rouge, en train de chanter des hymnes en allemand. Sa petite robe rouge, le visage des invités, les sons, les odeurs, tout était à l'identique, vingt-sept ans étaient effacés. Elle n'arrivait plus à quitter cet instant, et le revivait, le revivait, le revivait...

Robert était tombé malade le 4 décembre.

Il mourut le 12.

Elle le suivit, le jour d'après.

James Oglethorpe arriva à la Fleet accompagné de Ken Goodrich.

Mary Castell et Philip avaient été prévenus du retour du parlementaire à Londres au cours de la nuit précédente.

Le fils de Shannon observa le jeune noble de trente et un ans et vit en lui une sorte d'ange libérateur, comme le Raguel de Manassé. À trente-deux ans, grand et mince, il arborait un air martial acquis sur les champs de bataille d'Europe lorsqu'il était aide de camp du révéré prince Eugène de Savoie. Il avait de grands yeux, des sourcils très arqués et prononcés, un nez long et droit et une petite bouche. Il était l'héritier d'un grand nom : son père Théophilius et son grand-père Sutton, qui avaient occupé le même siège d'Haslemere, avaient laissé leur empreinte sur l'histoire anglaise ; sa mère Eleanor Oglethorpe était respectée et crainte pour son tempérament vif ; sans parler de son grand-oncle, l'évêque Wight Oglethorpe qui avait brillé dans la défense de l'Irlande catholique.

Il dit des choses gentilles à madame Castell et félicita le bon Goodrich qui n'avait pas ménagé sa peine pour lui faire part de la situation de Robert.

En tant qu'élu du Parlement, il ordonna que les portes de la Fleet lui fussent ouvertes.

Thomas Bambridge vint accueillir en hâte le parlementaire.

Avant tout propos, Oglethorpe réclama de voir Robert Castell et Shannon Glasby.

L'épouse et le fils virent approcher deux cercueils.

Mary Castell s'évanouit et Philip se pétrifia de douleur.

Prenant connaissance des circonstances de leurs morts, James Oglethorpe entra dans une colère terrible :

— Nous n'en resterons pas là, Bambridge ! Vous devrez répondre de ces morts intolérables.

Il jeta un œil à la cour lugubre de la Fleet :

— Je veux y voir clair. Vous allez m'expliquer tout ce qui se passe ici.

Le gouverneur sourit ; sous la protection d'Augustus Muir, il ne s'arrêta même pas aux menaces du jeune parlementaire.

Il avait tort. Sa sainte colère allait retentir dans l'ensemble du royaume.

Jusque de l'autre côté de l'Atlantique…

Philip Glasby bondit et roua Bambridge de coups ; en dépit de ses quatorze ans, il fallut quatre surveillants vigoureux, en plus d'Oglethorpe, pour faire desserrer ses poings qui suffoquaient le gouverneur…

Les Bateman
1728

L'esquif voguait à la lueur d'un falot en direction de la côte du Massachusetts Bay : une rive accidentée de plusieurs dizaines de lieues que ne fréquentaient ni les Indiens ni les Anglais.

Le jour déclinait. Le bas de la falaise où accostait l'embarcation baignait déjà dans l'obscurité. En plus des deux rameurs, quatre personnes descendirent sur la terre ferme.

Charles Bateman, suivi du Castor, du Violon et de l'Indien, escalada le mur de basalte et rejoignit le campement de ses hommes. Une trentaine d'Irlandais fêtèrent son retour en scandant son nom.

Le héros de vingt-huit ans, maître du *Rappahannok*, portait un tricorne et un épais manteau de poils serré par une large ceinture à laquelle pendaient ses légendaires deux pistolets à rouet et ses deux sabres d'abordage.

Il annonça la prise d'un baleinier de gros tonnage dans les eaux glacées du Maine :

— De quoi écouler trois cents barils d'huile de la Biscaye, déclara-t-il. À dix livres la tonne !

Pour sa dernière sortie avant la trêve hivernale, le *Rappahannok* terminait sur un exploit. Les hommes approchaient pour serrer la main de Bateman et lui dire un mot en particulier, beaucoup usaient du gaélique de leur île natale.

Ce campement provisoire, cerné de hêtres dégarnis, en surplomb de la mer, comportait de petites tentes groupées en cercle, des chariots en nombre et un impressionnant mât de charge ; il servait au débarquement du butin du *Rappahannok*.

Dès le lendemain matin, un défilé ininterrompu de barques en provenance du large s'organisa. En plus des lots du baleinier mentionné par Bateman, les trésors de deux frégates françaises furent hissés à l'aide du mât, puis paquetés sur les chariots.

Peu avant la fin du troisième jour, un carrosse arriva au camp, après avoir franchi toutes les factions de pirates qui assuraient la sécurité des lieux.

Sally en descendit. La belle jeune femme était enceinte de sept mois. Charles la contempla avec ravissement ; depuis Londonderry, huit ans auparavant, après toutes ces années passées à bord du *Rappahannok*, jamais ils n'avaient été séparés aussi longtemps : Charles Bateman était en mer depuis trois mois, Sally, partie attendre son retour à New York auprès de ses parents.

— Mon père ne voulait plus me laisser repartir ! dit-elle. Sois rassuré, la Fronde ne m'a jamais quittée.

Charles avait ordonné des mesures de précaution extrêmes : c'était la première fois que Sally tombait enceinte.

Leur couple était célébré jusque dans les bruyères d'Irlande : lui représentait l'honneur et la soif d'indépendance du peuple irlandais, bravant les intérêts anglais, narguant la couronne et permettant l'émigration de ses compatriotes en Amérique ; elle, beauté celtique, était la seule femme autorisée à bord du *Rappahannok*, participait aux conseils de guerre de Charles et prenait des initiatives rarement contestées.

Cependant, le père de Sally, Albee Gage, s'opposait toujours à leur mariage, réprouvant la vie menée par Charles.

— À New York, dit-elle après qu'ils se furent mis à l'écart dans la tente du chef irlandais, le vieux Robert Livingston est venu me visiter. Il est maintenant très âgé. Pour ne pas dire mourant.

— Que voulait-il ?

— Toujours la même chose. Il se repent de ce qu'il a autrefois fait subir à ton père. Cela fait de nombreuses années qu'il cherche à te parler.

— Sans lui, mon père serait toujours en vie !

— Il ne le nie pas.

Charles haussa les épaules :

— Si Livingston est si mal en point, nous n'aurons plus l'occasion de nous voir : je n'ai pas le projet de me rendre à New York.

— Il est là.

— À Boston ?

— Non, ici. Je l'ai fait venir. Son carrosse est arrêté à dix minutes du camp.

Elle se montra insensible au mécontentement qui gagnait Charles.

— Il t'attend, dit-elle.

Le carrosse stationnait à la sortie du bois.

— Comment est-il ? demanda Charles à la Fronde qui veillait à ce que Livingston restât enfermé.

— Usé. Il a voyagé les yeux bandés, les rideaux tirés. Il s'est écroulé de sommeil pendant le trajet. Maintenant, il lit.

Charles ouvrit la portière : à soixante-douze ans, le puissant Robert Livingston de New York avait perdu de sa superbe. Il était emmitouflé sous d'épaisses fourrures, assis devant une table pliante et un service à thé. À l'apparition de Bateman, il referma son livre.

Les deux hommes se regardèrent, gravement, sans se saluer.

Charles resta sur le pas de la portière.

— Voilà près de quinze ans que nous ne nous sommes vus, déclara Livingston.

— Seize, rectifia Charles.

— Ces années t'ont fait grand bien ; à moi, elles ont ôté les dernières forces. Je ne te tends pas la main, tu ne la prendrais pas, je suppose ?

Sans répondre, Charles entra dans le carrosse, s'installant sur la banquette en face du vieil homme, le visage fermé.

— J'ai craint que tu refuses encore de me recevoir, reprit Livingston. Je sais ce que tu penses de moi. Pourtant, depuis la disparition de ton malheureux père, je n'ai eu de cesse de répéter qu'Harry Bateman avait été le meilleur colon de New York, le plus travailleur et le plus honnête. Je ne l'ai appris que trop tard. Il a été la victime innocente d'enjeux qui ne concernaient que Stephen DeLancey et moi.

— Est-ce si simple ? Vous l'avez dénoncé pour catholique devant les Muir, révélé la condition de sa mère et quand New York a cru qu'il était l'auteur du pamphlet qui vous accablait, vous avez ordonné l'incendie de ses entrepôts !

— C'est un fait. J'agissais sous le coup de la colère, mais jamais je n'aurais attenté à sa vie comme l'a fait DeLancey.

Le visage de Charles se contracta. Il se servit une tasse de thé :

— Sally m'oblige à vous parler. Soit. Que me voulez-vous ?

— Te venir en aide.

— Vous me voyez en danger ? Je n'ai besoin de l'aide de personne.

Livingston se cala le dos dans sa banquette matelassée.

— Au mois d'octobre dernier, raconta-t-il, j'ai été convié à dîner en compagnie du gouverneur de la baie du Massachusetts, William Dummer. Un jeune homme se trouvait à notre table. Un certain Aldous Humphrey.

Il détacha chaque syllabe du nom.

— Qui est-ce ? demanda Charles.

— Un Anglais débarqué depuis peu de la mère patrie. Un officier de paix de Londres, envoyé par Augustus Muir pour te mettre hors d'état de nuire et reprendre son regretté *Rappahannok*.

Charles sourit.

— Muir lui a donné blanc-seing, ajouta Livingston : Humphrey détient des millions pour ta traque. Il a fait le serment de te détruire.

— Il ne sera pas le premier parjure à avoir promis cela, dit Bateman en haussant les épaules.

— L'animal est différent. Il m'est apparu extrêmement dangereux. Avant de s'installer à Boston avec sa famille, il a fait halte en Irlande. Il a retrouvé ta grand-mère à Dublin, une certaine Maureen Dogood, c'est cela ?

Charles blêmit : jamais son père n'avait prononcé le nom véritable de sa mère. Maureen Dogood ?

Livingston poursuivit :

— Il est allé dans la maison de filles de la banlieue de Dublin où ton père a travaillé enfant ; il est allé à Londonderry interroger les quatre veuves et le directeur de la prison d'où tu t'es évadé ; il est allé à Philadelphie parler au père Shelby Frost. Je l'ai vu de mes yeux raconter tout cela à la table du gouverneur avec une voix glaçante, sans rien qui cille sur son visage.

— C'est égal : il fera long feu. Comme ses prédécesseurs.

— De ce qu'une chose n'est point arrivée encore, il serait absurde de conclure qu'elle n'arrivera jamais.

Livingston porta sa tasse de thé aux lèvres :

— Tu nargues Muir et la couronne anglaise depuis huit ans. Que pas un des nombreux Irlandais à ta solde n'ait eu encore l'envie ou la détermination de te trahir est en soi un miracle. Combien de temps ce miracle durera-t-il ? Personne ne sait où tu caches le *Rappahannok*. Pour combien de temps encore ?

Le vieil homme ajouta, sur un ton moins véhément :

— Aujourd'hui tu n'as plus qu'un moyen pour échapper à des hommes tels que Humphrey. Le capitaine Kidd, Thomas Tew et le grand Henry Morgan l'ont employé avant toi ; ces grands pirates ont eu le flair de *changer de vie* à temps, de se ranger et de se racheter une conduite en se mettant au service des autorités d'une province.

Charles esquissa un sourire perplexe. Livingston poursuivit :

— Lorsque je suis arrivé à New York, je n'étais qu'un Écossais de dix-neuf ans, sans ressources. Je me suis lancé dans le négoce de pelleteries à Albany ; l'horizon s'est éclairci pour moi après mon mariage avec Alida Schuyler, la fille du maire de la ville. Figure légitime dans la colonie, ma place était faite. J'ai poussé mon fils et mon neveu dans cette même voie : Philip a épousé Catherine van Brugh, la fille de l'actuel maire d'Albany, et Robert, qui nous a quittés l'an passé, Margarita Schuyler.

Il posa ses mains sur la table et dit gravement :

— Si tu veux voir un jour grandir tes petits-enfants et les aider à prospérer mieux que toi-même, Charles Bateman, suis leur exemple. Je puis t'y aider. Avec mon appui, tu retournerais à New York en toute légalité. Allie-toi à une bonne famille. Prenons une fille comme Flora van Cortlandt, par exemple. Non seulement elle est l'une des plus belles femmes de New York, mais sa famille est implantée depuis toujours dans la colonie. Épouse-la, mets-toi au service de l'Assemblée de la colonie et tu redeviendras, du jour au lendemain, un homme fréquentable entre tous. Tu es riche, tu comptes beaucoup d'Irlandais fidèles ; les intérêts sont tels à New

York que ton apostasie ne soulèvera pas la moindre protestation. La loi t'aura blanchi, même Aldous Humphrey devra renoncer à te poursuivre.

Bateman ne cessait de sourire :

— Ainsi vous voudriez que je me marie ? Avec une Hollandaise, qui plus est ?

— Ne fais pas semblant de ne pas comprendre, ou de prendre la chose à la légère. Je suis venu pour t'aider. Je sais que le père de Sally vous refuse son consentement : aussi épouse Flora van Cortlandt devant un pasteur anglican, que t'importe à toi qui est catholique ?, et continue d'aimer Sally en paix, fais-lui les enfants que tu veux : qui te blâmera ?

Le vieil homme ébaucha un large geste de la main qui englobait le carrosse, le campement, les Irlandais, le *Rappahannok*, l'univers entier bâti par Charles :

— Tout cela est né de la colère d'un enfant ! C'est bien. Ce que tu as accompli ces huit dernières années prouve que tu es un homme d'exception. Ne va pas tout gâcher par orgueil.

Charles fut un instant troublé ; avant leur brouille, son père avait toujours tenu Robert Livingston en grande estime et le lui citait en exemple. Il se rappelait parfaitement ses paroles : « Livingston a fait sa fortune parce qu'il est plus vif, plus intelligent et mieux éduqué que ses concurrents. Apprends, travaille, bâtis sans faiblir, mon fils, et tu deviendras comme lui ! »

— Ton silence en dit long, fit Livingston devant l'absence de réponse de Charles. Tu es trop intelligent pour ne pas m'avoir compris.

Le vieil homme eut un mouvement des épaules résigné :

— Dans un mois, dans six mois, je ne serai probablement plus de ce monde. Si tu te décidais, va voir mon fils Philip à New York. C'est un homme méritant. Je suis un père comblé. Il sait ce que je souhaite et surtout ce que je te dois, en mémoire du malheureux Harry.

Livingston lui tendit la main.

Charles la serra.

Lorsqu'il fut retourné au campement, Sally l'interrogea :

— Alors ? Que t'a-t-il dit ?

— Il voulait se repentir. Tu avais raison. Il m'a aussi averti de me méfier d'un certain Aldous Humphrey. Un jeune fou à Boston qui prétend m'arrêter.

— C'est tout ?

Elle paraissait déçue.

— Oui.

Aldous Humphrey avait vingt-cinq ans, petit, le front haut prématurément dégarni, un visage trop juvénile à son goût.

Outrecuidant et froid, ce fils d'un juge de Bristol affectait des airs d'aristocrate ; mais, arriviste compétent, personne n'osait les railler.

Il vivait à Boston depuis le 23 août. Par mesure de sécurité, sa femme, Carleen, fille de juge comme lui, aussi puritaine, et leurs cinq enfants, logeaient à une adresse tenue secrète de Pullen Poynt.

Le gouverneur Dummer, averti de l'arrivée du délégue d'Augustus Muir pour la traque de Charles Bateman, lui avait réservé une belle demeure sur Hanover Street : Humphrey fit vider la maison de tout son mobilier précieux et ne se résigna à y vivre qu'entouré du strict nécessaire. Il refusait les honneurs et l'argent.

Peu après sa prise de fonctions, il se prononça devant les officiers de paix et les autorités judiciaires du Massachusetts pour leur reprocher d'être « un ramassis d'incompétents ».

Il sélectionna les hommes de la garde qui travailleraient sous ses ordres. Son tri s'avéra draconien :

impitoyable sur la morale. Au point de devoir réclamer des renforts de Londres.

Il s'enferma pour disséquer les données sur les précédentes tentatives d'arrestation de Bateman et de sa bande.

Ayant pris la bonne mesure de son adversaire, il dit, une semaine après son arrivée, d'un ton catégorique : « Je l'aurai coincé avant la fin de l'hiver. »

Ce mot fit le tour de la colonie.

En dix ans, Charles Bateman avait permis l'émigration de près de deux mille Irlandais catholiques, principalement à New York et dans le Massachusetts.

Les forces anglaises implantées en Ulster n'étaient jamais parvenues à démanteler son réseau de Londonderry et de Belfast : une vingtaine d'hommes à sa solde y enregistraient les candidats au départ. Le butin du *Rappahannok* n'avait pas d'autre objet : sauver les catholiques d'Irlande de la persécution anglicane, dédommager leur passage marin sur l'Atlantique, puis les établir durablement sur le continent.

Une ville était née sous l'impulsion de Charles, Irishtown, située à quelques lieues au nord de Boston, à l'exemple de Germantown en Pennsylvanie.

Après son entrevue avec Robert Livingston, Charles se rendit dans la ferme d'un compatriote de Dublin, située sur la rive sud de la rivière Mystic.

Quarante-quatre Irlandais étaient réunis dans une grange et l'attendaient. Il s'agissait des nouveaux émigrants : une partie venue à bord de l'*Antelope*, arrivé de Derry deux semaines auparavant, l'autre à bord du *Foresight* qui avait appareillé de Carrickfergus un mois plus tôt.

Quarante-quatre catholiques irlandais.

Lorsque Bateman parut, tous firent silence. Charles Bateman était leur sauveur.

L'assistance comportait de tout : des jeunes, des vieux, des hommes solitaires, des familles complètes.

— La vie est ici pénible comme en Irlande, leur déclara Charles. De nouveaux dangers vous attendent. Certaines menaces dont vous n'avez pas encore idée. Mais aussi le profit vaut la peine ! Vous êtes libres, la terre que vous cultiverez sera la vôtre.

Charles s'installa devant une table sur laquelle était posé un rôle : le recensement exact de ses émigrés.

Il invita les Irlandais à se présenter un à un.

Aux hommes, il demandait invariablement :

— Quelle est ta force ?

Bateman notait les identités puis attribuait des postes selon l'âge ou le savoir-faire de chacun :

— Niall O'Keeffe, tu rejoindras les Carberry qui possèdent une forge en Pennsylvanie près de Pottstown. Fergus Donegal, tu seras utile à New Harlem où nos compatriotes ont besoin d'un boulanger comme toi. Sean MacGahey, tu es rudement bâti, sais-tu te battre ? Tu incorporeras l'escadron armé d'Irishtown.

À tous, il cédait quatre guinées comme pécule d'entrée sur le Nouveau Monde. Une fortune.

— Cet argent vous appartient, disait-il, je l'ai repris aux Anglais !

Parmi les arrivants, un jeune garçon de onze ans se présenta, les yeux et les cheveux noirs, le nez pointu, l'air gouailleur et déterminé.

— Enfant de père et de mère inconnus, déclara-t-il.

— Quelle est ta force, petit ?

— Je sais me rendre invisible. Je m'adapte à tout. Je m'en suis tiré toutes ces années avec ces vaches d'Anglais à Dublin sans jamais m'être fait prendre.

— Ton nom ?

— Je l'ignore. Mais comme je suis un peu sauvage, on m'appelle la Surette.

Charles sourit :

— C'est sous ce nom de Surette que tu veux être inscrit en Amérique ?

— Ah non alors !... Un nom de pommier !

Il réfléchit en regardant en l'air, se tenant le menton. Bateman échangea un regard amusé avec ses voisins.

— Mettez que je m'appelle Goliath !

— Goliath ?

— Oui. Goliath Erin, comme notre île !

— Qu'il en soit ainsi. J'ajoute Patrick. Et puisque le doute ne saurait subsister, tu te feras baptiser sans attendre. Tu as un accent très anglais pour un petit Irlandais, ne trouves-tu pas ?

Le garçon se mit aussitôt en colère :

— Bateman ou un autre tu n'as pas le droit de m'insulter ! J'ai cet accent parce que les Anglais tenaient mon orphelinat ! Et puis c'est ma force : j'ai souvent pu me glisser parmi ces vaches sans me faire repérer !

— Cela peut s'avérer utile, en effet. Que vais-je faire de toi d'ici là ?

— Je sais, moi : m'enrôler sur le *Rappahannok*, pardi !

Le garçon ignorait que le nom de *Rappahannok* ne devait jamais être prononcé. Personne ne postulait pour intégrer l'équipage de Bateman : lui seul décidait un jour s'il pouvait accorder sa confiance à l'un des émigrants.

— J'ai dit une bourde ? s'écria la Surette en voyant les visages figés autour de lui.

— Ici, dire une bourde équivaut à en faire une, répondit Bateman. Tu es sympathique mais tu es bavard. Tu attendras. Je t'affecte à une famille d'Irishtown, les Grannell.

— Eh ! Je ne suis pas venu en Amérique pour être adopté ! Je me débrouille très bien tout seul, merci !

— Avant de t'occuper de ta petite personne, commence par apprendre à devenir utile à ta communauté. Plus tard, nous verrons.

— Fais sonner les quatre guinées, et c'est moi qui verrai.

Charles sourit :

— C'est indéniable : le nom de la Surette te va bien.

Avant de laisser ses compatriotes aller vers leur nouvelle vie, Bateman mit l'accent sur l'effort de solidarité attendu de tous les Irlandais d'Amérique. Une part des récoltes et des biens générés à Irishtown et dans les autres sites catholiques était renvoyée au pays pour soutenir les rebelles et soulager les nécessiteux.

Irishtown faisait la fierté de Charles Bateman. La petite colonie s'élevait non loin de la mer, sur Rumney Marsh, au nord de Charlestown, avec un bateau toujours en rade, pour fuir en cas d'attaque.

Une quarantaine de familles y logeaient dans des maisons de bois, solidement charpentées, protégées des incursions par une double palissade et trois canons. En quatre ans, elles avaient transformé cette terre sablonneuse en champs fertiles.

Pour son retour, alors que les chariots transportant le butin du *Rappahannok* étaient stockés avant d'être vendu sur le port de Boston, Charles Bateman assista à deux jours d'actions de grâce, puis à des concours de danse. Il installa les nouveaux venus, ordonna la construction de maisons supplémentaires, vérifia les armements de défense, s'enquit des derniers morts et des nouvelles naissances.

Trublion né, la Surette égailla la compagnie par ses pointes d'humeur.

Cette année, le retour à Irishtown était plus émouvant pour Bateman : la joie et la liberté qui régnaient dans sa communauté étaient de plus en plus manifestes, l'assurance d'un avenir radieux s'installait dans tous les esprits, et Sally attendait leur enfant.

Il fallut orchestrer l'entrée du butin dans Boston. Charles et ses amis, passés maîtres dans le trafic clandestin, réussirent à écouler pour un bon prix leurs marchandises volées ; la majeure partie se fit rembarquer à bord de navires marchands pour être revendue en Angleterre d'où elles étaient parties quelques semaines plus tôt !

C'était le cas du *Pendennis* dont le capitaine était un allié des Irlandais.

Le jour du départ, le dernier de la saison avant le gros temps hivernal qui isolerait la Nouvelle-Angleterre, Bateman et ses hommes scrutaient le navire au port depuis les toits de Boston.

La foule habituelle des curieux se pressait sur les quais. Charles s'étonna d'apercevoir de l'activité sur deux autres bateaux bostoniens. Eux aussi s'apprêtaient à appareiller, sans en avoir l'air. Charles repéra des soldats et des mousquets qui essayaient de se faire discrets.

— Où se trouve Aldous Humphrey ? demanda-t-il.

— Aucun de nos hommes ne l'a revu depuis deux jours, lui répondit le Castor. Il paraît qu'il a caché sa famille quelque part au sud de Plymouth. Il sera sans doute allé les visiter.

— Non. Quelque chose d'autre se trame…

Aldous Humphrey avait établi son quartier général dans un entrepôt qui avait servi autrefois à l'entassement des esclaves arrivés d'Afrique. Véritable forteresse policière, il y réunissait ses hommes, dévoilait ses stratégies, fixait ses objectifs.

Sur un tableau, des cartes marines répertoriaient toutes les attaques du *Rappahannok*, notées, datées, avec le montant des gains réalisés par Bateman.

Humphrey avait aussi cartographié les côtes de la Nouvelle-Angleterre :

— C'est dans cette zone de front de mer comprise entre Boston et la baie de Casco que Charles Bateman dissimule son *Rappahannok* pour la durée de l'hiver, dit-il à ses troupes.

En huit ans, le *Rappahannok* n'avait jamais été vu au mouillage dans la région.

— Il faut qu'il profite soit d'une anse abritée des flots, soit d'une crique rocheuse suffisamment élevée et profonde pour que son trois-mâts ne soit pas repéré depuis l'océan. Jusque-là l'erreur a été de poursuivre les recherches du *Rappahannok* uniquement par la mer.

Il lança l'ordre qui terrifia ses hommes :

— Vous allez inspecter la côte depuis la terre.

En plein hiver, dans les conditions atroces qui allaient bientôt sévir en Nouvelle-Angleterre, avec trois pieds de neige et du gel constant, le manque d'abris et la menace des Indiens, c'était une mission suicide.

Humphrey resta inflexible :

— L'hiver est notre chance. Vous remonterez les larges estuaires, comme ceux des fleuves Kennebec et Androscoggin. Le *Rappahannok* peut être sur rade en eau douce.

Qu'importaient les risques, confisquer le navire de Bateman et le rendre à Augustus Muir était son obsession.

La présence d'Irlandais matelots à Boston en cette saison était la preuve que le vaisseau pirate n'était pas loin. Humphrey savait que ses prédécesseurs n'avaient obtenu aucun résultat en voulant soudoyer ou faire parler sous la contrainte les marins présumés du *Rappahannok :*

— Leur fidélité à Bateman est absolue. Il est illusoire de tabler sur leur faiblesse. Dès lors, nous les ferons parler malgré eux, en usant d'indices qui leur échappent : les « témoins muets ».

Par « témoin muet », il entendait les objets, les vêtements, les signaux, même minimes, le contenu des poches, la terre sous les semelles, la poussière sur les vestes, n'importe quelle tache, brindille ou marque pouvant être notée et qui, réunis ensemble, étayeraient son enquête et permettraient de localiser le *Rappahannok*.

Il s'attacha les services de botanistes et de géologues. Il présenta à ses officiers ceux qu'il appelait ses *troupes d'élite*.

Quatre jeunes garçons.

— Ces gredins sévissent dans le North End et dans Charlestown ; ils vont se poster dans les lupanars de Boston. Sitôt qu'un matelot de Bateman se trouvera au lit avec une fille, l'un d'eux se faufilera pour lui subtiliser ses vêtements. Sur place, nous en étudierons le moindre accroc. Son affaire faite, l'Irlandais ne doit s'être rendu compte de rien. Les partisans de Bateman, nous allons les harceler, les encercler, sans même qu'ils le sentent !

Les hommes d'Aldous Humphrey étaient perplexes devant ses méthodes : passer son temps à fouiller de la boue séchée ou des dépôts de calcaire pour faire naître des analogies leur paraissait du dernier ridicule.

Au sein de la colonie, son tempérament et son comportement despotique commencèrent à faire sourire. Sa quête de détails fut tournée en dérision dans un article du *Boston News-Letter* : « Si la science se fait avec des faits, comme une maison est faite avec des pierres, une accumulation de faits n'est pas plus une science qu'un tas de pierres n'est une maison. » On se moquait de lui, à mots couverts, en contant la fable d'un héron perché sur une botte de foin, à la recherche d'une aiguille, disant : « Je la trouverai avant la fin de l'hiver ! »

Aldous Humphrey, furieux que ses procédés soient rendus publics, répliqua dans le *Boston Gazette* en pointant les échecs de ses devanciers.

Ceci eut pour effet de l'isoler un peu plus au sein de la province. Même les commissionnaires du Comptoir Muir de Boston, dévoués aux recommandations d'Augustus Muir, commençaient à mettre en doute ses capacités.

Le gouverneur Dummer lui demeurait seul fidèle.

Ensemble, ils promulguèrent des lois contre le commerce avec les Irlandais catholiques qui ne détiendraient pas de licence délivrée par eux ; ils élevèrent, grâce à Muir, la prime offerte pour tout renseignement décisif concernant le *Rappahannok* de soixante à huit cents livres ; enfin une lettre patente du roi était attendue pour ordonner le démantèlement des trois canons d'Irishtown.

En recourant à l'inspection systématique de tous les entrepôts de la ville, Humphrey avait découvert un chargement de rhum qui eût dû se trouver à bord du *Pendennis*. Il devina qu'il avait été remplacé par de la contrebande de Bateman. Il réquisitionna deux frégates armées de la colonie et résolut d'intercepter le *Pendennis* au large afin d'éviter des incidents en ville si les Irlandais se manifestaient sur le port et pour continuer son travail de sape : affaiblir le clan de Bateman sans entamer sa confiance.

Deux heures après avoir levé l'ancre, le capitaine du *Pendennis* vit les vaisseaux de ligne anglais le rattraper. Aldous Humphrey se tenait à bord du premier bateau.

L'abordage se fit sans violence. On réduisit la toile et l'officier de paix exigea l'ouverture des cales et de l'entrepont marchand. Il triompha en retrouvant les butins du baleinier attaqué récemment, mais aussi des richesses prises ces derniers mois sur des pavillons dont il avait le signalement.

Il dérouta le *Pendennis* vers Plymouth.

Ce fut peu après qu'il vit paraître le *Rappahannok*, mis sous toutes voiles, surgissant entre les derniers îlots qui longeaient la côte.

À sa vue, une partie de l'équipage des navires anglais abandonna son poste et les chaloupes de survie furent amenées ; ils n'avaient que vingt canons légers à opposer à la puissance de feu infernale du vaisseau de Bateman.

Le *Rappahannok* déchargea d'un coup les soixante-six bouches de feu de son tribord. Ses boulets saccagèrent les eaux vives du bateau anglais le plus à proximité du *Pendennis*.

Humphrey voulut organiser une riposte, mais les matelots et les canonniers lui manquaient et une seconde salve du *Rappahannok*, étonnamment rapprochée, retentit : le feu pulvérisa tout. Aldous Humphrey, loin d'être marin, perdit pied, fut emporté avec d'autres matelots par la chute balancée d'une grande vergue et tomba à la mer.

Charles Bateman aborda le *Pendennis* et récupéra ses marchandises saisies par Humphrey. Les canons des frégates furent réquisitionnés ainsi que leurs boulets et leurs réserves de poudre.

Le capitaine lui apprit que son adversaire se tenait à bord des navires anglais. On le rechercha longuement. Quelques dépouilles flottaient à la surface. Les navires furent fouillés jusqu'à fond de cale. Une chaloupe emportée par le courant était vide.

Pas d'Aldous Humphrey.

— Tant pis. Il aura eu son compte ! décida Bateman.

Le *Pendennis* put reprendre sa route pour Londres ; les Anglais retournèrent à Boston sur leurs navires rendus impropres au combat.

Dans Boston, à l'angle des rues Tremont et School, une maison donnait sur le cimetière public et la Chapelle du Roi. Elle ne comportait que deux pièces au rez-de-chaussée et une chambre à l'étage d'où s'échappaient des plaintes de femme en couches. Plus bas, Charles Bateman et ses quatre amis faisaient les cent pas.

Après deux heures d'attente, un cri d'enfant retentit. La tête d'une femme apparut en haut de l'échelle et dit : « Un garçon. »

Charles voulut se précipiter mais on lui interdit de monter dans la chambre. La sage-femme évoqua des complications. Les cris perçants de Sally se mêlaient à ceux de son fils.

Anxieux, Charles préféra attendre au-dehors. Boston était ensevelie sous un demi-pied de neige. Afin de circuler sans risque dans la ville, il se servait de doublures ; ce soir, les Anglais pouvaient penser que l'Américain se trouvait à Newtone ou à Weymouth. Au besoin, des témoins authentiques jureraient l'y avoir vu.

Dans la maison, avec la sage-femme, quatre personnes s'affairaient auprès de Sally.

— Sous quel nom voudras-tu baptiser ton fils ?

L'homme qui parlait était le plus vieil ami de la famille Bateman, le prêtre Shelby Frost. À soixante et un ans, le sauveur des jeunes Harry et Lilly à Ringsend était un évêque aux cheveux gris, ayant usé sa vie entre la Pennsylvanie et le Maryland pour entretenir la flamme catholique sur le Nouveau Continent.

Charles songea à la façade du grand entrepôt de son père à New York où s'affichait autrefois, en lettres capitales, *Bateman & Fils :*

— Alexandre ! répondit-il fièrement.

Frost hocha la tête :

— Tu te méprends ; saint Alexandre n'a pas commis les mêmes exploits que le conquérant grec.

— Qu'a-t-il fait ?

— Pendant son martyre, dans l'arène aux lions, les fauves se sont couchés sur la piste et lui ont léché les pieds.

Charles sourit :

— Ça ira.

Il fut autorisé à monter voir Sally.

Les visages de la sage-femme et de ses aides étaient marqués par la fatigue. Aucune ne lui sourit.

— Votre petite femme est sauvée, lui dit la sage-femme à voix basse. Elle a souffert une importante descente d'organes après la délivrance. Il lui faut beaucoup de repos.

Elle marqua un temps avant d'ajouter :

— La chance d'avoir d'autres enfants est pour ainsi dire nulle. Je suis désolée.

Un grand feu réchauffait la chambre. Sally, en nage dans son lit, pâle, luttant contre le sommeil, attendait la venue de Charles. Elle n'avait rien entendu des propos de la sage-femme. Charles déposa un long baiser sur son front ; soulagée, elle s'endormit presque immédiatement.

Une aide terminait de langer l'enfant. Charles prit son fils entre ses bras. Né six à huit semaines avant terme, il était minuscule, les yeux fermés, le menton tremblotant.

Ému, raide, les épaules soulevées, Charles semblait empêché par cette petite chose fragile. Ses amis vinrent le féliciter. Bateman, fier, voulait le regarder. Sa vue le soulageait des craintes que lui inspirait Sally. Castor et ses compagnons sentaient que l'arrivée de cet héritier dans la vie de leur chef allait modifier le cours de leurs existences à tous.

L'état de la mère l'exigeant, la sage-femme fit venir une nourrice.

Une jeune femme se présenta pour allaiter l'enfant mais après quelques secondes contre son sein, celui-ci fut saisi d'un soubresaut et régurgita.

— Si vous aviez passé ces derniers temps dans un ventre, vous feriez de même, assura la sage-femme pour rassurer Charles.

Mais le petit continua d'être pris de soubresauts. De plus en plus rapprochés. Ils se transformèrent en spasmes. Son visage rougissait.

— Il faut lui ôter ses langes, décréta la sage-femme.

Avec son couteau de pirate, nerveux mais sans tremblements, Charles lacéra d'un geste les bandelettes de l'enfant.

La sage-femme le ressaisit.

Elle lui ouvrit la bouche, le renversa la tête en bas, pressa son torse : rien n'y fit. Quelque chose obstruait ses poumons. Le nourrisson écartait les mâchoires ; il semblait pousser un cri qui ne s'entendait pas.

Shelby Frost se précipita pour le marquer au pouce d'une croix sur le front :

— Il est sauvé ! dit-il.

La sage-femme savait le contraire, à un moindre niveau que le salut de l'enfant. Elle reconnut :

— Il est né trop prématuré. Le malheureux ne pèse pas ses cinq livres !

Charles reprit son enfant et s'approcha du feu pour réchauffer le petit corps nu.

Le père regarda la mort pénétrer les membres de son fils : il devint aussi léger qu'une figurine de liège. Charles l'enveloppa dans sa cape noire.

Sally dormait.

Dans la chambre, tout le monde se taisait.

— Laissez-nous, leur dit Charles.

Il s'allongea sur le lit et prit Sally entre ses bras. Elle frissonna dans son sommeil. Il resta longuement pétrifié, redoutant le moment où il devrait lui annoncer le pire des malheurs : elle n'avait plus d'enfant et n'en aurait pas d'autres.

Au même moment, un fantôme se traînait sur les chemins gelés du Massachusetts.

Aldous Humphrey s'était sauvé de la noyade grâce à une chaloupe amenée à l'eau par l'équipage avant que son bateau eût essuyé le feu du *Rappahannok*.

La brise nocturne l'avait fait lentement dériver vers la grève, il était resté ramassé sous un banc de nage, ensanglanté, un bras brisé.

Au petit matin, il ne savait combien d'heures ou de jours de marche le séparaient de Boston.

Il erra toute la journée, à la recherche de n'importe quelle habitation. Des échardes lui avaient lacéré le visage, il avait roulé la chemise d'un marin mort retrouvé sur le sable pour porter son bras en écharpe ; plus que le froid, il craignait de tomber sur des loups ou des Indiens. Le jour était lumineux : il faisait une cible facile et s'arrêter pour se terrer risquait, tout autant, de lui coûter la vie.

Il se crut sauf en apercevant des toits fumants.

Il dut renoncer : il approchait d'Irishtown.

Mourir valait mieux que d'être fait prisonnier par Bateman et ses hommes.

Il contourna la petite colonie, après avoir pris soin de piller un carré moissonné. Les Blancs imitaient les Indiens et conservaient leurs épis de maïs en les enfouissant sous la terre. Humphrey gratta de sa main valide et dévora le légume cru.

Le lendemain, une nuit pendant laquelle la fièvre le fit délirer derrière lui, il longea la grève et, la topologie des lieux mieux en tête grâce à Irishtown, put rejoindre une petite maison isolée dans les bois de Pullen Poynt.

Là résidaient, depuis août dernier, en secret, dans un secret inviolable, sa femme et ses enfants.

À Boston, pour que personne ne mette leur sécurité en péril, seul le gouverneur Dummer savait l'emplacement de cette cache.

— Vous retrouverez vote liberté quand Charles Bateman aura perdu la sienne, avait dit Aldous à sa femme et ses enfants.

Ils l'accueillirent aux trois-quarts mort. De ses dernières forces, il interdit qu'un médecin soit appelé ; sa présence ne devait à aucun prix être révélée.

Quatre jours plus tard, une délégation vint de Boston annoncer à madame Humphrey la disparition tragique de son mari, sans deviner qu'Aldous brûlait de fièvre dans la pièce voisine.

Après une semaine, toujours cloué sur son lit, il fut néanmoins en état de réfléchir de nouveau ; Humphrey donna des instructions précises à son épouse : elle devait retourner très vite habiter Boston, dans la maison d'Hanover Street, et le laisser sur Pollen Poynt :

— Joue ton rôle de veuve. Inspire de la pitié. À l'abri des regards, tu t'entretiendras avec le gouverneur Dummer. Je n'ai confiance qu'en lui : révèle-lui la vérité. Qu'il s'arrange pour que, sans quitter Pollen Poynt, je puisse lui livrer les instructions à faire suivre à mes hommes. Bateman doit tout ignorer de mon état.

Le gouverneur accepta la proposition clandestine d'Humphrey : une correspondance sous haute surveillance s'établit entre les deux hommes. Humphrey ne quitta pas une minute sa retraite ; d'un côté il instruisait Dummer de ses désirs et de ses objectifs, de l'autre celui-ci l'informait dans le détail des résultats de l'enquête ; l'homme d'Augustus Muir put continuer de tisser autour de Charles Bateman les mailles serrées de sa toile.

À Boston, Dummer maintint actifs les meilleurs agents d'Humphrey sans leur révéler la survie de leur chef : il réitéra son ordre de fouiller à pied la côte nord de la province à la recherche de la cache du *Rappahannok.*

Deux mois durant, différents groupes d'explorateurs s'élancèrent de Boston.

Toutes les anses susceptibles d'offrir un lieu sûr au vaisseau pirate furent inspectées sur une distance de cent cinquante kilomètres. Trois hommes perdirent la vie au cours de ces expéditions sans que rien de tangible ne puisse être rapporté à Aldous Humphrey.

Les fleuves et rivières Kennebec, Androscoggin, Cathance, Abagadasset, Muddy Sheepscot ainsi que la baie de Merrymeeting furent parcourus de fond en comble.

Pas de *Rappahannok*.

— Il doit être à une distance raisonnable de Boston ! s'énervait Humphrey. Je l'ai vu ! Il est là !

Sa troupe d'élite de petits vauriens répartis dans les maisons de plaisir de Boston lui apporta enfin la clef qui manquait. Un matelot irlandais suspecté d'être du *Rappahannok* vint passer la nuit avec une fille : sur le feutre de son tricorne les géologues isolèrent de fines marques laiteuses. Ces marques se retrouvèrent, dans des proportions équivalentes, sur les épaules des vestes d'autres marins irlandais.

— Épanchement siliceux du basalte, mêlé de calcaire, déclarèrent les spécialistes.

Aldous Humphrey leva les yeux au ciel :

— Enfin !

En repensant à l'article sarcastique du *Boston News-Letter* sur ses méthodes, la science et l'accumulation systématique de faits, il s'exclama :

— La maison est debout !

À sa demande, sa femme fit déposer un message chiffré dans une taverne de North End.

Dix jours plus tard, un garçon se présenta seul devant Humphrey à Pullen Poynt.

La Surette.

Quand Aldous Humphrey s'était attardé en Irlande, non pour enquêter sur le passé de Bateman avant son arrivée à Boston, comme il l'avait laissé entendre, il avait glissé un de ses espions parmi les Irlandais candidats au départ pour les colonies aidés par le réseau Bateman.

La Surette était un fripon du quartier de la Monnaie à Londres, enclave de brigands nettoyée par un coup d'éclat d'Humphrey qui le rendit célèbre et détermina le vieil Augustus Muir à l'engager. L'audace et le répondant de ce jeune garçon pendant son interrogatoire plurent à l'officier de paix et il accepta de passer un marché avec la Surette pour lui éviter la prison.

L'enfant devait embarquer pour l'Amérique grâce à Bateman et rester proche des Irlandais de Boston.

Le trublion avait parfaitement assuré son rôle.

Seulement, depuis trois mois qu'il était hébergé à Irishtown, il ne savait toujours pas comment percer le mystère du *Rappahannok*.

— Tranquillise-toi, lui dit Humphrey. Des éléments nous faisaient défaut. À présent, nous savons exactement ce que nous cherchons !

La mort de son enfant avait profondément affecté Sally : Charles décida de passer le plus gros de l'hiver dans le village des Indiens Penobscot, situé au bord du fleuve du même nom, à plus de vingt-cinq lieues de l'océan.

Les Penobscot connaissaient l'identité de Bateman . ıı était pour eux aussi sacré qu'à ses compagnons irlandais. Il respectait leur histoire et leurs rites, et les faisait profiter de son butin. Les Penobscot s'occupèrent de la santé de Sally ; leur guérisseur était formel, elle ne pouvait retourner à bord du *Rappahannok*.

Au dégel des eaux du fleuve, Charles redescendit seul le Penobscot, que la fonte des neiges rendait vif, et il atteignit, non loin de la côte, un autre campement d'Indiens amis.

Le Castor l'y attendait.

— Tout est prêt ?

— Comme tu nous l'as demandé, Cee, avec trois semaines d'avance.

Le 8 mars, au matin, un épais banc de brume mêlé d'averses de neige recouvrait l'Atlantique. Charles et Castor montèrent à bord d'une courte barque équipée d'un mât et de deux jeux de rames. L'eau était étale ; le clapotis battait à peine les flancs de l'embarcation.

Ils voguèrent entre d'innombrables îlots qui rendaient la baie de Penobscot dangereuse à la navigation et approchèrent d'une île haute et massive, face à l'Atlantique.

Sur l'île, une puissante roche abrupte, déchirée, verticale, apparaissait à travers la brume : une épave de bateau échouée sur un haut-fond annonçait les risques ; une deuxième épave, un trois mâts barque, brisé sur la grève de l'îlot, renforçait cette impression. Ces navires, rongés par le salpêtre des mers, évoquaient les cadavres qui se trouvent aux portes des villages infestés par la peste ou le choléra. Les pilotes et les timoniers les connaissaient, qui évitaient soigneusement cette portion de la baie du Penobscot.

La barque de Charles Bateman, tout au contraire, avança droit vers l'île surgie du brouillard.

Exposée maintenant aux ondulations du large, elle s'élevait et s'abaissait doucement au gré des vagues ; par gros temps, celles-ci se fracassaient en plein contre les premières marches du rivage, roches noires lavées par l'écume.

L'immense massif rocheux ne révélait son mystère qu'à quelques brasses de la rive : lentement, l'unité de la façade accusait un relief inattendu. Une passe aux murs écartés de quarante-quatre pieds pénétrait, en fléchissant à bâbord, dans les entrailles de l'île. Ses hautes parois sombres, constituées de piliers de basalte, comme les assises réglées d'une cathédrale, formaient une arche qui se résolvait en une gigantesque grotte, impossible à deviner depuis le large.

L'embarcation de Bateman, rendue minuscule, s'engouffra dans la passe, ouverte comme d'un coup de hache. Dès que l'intérieur de l'antre se révéla, le *Rappahannok* apparut dans toute sa splendeur.

La grotte était profonde de plus de cinq cents pieds, son chapiteau de colonnes et de concrétions basaltiques encroûtées de calcaire formait une nef de cent mètres de hauteur.

La lumière du jour tombait verticale depuis une ouverture circulaire au plus haut de la nef, comme l'oculus des temples antiques.

Le *Rappahannok* reposait sur une eau paisible, noire et sans miroitements sous-marins.

Le long de la grotte, les matelots de Bateman avaient bâti de petites maisons ornées de tissus et de bois exotiques. L'hypogée servait de refuge hivernal pour le *Rappahannok* et de chambre forte pour les trésors conquis sur les mers par Bateman et ses Irlandais.

À l'arrivée du chef, l'équipage observa une retenue non feinte. Tous savaient l'épreuve endurée par Sally : ces brutes usèrent de précautions touchantes pour le saluer et lui témoigner leur tendresse.

Le lieutenant Ives, l'homme avec lequel Charles avait pris le *Rappahannok* des mains de Walter Muir, huit ans auparavant, l'accueillit à bord.

— Sommes-nous prêts ?

Ives acquiesça.

— Alors en route.

De puissants cordages noués à des attaches fixées le long des parois servaient pour hâler le navire sur ce plan d'eau délicat. La manœuvre de sortie se faisait à bras d'homme. Vingt matelots par filin, douze paires de filin, et le *Rappahannok,* souple et silencieux, se rapprochait de l'océan.

Trois matelots dans les mâts et un homme de bossoir paraient aux dangers : protéger le bordé des récifs latéraux, éviter au gouvernail de talonner le fond, ne pas dériver et manquer la courbure de la passe.

Charles se tenait sur le gaillard d'arrière. Il regardait le fond de la grotte s'éloigner derrière lui et leva les yeux au moment où la pointe des mâts du *Rappahannok* quittait les stalactites humides du plafond pour retrouver le ciel.

Malgré la brume qui persistait, Charles fronça les sourcils : il avait cru apercevoir le visage de la Surette, tout en haut à l'entrée de la grotte, dangereusement penché vers le vide ! Puis son œil attrapa un éclat lumineux.

Une étincelle.

La percussion d'un mousquet.

Le bruit et l'écho lui parvinrent comme dans un rêve : cotonneux.

Une pluie de plombs s'abattit sur le pont du *Rappahannok*.

Des dizaines de soldats, reconnaissables à leurs tuniques rouges, surgirent sur les flancs supérieurs de la passe et criblèrent le navire de balles, leurs silhouettes disparaissant derrière la fumée blanche crachée par leurs armes.

Charles Bateman roula sous le bastingage, dégaina ses pistolets et tira des deux mains avec une égale précision. En cherchant une issue improbable à terre, il aperçut Aldous Humphrey debout non loin de l'épave échouée sur la grève de l'île, à la droite d'un canon, paré à faire feu et à éventrer le vaisseau.

Sur le pont, les matelots s'écroulaient, certains cherchaient à se replier vers les cales, le Castor, le Violon et l'Indien, bravant la mitraille, distribuaient des armes pour donner la riposte.

Les filins pour hâler le *Rappahannok* avaient été abandonnés ; emporté, le vaisseau heurta une paroi dans un crissement violent et atroce.

Une décharge de canon résonna jusque dans le tréfonds de la grotte, l'écho répété était si intense qu'on se serait cru sur un champ de bataille : Humphrey avait visé la paroi de basalte, elle éclata en mille morceaux retombés sur le *Rappahannok*.

Ce tir de semonce, suivant l'accrochage, sonna la fin du combat.

Pour l'équipage du navire, comme pour Charles Bateman, il était trop tard.

Humphrey, flanqué de la Surette, procéda aux arrestations.

Des Irlandais gisaient morts sur le pont ou flottaient sur l'eau.

Charles fut menotté.

— Je n'échoue jamais. J'avais promis que votre compte serait réglé avant le printemps. Nous y sommes, se félicita Humphrey.

C'était la première fois que les deux hommes se faisaient face. Petit, l'officier de paix avait l'air d'un adolescent devant le pirate. Charles ne répondit pas, impassible ; il observa la Surette qui fanfaronnait dans la mâture.

L'Indien et le Castor étaient arrêtés.

Le Violon, porté disparu.

Humphrey ordonna à ses hommes de saisir le butin des Irlandais dans la grotte : ils ne trouvèrent pas un penny. Les richesses évoquées par la Surette avaient disparu. De même les cales du *Rappahannok* se révélèrent vides. Cela n'entama pas le contentement d'Humphrey.

À Boston, son retour fut un triomphe : d'abord la stupeur de le savoir vivant, enfin la capture de Bateman.

Quelques jours plus tard, une cérémonie consacra la remise du *Rappahannok* aux représentants du Comptoir Muir qui allaient le ramener à Londres.

Les matelots irlandais furent tous condamnés et déportés en tant qu'esclaves dans les îles des Antilles.

Seul le sort de Charles Bateman faisait débat : les juridictions de Londres et de Boston se le disputaient. Les juges d'Old Bailey et du Massachusetts voulaient se réserver le privilège de statuer la mort du pirate. Cette querelle s'éternisant, le gouverneur Dummer décida d'enfermer Bateman à la prison de Yarmouth, située sur l'île d'Hangman, à six milles nautiques au sud du havre de Boston.

Cette forteresse bastionnée, bâtie en forme d'étoile, renfermait les plus dangereux malfrats de la province.

Un matin, douze hommes montés sur une barque à rames approchaient de l'île d'Hangman : dix soldats, Aldous Humphrey et Charles Bateman, celui-ci enchaîné à un banc de nage pour prévenir toute tentative de fuite.

L'île s'étalait sur deux acres, sans un brin de verdure, cernée de têtes de roche à fleur d'eau.

En arrivant, huit gardes sortirent du bastion fortifié pour escorter le nouveau prisonnier.

Les murailles d'enceinte mesuraient cinq mètres d'épaisseur. L'intérieur était constitué de petites cours octogonales. Sur la place centrale, Bateman aperçut trois hommes pendus à des gibets ; Humphrey remit son prisonnier au gouverneur de Yarmouth.

— S'il s'échappe, lui dit-il, vous êtes mort.

La stupéfaction dans les rangs des détenus fut immense. Ils s'étonnaient de voir en chair et en os un homme aussi craint et révéré que « l'Américain ».

L'un s'approcha de Charles et dit, parlant d'Aldous Humphrey :

— Ainsi donc, il t'a eu…

Bateman sourit, d'un air crispé :

— Pas pour très longtemps.

L'homme cracha et hocha la tête :

– Il n'y a jamais eu d'évasion sur Hangman…

– Je n'ai nul besoin de m'évader.

Les Muir
1730

Douze jours après la mort de Robert Castell et de Shannon Glasby dans la maison de Corbett infectée par la petite vérole, le parlementaire James Oglethorpe fit irruption au greffe de la Cour de Justice et exigea que l'accès aux archives lui soit donné.

Il s'attarda parmi d'innombrables pièces judiciaires avant de mettre la main sur ce qu'il cherchait : une lettre datée de juin 1723, signée de la main de Shannon Glasby et dans laquelle la prisonnière de la Fleet admettait avoir exagéré les griefs imputés à John Huggins, gouverneur de sa prison pour dette.

Dans le même casier, Oglethorpe trouva l'original de la célèbre *Pétition de 1723*, ainsi que la dizaine d'autres déposées les années suivantes devant la Cour par les prisonniers insolvables. Il rassembla de même les plaintes individuelles d'endettés réclamant justice pour des traitements abusifs commis par les autorités de la Fleet, le gouverneur Huggins et son successeur, Thomas Bambridge.

Les clercs du greffe ne purent s'opposer au parlementaire qui emporta les pièces avec lui.

Depuis qu'il était représentant du Haslemere en Surrey, le jeune Oglethorpe s'était illustré comme l'un des membres les plus assidus de la Chambre ; il avait participé à plus de quarante-deux comités dont un, en 1724, sur une « loi nouvelle considérant l'état des endettés insolvables ». Vite étouffé, ce comité ne brilla pas par ses résultats et Oglethorpe se dit que sans la tragédie de son ami Robert Castell il n'aurait peut-être pas découvert l'ampleur de l'abomination du traitement des insolvables dans son pays.

Un procès contre Thomas Bambridge pour le meurtre de Shannon Glasby et de Robert Castell ne serait pas suffisant. Documents à l'appui, il allait devoir traiter un problème beaucoup plus vaste.

Son pamphlet *The Sailor's Advocate* plaidait qu'une nation comme l'Angleterre ne pouvait se déshonorer en agissant si mal envers ses marins : le cas de la Fleet et de ses prisonniers allait lui tirer un cri du cœur encore plus horrifié.

Au Parlement, il sollicita le comte de Stafford et prit la tête d'un « Comité d'inspection des prisons pour dette ».

Parmi les quatre-vingt seize membres épars de cet énième comité, il eut le flair de constituer un noyau dur de quatorze parlementaires qu'il savait impliqués dans des activités charitables. L'un d'eux se trouvait être le richissime vicomte John Percival, Irlandais qui soutenait comme Oglethorpe que « *faire le bien est le devoir des personnes de haut rang qui en ont les moyens.* »

Le 25 février 1729, pour sa première séance, Oglethorpe n'eut pas grand mal à émouvoir son comité en dressant l'affreux tableau des prisons pour dette. Deux jours plus tard, la quinzaine de parlementaires débarqua à la Fleet.

Oglethorpe refusa que Thomas Bambridge, déjà inculpé pour le meurtre de Castell, conduise la visite de la prison. Il préféra faire venir Philip Glasby et Rebecca Standish.

— Nul ne peut mieux nous aider à découvrir la Fleet et ses dysfonctionnements, dit-il. Ces jeunes gens y sont nés.

Il révéla l'identité de Philip :

— Orphelin de la brave Shannon.

Les hommes de loi, impressionnants sous leurs riches habits et leurs perruques poudrées, vinrent tour à tour saluer le garçon de quinze ans et lui témoigner leur affection et leurs regrets que les efforts de sa mère aient mis si longtemps pour les alerter. Tous connaissaient la Pétition de 1723.

Philip répondait à leurs saluts d'un air vague ; quand on l'interrogeait, Rebecca répondait à sa place. James Oglethorpe avait permis qu'il quittât la Fleet malgré la dette de douze mille livres qui pesait désormais lui : Clemens Muir avait reporté la dette de la mère sur l'enfant pour s'assurer qu'un « bâtard » Muir ne vienne jamais l'importuner.

Philip et Rebecca escortèrent le comité en commençant par la maison des Indigents. Les parlementaires découvrirent les caves, la chambre-forte, les longs couloirs étroits, les chambres surpeuplées et fétides, la cellule des parents de Rebecca avec le malheureux Conrad Standish toujours rivé sur sa chaise.

La maison des Maîtres ne fut pas moins révoltante à leurs yeux : la buvette, la chapelle, les sous-sols méphitiques, la chambre peinte du juif Manassé, la salle de billard où l'on releva un moribond.

Philip montra le chenil au fond duquel se trouvait le passage qui servait aux « évasions » réalisées avec la complicité des gouverneurs.

Vint ensuite la visite de la citerne.

Philip refusa de pénétrer dans la geôle où avait dépéri sa mère pendant cinq ans. Les parlementaires s'y entassèrent ; ils observèrent tristement les points d'appui creusés dans la paroi par Robert Castell, les marques des jours gravées à l'ongle, les dessins de Shannon évoquant son passé, depuis le théâtre de Roderick Park jusqu'à Dryburgh, qu'ils ne purent déchiffrer..

La citerne était occupée. Pour s'assurer que le nouveau prisonnier ne profitât pas du même moyen de communiquer que Castell, Bambridge lui avait entravé les bras et les jambes avec des fers, ce qui indigna Oglethorpe. Il lui rappela que les fers ne pouvaient être employés que dans les prisons pour crime. Sa colère grandit lorsque l'identité du malheureux fut révélée : sir William Rich. Un noble !

Les parlementaires sommèrent le gouverneur de lui ôter ses fers et lui interdirent tout usage à venir de cet instrument de torture.

Sir Archibald Grant avait fait venir avec le comité l'illustrateur William Hogarth afin qu'il croquât les découvertes édifiantes à l'intérieur de la Fleet. L'œil de Hogarth retint à la perfection la tête de dogue et l'air méprisant de Thomas Bambridge devant Oglethorpe et ses associés ce dimanche 27 février 1729.

Son interrogatoire eut lieu dans une salle située au-dessus de la loge des portiers. Sir William Rich était présent, ainsi que le Portugais Jacob Mendez Solas qui subissait le même traitement de fer que lui. Oglethorpe l'interrogea sur le cas du capitaine John Mackphaedris, riche marchand failli que le gouverneur avait forcé de vivre à l'air libre, lié à un arbre, sous le froid et la pluie, de jour comme de nuit ; il évoqua John Holder, vieux marchand d'origine espagnole mort suite à de mauvais traitements :

— Pour ce dernier, vous ajoutez le vol à l'assassinat en ayant défendu à son fils, ainsi qu'à ses avocats, d'entrer à la Fleet pour récupérer le mobilier tombé en héritage, et qu'on a retrouvé chez vous !

Il fit état du malheureux Thomas Hogg qui, apres avoir séjourné à la Fleet, était revenu faire une donation de quelques livres pour ses anciens compagnons d'infortune : Bambridge le fit enfermer, sans motif légal, afin de le rincer de tout l'argent qu'il le soupçonnait d'avoir gagné depuis sa liberté retrouvée.

Bambridge répondait invariablement qu'il ne faisait, qu'appliquer les sanctions prescrites en cas d'insubordination d'un prisonnier ou défaut de paiement. Ce qui était le cas, selon lui, de Mackphaedris, Holder et Hogg.

Son assurance était stupéfiante ; Philip finit par se demander qui parviendrait à faire peur à cet homme !

Après avoir rapporté les évasions suspectes de Boyce, Kilkerry, Talure et Booth, Oglethorpe nomma Robert Castell et Shannon Glasby, accusant Bambridge de les avoir sciemment incarcérés dans une cellule infectée par un véroleux.

— C'est faux, répondit-il. C'est une affaire de malchance, voilà tout. Beaucoup de témoins de la Zone permise se sont offerts pour me défendre devant le juge. Je serai lavé de cette accusation !

Bambridge craignait si peu le comité d'Oglethorpe que, sitôt le départ des parlementaires, alors même qu'ils le lui avaient interdit, il fit remettre sir William Rich dans la citerne avec ses fers !

Philip en avertit Oglethorpe le lendemain. Furieux, celui-ci revint à la prison. Il invoqua un crime de lèse-parlement

Tous les endettés se ruèrent dans la cour principale pour ne pas manquer le spectacle : Bambridge mis aux arrêts, encadré par deux gardes et un sergent ! Ils lui firent une haie de *déshonneur*.

Devant le portail, Bambridge eut la surprise de voir apparaître Philip Glasby. Le garçon eut le privilège d'ouvrir la porte pour le gouverneur et de la lui refermer dans le dos, violemment, acclamé par les détenus :

— Qu'il n'y revienne jamais !

Les comités parlementaires étaient réputés pour leur extrême lenteur ; cependant, en seulement cinq semaines, Oglethorpe et ses associés avaient bouclé leur enquête.

Piètre orateur, Oglethorpe brillait par sa rigueur et le bien-fondé des faits exposés. Son rapport du 20 mars devant le parlement fit sensation ; si bien que l'assemblée n'eut pas d'autre choix que d'abonder à l'unanimité dans son sens : John Huggins fut incarcéré à la prison pour crime de Newgate et inculpé du meurtre du prisonnier Edward Arne. Thomas Bambridge, relevé de ses fonctions et incarcéré à Newgate, inculpé pour les meurtres de Robert Castell et Shannon Glasby ; défense lui était faite de retrouver jamais un poste de gouverneur de prison ; leurs complices ne furent pas épargnés, dont l'huissier Robert Corbett, et les « hommes de main » Barnes, Pindar, Everett et King..

Le comité d'Oglethorpe, en se rendant à la prison de Marshalsea, avait découvert que près de trois cents insolvables y mouraient de faim, subsistant au milieu de leurs morts ! Le Parlement admit la nécessité d'une nouvelle loi pour réformer les institutions des prisons d'insolvables et prévenir les pratiques arbitraires de leurs gouverneurs.

Le 14 mai, jour du second rapport du comité, Oglethorpe et Percival réussirent à arracher la signature du roi autorisant l'élargissement de tous les insolvables du royaume privés de liberté à cause de loyers et de pénalités excessives imposées par les gouverneurs.

Oglethorpe avait fait les comptes : sur les soixante mille emprisonnés pour dette en Angleterre, cette mesure allait en libérer au moins dix mille !

L'annonce de la clémence royale fit le tour du royaume. James Oglethorpe devint l'homme le plus admiré du moment. Il était pourtant le premier ébahi par la rapidité et le poids de ces avancées : cinq mois à peine s'étaient écoulés depuis la disparition de Robert Castell et de Shannon Glasby !

Les endettés déposèrent auprès des tribunaux des milliers des sollicitations de libération. À la Fleet, ce fut la liesse. Le vieux Conrad Standish, retrouvant brusquement son appétit de vivre, s'empressa de faire valoir ses droits. Il s'imaginait déjà de retour avec sa femme et sa fille sur son île de Man !

Pour répondre à la colère de l'opinion, les premiers élargissements ne tardèrent pas ; les noms des libérables étaient publiés au préalable dans la presse afin qu'aucun créancier ne soit lésé par la loi.

Mi-juin, le premier lot de prisonniers bénéficiant de l'*Act* quitta la Fleet.

Ce même jour, le portail fut grand ouvert et un cercueil, porté par quatre hommes, entra dans la cour principale.

À son apparition, les conversations cessèrent ; les hommes ôtèrent leurs casquettes.

Une ancienne endettée revenait à la Fleet.

En décembre, Shannon avait été provisoirement enterrée dans le caveau des Castell. Avec l'aide d'Oglethorpe, son fils Philip avait obtenu qu'elle puisse reposer à l'intérieur de la Fleet et demeure, pour les générations à venir, un symbole de saine révolte et de bravoure face à l'injustice.

Le bailli de Westminster s'était laissé convaincre et Shannon rejoignait aujourd'hui sa dernière demeure.

Son cercueil fut déposé dans un caveau de pierre construit contre le mur nord, à égale distance de la maison des Indigents et de la maison des Maîtres.

Philip avait fait graver l'inscription :

Shannon Glasby
1697 – 1728
The Stout Lady of the Fleet
« Vincit »

Il n'y eut ni cérémonie religieuse, ni discours : Philip, immobile devant le tombeau, entouré de Rebecca, des Standish et des Goodrich, saluait les endettés venus se recueillir à la mémoire de Shannon.

Tous savaient ce qu'ils devaient à cette intrépide petite femme.

Juste avant la fermeture réglementaire des portes de la prison, Philip remonta vers le quartier de Clerckenwell en compagnie de Ken et de Marcia Goodrich qui l'hébergeaient depuis qu'Oglethorpe avait assuré sa sortie de la prison pour dette. La soirée était chaude et humide ; l'été était en avance. Le trajet se fit en silence.

À l'étage de la Tunique Rouge, les Goodrich lui avaient aménagé une soupente : ils s'étaient même privés d'un repas par jour pendant un mois pour lui acheter un lit et des bougies afin qu'il puisse s'adonner à son loisir de lire.

Ce soir, le bon Ken Goodrich lui apportait son souper dans sa chambre.

Depuis la disparition de Shannon, ni le soutien de Rebecca, ni les exhortations d'Edith Conrad et des Goodrich n'arrivaient à délivrer Philip de sa longue crise morale ; peu après sa mort, Ken Goodrich avait réalisé un portrait au crayon de Shannon, criant de ressemblance ; Philip le regardait en ce moment et n'arrivait plus à s'en détacher. Tous deux se ressemblaient toujours autant. Lui était d'une maigreur alarmante, le cheveu très blond qui tombait en boucles déliées sur sa veste de deuil.

— Je sais que cette journée a été des plus pénible, lui dit Goodrich en s'asseyant près de lui sur son lit ; cependant il va te falloir prendre le dessus. Rapidement.

Le garçon de quinze ans hocha la tête sans répondre.

— À ton âge, reprit Goodrich, je ne m'imaginais comme toi qu'un avenir de brimades et de rejets. C'est pourtant à ce moment que j'ai eu le bonheur de faire la rencontre de celle qui allait devenir l'excellente Marcia Goodrich !

Il sourit.

— Ma vie s'est éclaircie et rien ne fut plus jamais comme avant. Ne crois pas que ce fut chose aisée. Mon père voulait me forcer à marier des filles de colon. Des Blanches. Et moi qui jusque-là n'avait jamais rien résolu de mon propre chef, je lui ai tenu tête. J'avais pris une décision, je l'appliquais et l'assumais. En peu de jours, l'enfant que j'étais à seize ans était devenu un homme.

— Vous avez eu de la chance, M. Goodrich.

— Toi aussi, tu as de la chance : n'as-tu pas Rebecca ?

Les traits du visage de Philip se contractèrent :

— Plus pour très longtemps.

Goodrich haussa les épaules, incrédule :

— Comme si cette charmante fille allait jamais t'abandonner.

— Elle, non. Seulement son père l'y obligera.

— Et pourquoi ferait-il une chose pareille ?

Philip quitta du regard le portrait de sa mère et se tourna vers Goodrich.

— Il compte sur le nouvel *Act* pour retourner sur son île de Man. Il espère dans le prestige de son vieux nom pour trouver un bourgeois ou un commerçant aisé à qui faire épouser sa fille ! Rebecca lui est indispensable. Il va l'emmener avec lui.

— Vraiment... Et qu'en dit Rebecca ?

— Elle est soumise à la volonté de son père.

— Je vois. Peut-être les Standish accepteront-ils que tu ailles avec eux sur leur île ?

Philip se raidit :

— Et contempler Rebecca mariée à un autre ?

— Je vois... Tu n'as donc pas beaucoup d'alternatives.

— En ai-je seulement une ? Monsieur Goodrich ?

Ken secoua la tête et se releva :

— À toi de décider. Prends un parti, applique-le et assume les conséquences. Si j'avais un conseil à te donner, je me tairais. Autrement, cela romprait le charme...

Le 4 juillet, Conrad Standish apprit l'annonce de sa libération. Sa dette envers Huggins et Bambridge était invalidée et celle de son créancier initial, qui ne s'était plus manifesté depuis des années, fut jugée prescrite.

Il s'enquit aussitôt du premier bateau à destination de Man et expédia des lettres pour annoncer son retour et vanter les charmes et l'éducation soignée de sa fille.

Philip ne se montra pas à la Fleet pendant plus de dix jours.

— Où as-tu été ? lui demanda Rebecca à sa réapparition.

— À Hockley-in-the-Hole.

Philip félicita Conrad Standish sur l'annonce de sa libération. Tout à sa joie, le vieil homme ignorait l'inquiétude peinte sur le visage de Rebecca et sur celui de sa femme.

— Que faisais-tu à Hockley ? insista Rebecca.

— Je suis allé tuyauter un peu…

Puisqu'il avait l'œil expérimenté et connaissait les combines des propriétaires et des gladiateurs, il indiqua aux joueurs non avertis sur quel chien jouer, pour quelles raisons éviter tel ours ou tel taureau et surtout, il s'enquérait des « arrangements » passés entre gladiateurs avant les combats. Ses recommandations lui assuraient un pourcentage sur les gains réalisés. Cet art du « tuyau » n'était pas sans risques : les propriétaires de chiens et de gros animaux faisaient la chasse à ces scélérats qui les privaient de paris facilement emportés.

— C'est de la folie, s'écria Rebecca. Certains tuyauteurs, et même des enfants, ont fini noyés dans la Fleet ou mutilés !

— Une vingtaine de livres me manquaient.

— Allons bon ! Pour quoi faire ?

— Suis-moi. Tu vas comprendre.

Il la conduisit au *Rainbow Coffee House* dans la Zone permise.

Il approcha d'une table de jeu où deux hommes s'affrontaient aux dés.

— Dr. Gayman ?

Celui-ci lui intima l'ordre de se taire, absorbé par le lancer de son adversaire.

— Plus tard !

Le dé roula.

Gayman se saisit le front entre les mains, jurant et sacrant. La chance lui tournait le dos une nouvelle fois. Il dut se séparer d'une livre supplémentaire. Son pot était presque vide. Philip déposa son pécule sur la table.

Surpris, Gayman le regarda :

— Que veux-tu ?

Inquiet, Philip prit une longue inspiration et lança :

— Mariez-nous !

Rebecca se figea. Gayman sourit. Philip prit les mains de son amie :

— Aujourd'hui, tu es soumise à ton père. Si tu acceptes, il ne pourra plus nous séparer.

La réponse de la jeune femme à la demande en mariage resta un moment suspendue en l'air. Autour d'eux, les joueurs s'étaient tus. Alors Rebecca sourit magnifiquement et envoya un puissant coup de poing dans l'épaule de Philip :

— J'en profite, après je ne pourrai décemment plus le faire. Tu m'aurais épargné des journées d'angoisse, idiot, en m'en parlant plus tôt. Je croyais que l'on ne se verrait plus !

— Ah c'est autre chose ! se réjouit Gayman en se levant. Je croyais que tu venais me taper ma place à la table de jeu, petit. S'il en est ainsi, je suis votre serviteur, tout à fait votre serviteur, surtout s'il y a vingt livres à la clef !

John Gayman était pasteur. Il reboutonna le col de sa chemise afin de se donner davantage l'air de son état.

Cela faisait plus de vingt ans que cet endetté, célèbre prisonnier à la *Zone permise*, opérait des mariages.

Vieille tradition de tripotage frauduleux avec la loi, les unions à la Fleet étaient le seul moyen trouvé par les pasteurs insolvables pour payer les échéances de leurs chambres d'auberge. Illégales dans la forme, ces noces restaient valides puisque célébrées par un membre réel du clergé. Aucun ban n'étant publié, de tout le pays, venaient ici, pour s'unir, des cousins trop cousins, des cœurs amoureux bravant l'interdit des parents, des hommes qui se faisaient bigames pour rafler une nouvelle dot, des amants de confessions opposées, etc.

Certaines années, plus de deux mille mariages pouvaient être enregistrés à la Fleet.

— Des témoins, s'écria John Gayman. Vite !

Deux joueurs de cartes, dont un complètement ivre, s'offrirent.

Le pasteur tira de sa poche un carnet sur lequel il notait ses mariages, mentions reportées ensuite, avec exactitude, dans un grand livre qui ferait foi devant la justice du pays.

— Vos noms ?

À la surprise de Rebecca, Philip demanda à ce qu'ils soient inscrits sous celui de Muir.

— Philip et Rebecca Muir, conclut John Gayman.

Il ne fit aucune question. Philip savait que le tarif à vingt livres permettait tout.

La « bénédiction » dura, approximativement, dix minutes ; Gayman aimait à réciter son saint Paul en entier.

— Que le sort en soit jeté, conclut-il d'une manière cavalière. Je vous souhaite de former une belle famille en Christ. Dieu vous tienne toujours en sa sainte garde.

Après avoir débité ses formules d'une seule émission de voix, il retourna à sa table de jeu et entreprit de faire se multiplier les vingt livres de Philip.

Les mariés emportèrent leur acte de mariage rédigé sur un papier chiffonné du *Rainbow Coffee House*.

Conrad Standish fut le seul à hurler à l'assassinat lorsqu'il apprit la nouvelle. Sa femme Edith était enchantée pour les deux jeunes gens.

Le soir, dans la chambre de la Tunique Rouge, Philip révéla à sa femme qu'il était le fils illégitime d'Augustus Muir ; il lui conta l'humiliation subie devant Roderick Park quand Clemens Muir l'avait bombardé de cailloux après l'avoir menacé de le jeter dans la Tamise.

— Que comptes-tu faire ?

— La haine ne me mènera nulle part. Je n'oublie pas, mais il faut passer à autre chose. D'un côté, les Muir sont trop puissants pour moi, de l'autre, je n'attends rien d'eux.

— Alors pourquoi avoir choisi de porter leur nom ?

— Au moins je sais qui est Augustus Muir ! Glasby, c'est un étranger pour moi. Ma mère m'a une fois avoué que ce nom n'était pas vraiment le sien. Dès lors je suis un Muir. Un jour, à la grâce de Dieu, il leur faudra le reconnaître.

La conversation roula sur leur avenir :

— Je n'ai jamais oublié le temps où tu rêvais d'aller vivre en Italie ou en Grèce, dit Philip. Je travaillerai pour réunir la somme nécessaire. Adieu l'Angleterre. Je t'en fais la promesse !

Ken Goodrich incita Philip à se trouver un métier stable.

Cependant Londres connaissait une période de chômage noire. L'afflux de milliers d'insolvables libérés du jour au lendemain, la majorité convergeant vers la capitale, avait fait bondir les demandes d'emploi, tous secteurs confondus. La rareté s'ajouta à la précarité. Les rues furent envahies de vagabonds, de mendiants, de familles entières qui subissaient la lente torture de la misère. Le taux des vols et de la criminalité s'envola.

On rapportait que le roi George II, en butte à l'hostilité des nobles et des bourgeois, regrettait de plus en plus d'avoir signé le décret présenté par Oglethorpe et Percival.

Oglethorpe comprit qu'un plan d'assistance aux insolvables libérés devenait indispensable.

L'urgence commandait de construire des abris, de lancer des chantiers afin de générer des emplois, de distribuer de la nourriture aux plus démunis.

— Cette tâche est folle, se dit le jeune parlementaire. Où trouver du travail pour dix mille personnes ?

La solution, ce fut un homme du nom de Thomas Lombe qui la lui apporta.

Sa patente anglaise sur une machine à tordre arrivant à échéance, il vint solliciter Oglethorpe pour qu'il en défende le renouvellement devant le parlement.

Quelques années plus tôt, son cousin était parti en Italie pour recopier en secret les plans des nouveaux moulins à tordre qui assuraient aux Italiens la domination du commerce de la soie en Europe. Il revint à Londres et obtint une patente pour fabriquer son premier prototype.

— Il fonctionne en ce moment même à Derby, dit Thomas Lombe à Oglethorpe. Encore faut-il l'approvisionner en bonne soie brute ; les efforts pour cultiver sur le sol britannique l'aliment des vers à soie qu'est le mûrier blanc n'ont donné aucun résultat concluant. Mais ceci est en passe de changer !

Il confia à Oglethorpe un court mémoire imprimé à Londres en 1724.

— Son auteur, Jean-Pierre Purry est un aventurier suisse, de Neuchâtel. Il a apporté la preuve qu'au sud de la Caroline le mûrier blanc prolifère à l'état sauvage ! En cultivant à grande échelle le ver à soie dans cette contrée, l'Angleterre réaliserait une économie annuelle d'un demimillion de livres sur ses importations. J'ajoute que si la soie grège de Caroline était rapatriée en Angleterre, en décuplant le nombre de mes moulins à tordre, plus les postes que nécessite la production de ce textile précieux, je puis vous garantir des milliers d'emplois neufs sur notre sol. Vous avez dix mille endettés sur les bras ? Ils ne seront pas en nombre suffisant pour répondre au besoin de main-d'œuvre de la nouvelle soie anglaise !

Pour Oglethorpe, l'idée de Lombe allait dans la bonne direction, mais elle s'arrêtait à mi-chemin. Le projet de Purry, au-delà de la soie, c'était l'implantation d'une colonie. Ne pouvait-on envisager de la peupler avec ses malheureux endettés ?

La nuit où lui vint cette idée, il marcha de long en large dans sa chambre jusqu'à l'aube. Au matin, il n'avait pas l'air fatigué : il rayonnait !

Il se procura tous les travaux accomplis sur le sujet par Thomas Nairn au tournant du siècle, par Robert Montgomery, par John Barnwell et même ceux de son ennemi Augustus Muir dont le vaste schéma incluait le margraviat de Montgomery, les forts militaires de Barnwell et la soie de Purry.

— Il nous faut obtenir, soit par le Gouvernement, soit par don, soit à l'achat, un certain nombre d'acres situés au sud de la Caroline afin d'y établir une centaine de nos insolvables sans-emploi, dit-il à son ami le vicomte Percival, dans son manoir, le 13 février 1730. Ils seront les pionniers d'une grande colonie à venir ; elle recevra tous les hommes que nous avons libérés des prisons pour dettes !

— Je vois. Je me suis déjà intéressé aux vastes terres sauvages de la Caroline. Avec quels moyens comptez-vous faire vivre ce projet faramineux ?

— Cette colonie n'aura rien de commun avec tout ce qui s'est pratiqué jusqu'à présent en Amérique : il s'agit d'aider à l'avènement d'une colonie philanthropique ! Nous ferons appel à la charité ! L'âge d'or des colonies est derrière nous ; voilà un demi-siècle que la couronne n'a pas accordé de nouvelle charte. Qui rêve encore de fonder des villes de nos jours ? Mesurez-vous l'ampleur de l'entreprise ? Sans le roi et le parlement, vous ne parviendrez à rien.

— Comment les déciderez-vous à vous suivre ?

Oglethorpe essaya de son argument sur Percival :

— J'ai évalué le coût moyen d'un travailleur pauvre dans notre pays, sa famille comprise. Ne pouvant subsister sans la charité publique, un homme coûte, par an, vingt livres à l'État alors qu'il n'en rapporte que dix. Si je tiens compte des schémas de Montgomery et Purry sur la fertilité des sols, j'estime que ce même homme, à l'œuvre sur les bords du Savannah, non seulement ne pèserait plus sur les finances publiques, mais rapporterait à la couronne six fois plus qu'en restant dans la Mère-Patrie ! Ce raisonnement ne souffre pas de défaut : l'Angleterre s'honorerait et s'enrichirait en exportant ses pauvres !

Percival sourit :

— Si ma mémoire est fidèle, nous étions convenus, d'œuvrer à adoucir les peines des endettés de la Fleet. Et nous voilà, un an plus tard, discourant de quoi ?

— D'une treizième colonie en Amérique !

Percival, sans cesser de sourire, ajouta d'un air débonnaire :

— Essayons toujours…

Leur projet d'une colonie destinée à devenir « œuvre de charité et d'humanité » créa la surprise et fut très bien accueilli. La dimension philanthropique tranchait avec les expériences antérieures et raviva l'intérêt des Anglais pour ces lointaines entreprises d'Amérique.

« Les futurs administrateurs de la colonie ont renoncé, pour le bien de l'humanité, à la richesse et à l'oisiveté auxquelles leur fortune leur donnait droit ainsi qu'aux coutumes trop répandues de leur mère-patrie » écrivit

Oglethorpe. Cette profession de foi désintéressée rendit le dessein encore plus extraordinaire aux yeux de l'opinion : pour la première fois dans l'histoire des colonies anglaises, celle-ci serait administrée par des hommes qui juraient de ne tirer aucun profit de l'aventure ! Dans un siècle où régnait le mercantilisme, les fondateurs promettaient de rester bénévoles.

On en fit des poèmes et des chansons.

Les dons affluèrent : du petit artisan qui sacrifiait quelques pence aux aristocrates de premier plan, comme William Penn qui eut vent de l'idée depuis les bords de son Delaware et la crédita de cent livres.

Le tout-puissant premier ministre sir Robert Walpole n'était pas fâché de voir un tel projet naître sans que cela coutât le moindre penny à son gouvernement. Augustus Muir apprit les termes et les conditions provisoires de la colonie et s'en plaignit :

— Oglethorpe reprend mon projet à la lettre. J'ai un droit moral et financier sur celui-ci.

Mais sir Robert Walpole n'avait plus l'intention de le soutenir :

— Votre tentative a avorté, inutile de vouloir y revenir. Je vous avais dit alors que quelque chose manquait à votre colonie militaire et commerciale. En vérité, il en manquait deux : d'abord la *nécessité*. Il est de nos jours urgent de trouver une solution à l'afflux des insolvables et des sans-emploi. Enfin, la *bonté publique* ! Qui l'eût crû ?

Quand Augustus Muir insista auprès des colonisateurs pour que ses navires de commerce servent aux transports des colons en Amérique puis assurent le rapatriement des balles de soie grège en Angleterre, Oglethorpe s'y opposa. Aux procès Bambridge et Huggins, Muir, surintendant des prisons, était parvenu à assurer deux acquittements !

De leur côté, Philip et Rebecca assistaient émerveillés aux avancées prodigieuses d'Oglethorpe. Tout le monde ne parlait que de la « colonie des malheureux » ; dans leurs sermons, même les pasteurs incitaient les fidèles à faire des dons.

Pour s'attacher le concours du roi George II, les futurs administrateurs reprirent l'idée de Purry et de Muir en donnant à leur nouvelle province le nom de Géorgie.

Un sceau officiel fut frappé où l'on voyait les trois stades du cycle de vie d'un ver à soie sur une feuille de mûrier, sous la devise de la colonie : *Non Sibi Sed Aliis.*[1]

Un soir, à la Tunique Rouge, Philip et Rebecca trouvèrent Ken et Marcia Goodrich en larmes : un article d'Oglethorpe expliquait que le campement du premier contingent de colons serait implanté sur la rive sud du Savannah.

— Ce rêve généreux est en train de devenir une réalité ! se félicitait Goodrich. Je ne pensais pas assister de mon vivant à un tel sursaut de générosité. Ou je me trompe ou ce dix-huitième siècle est riche de promesses !

Seulement, le lendemain, deux hommes, John Thompson et de George Robinson quittaient Londres pour la France. Ces deux inconnus étaient les trésoriers de la Charitable Corporation, agence fondée vingt ans auparavant pour rendre le crédit accessible aux plus démunis ; elle prêtait de petites sommes à des taux très bas.

Cette *Charitable Corporation* était considérée comme le chef-d'œuvre de l'esprit philanthropique anglais. Mais ses comptes étaient truqués ; de riches spéculateurs profitaient des conditions réservées aux pauvres et réalisaient des bénéfices exorbitants. La corporation ne cessait de prêter plus qu'elle ne devait.

Cinq cent soixante dix mille livres manquaient dans la caisse !

1. « Pas pour nous mais pour les autres »

La fuite des deux trésoriers mit le feu aux poudres : le scandale éclata.

Ce fut un traumatisme pis que la faillite de la Compagnie des Mers du Sud qui avait mis un terme aux ambitions coloniales d'Augustus Muir..

On ne pouvait se résoudre à croire que cette agence respectée était un organe de spéculation occulte. L'esprit philanthropique tout entier était remis en question. Les dons cessèrent. La méfiance s'installa, n'épargnant pas le dessein géorgien.

Oglethorpe avait repris dans ses communiqués les données de Robert Montgomery et Jean-Pierre Purry, et il parlait de la future Géorgie comme d'un « Paradis » « situé sur le même parallèle que la Terre Promise » « où tout poussait naturellement, sans efforts », « où l'air était si vivifiant qu'un homme pouvait espérer vivre trois siècles ! » Les critiques tournèrent cet irénisme en dérision, soupçonnant qu'il ne servît qu'à appâter les donateurs pour enrichir des fondateurs d'apparence trop généreuse prêts à disparaître sitôt les fonds réunis.

— Hélas, c'était trop beau ! déplora Goodrich devant la campagne de dénigrement. Sans un heureux coup du sort, je ne vois pas comment le dessein d'Oglethorpe pourrait encore voir le jour.

Deux jours plus tard, Philip rentrait à La Tunique Rouge en brandissant le dernier numéro de la *London Gazette :*

— Thomas Lamar est à Londres ! Le *Peau-Rouge-Blanc !* Le héros du Savannah et du Chattahoochee ! Il a eu vent du projet de la Géorgie.

Le nom du célèbre explorateur n'était oublié de personne. La foule qui avait tant vibré à la lecture de ses exploits était enchantée à l'annonce de sa venue. Beaucoup avaient cru Thomas Lamar mort, certains avaient même prétendu qu'il n'avait jamais existé, n'étant que la créature de l'éditeur William Taylor.

Pourtant la *London Gazette* avertissait de sa présence à une réunion publique exceptionnelle de la Société de Géorgie[1].

Le public afflua en nombre pour voir le héros de *Luttes à la vie à la mort d'un Blanc chez les Sauvages.* Philip et Rebecca, pour lesquels ce roman était un heureux souvenir commun, parvinrent, grâce à Oglethorpe, à pénétrer dans le théâtre réquisitionné pour l'évènement.

Oglethorpe et Percival ouvrirent la séance par des discours qui soulignaient ce qui distinguait leur projet du scandale de la Charitable Corporation. Les administrateurs de la Géorgie entachés par l'affaire, comme Archibald Grant et Robert Sutton, avaient démissionné ; Oglethorpe et Perceval dénoncèrent les accusations de mystification dont ils faisaient l'objet et apportèrent de nouvelles garanties sur le contrôle des dons tous placés dans un compte consultable de la Banque d'Angleterre.

Ils furent longuement applaudis.

Enfin Thomas Lamar fut annoncé.

Un silence absolu s'installa dans les rangs des spectateurs.

Le héros parut sur la scène.

À ce moment précis, deux cris stridents fusèrent dans la salle : Philip et Rebecca.

Ken Goodrich s'avança au devant de la scène.

Il commença par expliquer comment il avait vécu avec son épouse Kitgui sur l'île de Tomoguichi jusqu'en 1717. Pendant la terrible guerre des Yamassee qui avait opposé les Anglais de Caroline aux Indiens, sa maison fut détruite une fois par les Blancs, une autre fois par les Rouges ; et ses deux fils, Impatiemment-Attendu et Fracas-du-Tonnerre, après avoir pris le parti des Indiens contre celui des Anglais, avaient péri ensemble dans

1. « The Corporation for Establishing Charitable Colonies in America. »

l'incendie d'un village cherokee. Ravagés de douleur, ayant vu leurs amis indiens tués ou dispersés, Thomas et Kitgui Lamar décidèrent de quitter leur pays. Lui renonçait à ses espoirs de voir jamais les Européens et les Indigènes vivre en paix. Elle, dernière des Yeohs, voulait tout oublier. Ils embarquèrent pour l'Angleterre. Ce fut dans une ville du comté de Herefordshire nommée Goodrich qu'ils décidèrent de changer leur nom et de ne rien conserver de leur douloureux passé. Lamar réussit à vendre les reliques en métal précieux offertes par ses compagnons indiens, dont l'empereur Brim. Avec cette somme, ils achetèrent une boutique d'effets militaires à Clerckenwell. Thomas Lamar jugeant que les Londoniens ne savaient pas faire la différence entre les tribus du Nouveau Monde fit passer son épouse Kitgui la Yeoh pour une Arawak des Antilles. Ils s'inventèrent un passé sur l'île de la Barbade et vivaient depuis une vie discrète, imitant les autres couples anglais. Même l'incroyable tapage qui avait accompagné la publication du récit apocryphe de ses exploits sur le Savannah n'avait pas incité Goodrich à divulguer sa véritable identité.

Aujourd'hui, il sortait de son silence uniquement pour appuyer l'entreprise de la Géorgie. Il assura qu'Oglethorpe n'avait pas menti sur le caractère paradisiaque de cette contrée : lui-même, ayant quitté Charles Town pour s'installer sur l'île de Tomoguichi, alors qu'il n'avait jamais cultivé ni bâti de maison, à l'aide seulement de quelques livres, était parvenu à abriter et à nourrir sa famille !

Dans la salle une voix isolée l'interrompit pour crier à l'imposture.

Impassible, Ken Goodrich ouvrit sa chemise et se présenta à l'avant-scène, torse nu : le tatouage de Brim s'y déployait toujours. Il l'avait reçu à Coweta, l'année de ses trente-six ans. Il en comptait aujourd'hui soixante. Nul ne pouvait contester l'ancienneté du tatouage.

L'intervention du héros obtint le succès escompté. Thomas Lamar fut acclamé. Sa caution balaya les rumeurs calomnieuses répandues les jours précédents.

Après la séance publique, Lamar-Goodrich se retrouva dans le bureau d'Oglethorpe au siège de la Société de Géorgie, en compagnie de Philip et de Rebecca.

Les deux jeunes gens étaient toujours en larmes. Bouleversés par sa révélation.

— Je préférais ne rien vous avouer, leur dit le bon Goodrich.

Il sourit :

— D'abord parce que tu aurais été très déçu, Philip, d'apprendre que je ne sais pas tuer un ours à mains nues et que ma vie ressemble peu à celle du *Peau-Rouge-Blanc* que tu admires dans les pages de ce roman. Ensuite, Marcia et moi, nous nous étions faits à cette vie de mensonge : elle nous aidait à ne jamais penser à tout ce qui nous était cher et que nous avons perdu là-bas...

Il demanda à Oglethorpe une carte de la contrée qu'il comptait coloniser. Il fit glisser son doigt le long du tracé sinueux du fleuve Savannah et, au premier grand virage après l'estuaire, prit une plume et dessina une petite île en forme de demi-lune.

— Voici mon île, dit-il. L'île de Tomoguichi.

Il présenta un document de 1708 signé par les édiles de la Caroline qui lui reconnaissaient la propriété de ce morceau de terre émergée au milieu du Savannah.

Il tendit le document à Philip qui le saisit sans comprendre.

Oglethorpe dit :

— Quand Ken Goodrich est venu me voir pour me proposer son aide, il n'a posé qu'une condition : que vous soyez les deux premiers passagers du bateau qui conduira les pionniers en Géorgie.

— Ici vous n'avez pas de réel avenir, leur dit Goodrich. Le travail manque. Un monde disparaît alors qu'un autre naît de l'autre côté de l'océan. Ne ratez pas cette chance.

Il se tourna vers Oglethorpe :

— Quelles que soient les dispositions légales de votre colonie, je souhaite que mes amis restent les seuls propriétaires de mon île.

Oglethorpe acquiesça :

— Vous avez ma parole.

Émus, Philip et Rebecca voulurent protester ; Goodrich les en empêcha. Le parlementaire s'approcha de Philip :

— Sans la disparition de mon ami Robert Castell, je ne me serais peut-être jamais occupé du scandale des prisons pour dette. Sans la pétition de ta mère, nous ne serions jamais parvenus à réformer les lois et à faire libérer autant d'insolvables aussi rapidement. Par Shannon, tu es intimement lié à tout ce qui arrive...

Il lui serra longuement la main :

— Bienvenue dans l'aventure !

Les Bateman
1732

Aldous Humphrey jouissait de nouveaux locaux de la garde armée dans Boston. Depuis l'arrestation de Charles Bateman, il était devenu une figure incontournable de la province ; soutenu par le gouverneur Dummer, il avait pu restructurer le corps des agents du Massachusetts et mettre en pratique les dispositifs dont il rêvait déjà à Londres. En un an, la criminalité de la colonie diminua de moitié ; les brebis galeuses avaient migré ; on mit à son crédit le départ spectaculaire des Irlandais catholiques : du jour au lendemain, la ville d'Irishtown, symbole de la prospérité de Bateman, se vida de la totalité de ses occupants sans qu'on sache leur destination.

Humphrey visait secrètement le poste de juge en chef puis, d'ici à quelques années, celui de lieutenant-gouverneur.

Son seul sujet de contrariété était l'interminable querelle juridique qui opposait Londres à Boston sur le sort à réserver à Bateman, toujours emprisonné sur l'île d'Hangman.

Humphrey, qui détestait les chicanes, se jurait bien que s'il avait été juge en chef sur cette affaire, elle n'aurait pas traîné dix-huit mois.

Début novembre 1732, la population de Boston ne pensait plus au pirate du *Rappahannok* irlandais ; elle était entièrement occupée par l'annonce du passage d'une comète, prétendument déjà observée par un missionnaire juif en Chine en juillet dernier.

Une grande agitation, nourrie de prophéties de fin du monde martelées d'un bout à l'autre de la ville, exaspérait Humphrey. Il avait la superstition en horreur. Attachement irraisonné à ajouter sur le compte de ces Bostoniens qu'il n'aimait guère. Il détestait leur mode de vie, la loi séculière était chez eux trop lâche à son goût, l'Église trop présente, le respect dû au roi pas assez appuyé, le code moral des puritains entaché de trop de contradictions, la population, enfin, composée soit de bigots soit d'aventuriers et de personnages ayant fui l'Angleterre pour des raisons louches. Il interdit à son épouse d'entretenir le moindre rapport avec les autres femmes mariées de Boston.

Le 9 novembre, la comète et le Jugement dernier se faisaient toujours attendre.

Le gouverneur Jonathan Belcher, qui avait succédé à Dummer, se présenta à son cabinet, accompagné d'un homme qu'Humphrey était certain de n'avoir jamais vu à Boston.

— Je vous présente monsieur Philip Livingston, lui dit Belcher, qui nous rend visite de New York.

Les deux hommes se saluèrent.

Le gouverneur reprit :

— M. Livingston est porteur d'une demande de libération *à effet immédiat* du prisonnier Charles Bateman.

Humphrey marqua un temps mais ne cilla pas :

— À quel titre ? demanda-t-il.

— M. Charles Bateman est attendu à New York, répondit Livingston.

— Une mesure de justice sanctionne-t-elle cette demande ?

Philip Livingston, quarante-six ans, membre influent du Conseil provincial, avait pris la suite de son père

Robert à la tête du Livingston Manor et à la direction du Secrétariat des Affaires indiennes. Il produisit devant Humphrey un document de l'Assemblée de New York qui blanchissait Charles Bateman de toutes les accusations de piraterie qui lui étaient faites et exigeait sa libération de la prison de Yarmouth.

— Dans sa grande sagesse, ajouta Livingston, l'Assemblée de New York a élu M. Bateman comme l'un de ses membres. Dès lors, ce n'est rien moins qu'un représentant légal en Amérique du Parlement de Londres que vous détenez dans votre prison !

À la lecture du document, le visage d'Humphrey commença à se décomposer :

— C'est impossible. Pas lui. Pas après ce qu'il a fait subir aux intérêts de la couronne !

— M. Bateman a fait amende honorable, lui répondit Livingston. Son butin de quarante mille livres a été remis au Trésor de notre colonie. Ses Irlandais ont accepté de venir vivre sur notre frontière afin de constituer un fort de défense contre les Français. Enfin, M. Bateman est aujourd'hui fiancé à Flora van Cortlandt, héritière d'une des plus importantes familles hollandaises de notre province. À ce titre, il devient le troisième propriétaire terrien de New York.

— Il a fait amende honorable ? répéta Humphrey incrédule. Bateman est confiné à l'isolement de Yarmouth depuis dix-huit mois, sans aucune possibilité de communiquer avec l'extérieur !

— Aussi suis-je venu l'avertir en personne de la bonne nouvelle et de ses nouveaux droits, fit Livingston. Je l'escorterai à New York à bord de mon navire.

Aldous Humphrey observa le gouverneur :

— Vous ne dites rien ? Vous laissez faire ? Malgré les efforts engagés par votre prédécesseur pour mettre la main sur cette crapule ?

— J'obéis à la loi, Humphrey. Votre crapule est un parlementaire de New York. Vous et moi devons nous y soumettre.

— Pouvons-nous exercer un droit de recours ?

— Oubliez cette idée.

— Qu'en dit Londres ? insista Humphrey. Westminster Hall peut-il se prêter à une telle comédie ?

Le gouverneur mit la main sous son plastron :

— J'ai là un pli de sir Robert Walpole entérinant l'amnistie de Charles Bateman.

Humphrey secoua la tête :

— Qui d'autre Bateman a-t-il payé ? Je n'appelle pas cela une mesure de justice, mais un insupportable marchandage !

— Vous sortez de votre rôle, Humphrey, dit le gouverneur en forçant le ton. Présentez-moi plutôt le registre de Yarmouth afin que j'ordonne la levée d'écrou.

Lorsque Humphrey avança le livre devant Belcher, il y avait ajouté un feuillet.

— Qu'est-ce ?

— Ma démission, dit Humphrey.

Son visage était déformé par la haine et la colère :

— En homme de prudence, je la tiens toujours prête ; elle aussi, monsieur le gouverneur, est *à effet immédiat.*

Sans attendre de réponse, il quitta ses locaux.

Deux navires, le *Torbay* et le *Medway*, mouillaient à quelques encâblures de l'île d'Hangman. Le premier était un vaisseau de ligne de quatrième rang armé d'une quarantaine de canons ; le second, une luxueuse goélette appartenant à la famille Livingston.

Une chaloupe du *Medway* vint chercher Charles Bateman à la prison de Yarmouth.

L'ancien pirate flamboyant, après dix-huit mois d'enfermement, avait considérablement maigri ; loqueteux, barbu, les cheveux au bas des épaules, il sortit, gêné par la lumière du jour.

— Ne me remerciez pas, lui dit Livingston, je n'ai fait qu'obéir aux vœux de mon père. Cependant je suis heureux d'avoir participé à votre libération.

À bord du *Medway*, Charles retrouva Sally et le Violon.

Philip Livingston lui avait réservé sa cabine. Bateman profita d'un bon repas, put se laver, se raser et vêtir une tenue correcte. Sally et lui ne s'étaient pas revus depuis la convalescence de la jeune femme dans le village d'Indiens sur le Penobscot, l'hiver où elle avait perdu leur enfant.

Là-bas, Charles s'était ouvert devant elle de la proposition que lui avait faite le vieux Robert Livingston : retourner à New York et se mettre au service de la province en échange d'une amnistie. Il tut l'offre d'épouser une héritière hollandaise pour favoriser les conditions de son retour.

Lorsque Charles quitta Sally pour retourner sur son vaisseau, il avait déjà ordonné que le butin de la grotte du *Rappahannok* soit transporté à terre, prêt à être convoyé vers New York.

Il espérait qu'acheter sa grâce à coups de millions serait suffisant aux yeux des New-Yorkais

Quelques jours plus tard, Sally apprit de la bouche du Violon qui avait échappé à l'assaut du *Rappahannok*, que Charles était prisonnier des Anglais de Boston : malgré son état de santé déplorable, elle se mit en route pour New York.

Elle y retrouva le vieux Robert Livingston. L'homme, de plus en plus faible, mit son fils à contribution : il s'agissait de défendre une motion devant l'Assemblée pour blanchir Charles Bateman, comme le pirate William Kidd l'avait été vingt ans avant lui. New York était une nouvelle fois proche de la banqueroute, l'offre de remise du butin des Irlandais ouvrit la porte aux débats.

Sally et le Violon proposèrent aux autorités de rapatrier les Irlandais du Massachusetts dans leur province. Des bras et de l'argent, voilà ce qu'ils proposaient.

Robert Livingston mourut, cependant Philip ne se désengagea pas des promesses paternelles. Il envisageait désormais une élection de Bateman à l'Assemblée, ce qui lui donnerait une immunité face aux juges de Boston.

Son père et lui, bien introduits des deux côtés de l'Atlantique, avaient miné le procès de Charles en dressant les juridictions du Massachusetts et celle de Londres l'une contre l'autre. Philip gagnait du temps, accumulait des partisans, mais le compte restait court à l'Assemblée, la faute à Delancey.

Il dévoila alors à Sally l'idée première de son père qui était de lier Charles à l'héritière de la famille Cortlandt :

— Ils détiennent un tiers des sièges à l'Assemblée et au Conseil, lui dit-il. Si Charles se convertissait et épousait Flora van Cortlandt, après ce que nous avons déjà entrepris, son cas serait sauvé.

Sally demanda à voir cette fameuse Flora van Cortlandt. Lors d'une réception donnée par Lewis Morris, incognito dans les vastes salons de son manoir, elle aperçut la jeune Hollandaise de dix-huit ans, héritière la plus courtisée de la ville ; gaie, elle se jouait de ses prétendants. Robert Livingston avait passé un traité avec son père : ce dernier lui accordait un an pour convaincre Bateman de se rallier au protestantisme et d'épouser sa fille. Après quoi, il irait voir ailleurs. L'alliance d'un homme fort comme Bateman, à la barbe des héritiers, la plupart fils de ses ennemis de New York, était tout à son avantage.

Flora van Cortlandt plut à Sally. Elle était gracieuse, intelligente, mais surtout sans sentiments. Aussi calculatrice que son père, elle plaçait ses intérêts avant tout. Complexion qui, selon Sally, convenait parfaitement à ce type d'alliance.

Elle accepta de se sacrifier pour sauver Charles de la prison de Yarmouth.

Les tractations se faisant en son absence, le Violon lui servait de témoin. Celui-ci s'engagea sur les termes spécifiés pour le mariage.

Satisfait, le patriarche van Cortlandt respecta sa parole : le processus de reconnaissance de Bateman par la province de New York s'accéléra et il aboutit, après dix-huit mois et son élection, à sa libération.

Sur le *Medway*, Sally expliqua à Charles le détail de toutes ces démarches.

— Tu n'aurais pas dû, lui dit-il. Il va nous falloir vivre séparés, nous cacher.

— Mieux vaut vivre dans l'ombre que nulle part. Cette Flora van Cortlandt ne m'inquiète pas ; je sais qu'une part de toi ne me sera jamais enlevée. D'ailleurs, j'y ai veillé !

Elle et lui remontèrent sur le pont du *Medway*.

Le navire faisait voile vers New York.

Charles fut surpris de découvrir à bord l'évêque Shelby Frost, les parents de Sally, Carson et Albee Gage, mais aussi sa propre mère, la vieille Lilly Bateman, accompagnée de son second mari, John Ascott.

Maintenant que Charles Bateman était l'élu de l'Assemblée de New York et avait rompu avec son existence de pirate, le père de Sally lui dit :

— Dans ces circonstances, j'admets volontiers de t'accorder la main de ma fille !

L'évêque Shelby Frost célébra le mariage *catholique* de Charles et Sally devant leurs deux familles.

La mariée portait une belle robe rouge et blanc, l'époux avait emprunté un costume à Philip Livingston. La cérémonie se tint sur le pont supérieur. Le navire était mis en panne. Le jour était magnifique. L'équipage était rentré dans l'entrepont pour accorder plus d'intimité aux familles.

Après l'échange des vœux, émue, Lilly, âgée de soixante ans, tendit à l'évêque la bible de poche que Wight Oglethorpe leur avait offerte, à elle et à Harry, la nuit de leur mariage clandestin à Dublin. Oglethorpe avait alors écrit : « *Ce 12 juillet 1691, mariage d'Harry et Lilly Bateman, contre leur gré, mais avec la bénédiction de Dieu.* »

Sur la ligne du dessous, Shelby Frost avait plus tard rédigé : « *2 décembre 1699, dixième année du règne de Guillaume III, naissance de Charles Bateman à New York. Baptisé le 6 janvier suivant.* »

En troisième ligne : « *8 mai 1708, septième année du règne d'Anne Ire, décès d'Harry Bateman à New York.* »

Aujourd'hui, 21 novembre 1732, cinquième année du règne de George II, il inscrivit sur la ligne inférieure le mariage de Charles et Sally Bateman.

À New York, Charles devrait faire mine d'abjurer publiquement son catholicisme et épouserait, en grande pompe, Flora van Cortlandt ; mais devant Dieu, et à ses yeux, il serait à jamais l'époux véritable de Sally Gage. Il deviendrait, comme nombre de ses concitoyens restés en Irlande, ce qu'on nommait un crypto-catholique.

La nuit de leur mariage à bord du *Medway*, la comète annoncée à Boston fit enfin son apparition. Sur le pont, Sally et Charles Bateman aperçurent l'astre lumineux dans le ciel.

— Est-ce de mauvais augure ? s'inquiéta Sally.

— Si oui, c'est aux New-Yorkais qu'il est adressé, dit Charles. Crois-moi, les moyens changent, mais les objectifs restent les mêmes.

Il sourit :

— Foi de Bateman, ils ne se doutent pas de ce qui les attend en me faisant venir au beau milieu d'eux. Je ferai émigrer encore davantage d'Irlandais ; un jour, sans même qu'ils s'en soient aperçus, plus nombreux qu'eux, nous serons les nouveaux maîtres de la colonie. Ce qu'a initié le *Rappahannok*, l'Assemblée l'achèvera...

Le même soir, à Boston, indifférent aux cris poussés dans la rue à l'apparition de la comète, Aldous Humphrey rangeait ses affaires. La population était convaincue de l'imminence d'un désastre.

Fin du monde ou pas, sa famille et lui quittaient Boston et le Massachusetts le lendemain matin.

Les Muir
1732

Philip nageait en plein rêve : il voyait sur le papier « apparaître » un monde neuf, des acres de forêts de pins géants défrichés et quadrillés en lots à fertiliser, des maisons, des rues tracées en damier, pensées à la fois pour l'agriculture et pour la défense militaire des ports.

Aidé de Ken Goodrich, Philip était aux côtés d'Oglethorpe le jour où, penchés sur une carte, l'emplacement de la première ville de Géorgie fut arrêté, sur la rive sud du fleuve Savannah, non loin du village de l'ancienne tribu indienne des Yeohs.

Oglethorpe réfléchit à un nom. Il s'en entretint avec les vingt et un autres administrateurs de la colonie et leur choix se porta sur celui du fleuve qu'elle allait dominer.

Cette nuit-là, Philip et Rebecca rêvèrent de la capitale Savannah.

Le chemin de croix légal préalable à l'adoption d'une Charte coloniale par le roi George II débuta avec un mémoire déposé devant le Très Honorable Conseil Privé royal, le 17 septembre 1730.

Il ne fallut que trois semaines au Comité du commerce pour rendre son jugement. Le gouvernement, les lois, les nominations et les troupes militaires de la Géorgie resteraient sous l'autorité du roi. Les terres cédées en Amérique par la couronne le seraient au prix d'un loyer annuel de quatre shillings pour cent acres, enfin le caractère bénévole prôné par les administrateurs de la province était entériné : nul ne pouvait tirer le moindre profit des exportations, être salarié, posséder des terres, occuper des charges publiques, encore moins exiger le remboursement pour ses investissements. Leur pouvoir sur la colonie était limité à vingt et une années.

Le recrutement des premiers colons commença sitôt que le roi donna son approbation sur la Charte. Le 9 juin 1732, le Grand Sceau fut appliqué : la Géorgie existait.

Le nombre de voyageurs du premier contingent fut fixé à cent quatorze. Des milliers de candidats se précipitèrent à la porte du Bureau des administrateurs.

L'intention d'Oglethorpe de n'emmener que des insolvables libérés des prisons dut être fortement tempérée : la Charte exigeait que les hommes soient en mesure de constituer une milice militaire aguerrie, leur probité devait être exemplaire, les prétendants à la colonie ne pouvaient plus avoir de dette en suspens, enfin preuve devait être faite de leur état de chômage ; s'ils possédaient la moindre activité lucrative en Angleterre, ou si leur famille était susceptible de subvenir à leurs besoins, leur dossier d'inscription était systématiquement rejeté.

Philip et Rebecca, les deux premiers noms inscrits comme habitants effectifs de Savannah, participèrent aux enquêtes de vérification qui allaient aboutir à une liste finale de quarante familles.

Ce furent eux qui accueillirent un Italien de vingt-six ans, nommé Guido Maltesere, colon proposé par le tisseur Thomas Lombe pour superviser à Savannah le lancement de l'élevage du ver à soie.

Guido Maltesere devint le troisième citoyen géorgien officiellement reconnu après Philip et Rebecca Muir.

La Géorgie respectait sa vocation de colonie charitable : les colons étaient entièrement pris en charge. À son arrivée sur la province, chacun se verrait attribuer cinquante acres de terre, ainsi que l'équipement et les instruments de première nécessité (un mousquet avec une baïonnette, un marteau, une hachette et une scie, une bêche et deux pioches, un foret, un pot de fer, une paire de crémaillères et une poêle à frire). La colonie pourvoirait à leur nourriture (par habitant et par an : trois cents livres de viande, cent quatorze livres de riz, de farine et de pois, quarante-quatre gallons de bière, dix-huit livres de sucre, soixante-quatre litres de mélasse, trente livres de sel, douze litres de savon et d'huile à brûler). Pour les candidats au voyage, qui mouraient de faim en Angleterre, la Géorgie était la Terre promise !

James Oglethorpe étonna l'opinion en annonçant qu'il se joindrait aux premiers colons. La tradition voulait que les administrateurs des colonies restassent à Londres, seul vrai centre de décision ; mais Oglethorpe voulait superviser la première implantation de sa colonie. La dimension aventureuse séduisait cet ancien officier qui avait passé sa jeunesse sur les champs de bataille d'Europe.

Les hommes des quarante familles élues subirent un entraînement militaire intensif.

Philip apprit à tirer au mousquet, à manier la baïonnette et l'épée, et à réagir en cas de siège.

Rebecca, avec les autres femmes et les enfants, fut instruite des rudiments de l'élevage du ver à soie.

Le 23 octobre 1732, la centaine de passagers se réunit dans les locaux londoniens de la Société de la Géorgie, en présence des vingt-deux administrateurs de la colonie.

Oglethorpe leur signifia les termes définitifs de leur engagement. Ils devaient signer une convention les liant pour trois années minimum aux lois édictées par la Charte royale et au gouvernement de la Géorgie.

En Géorgie, la propriété serait abolie, les bénéfices de la province seraient mis en commun et également répartis entre tous, les colons profiteraient de parcelles de terre rigoureusement identiques, ce qui empêcherait la spéculation immobilière ; pour ne pas encourager la paresse l'esclavage y serait formellement interdit (au contraire des douze autres colonies anglaises d'Amérique), et les alcools forts prohibés.

Du travail pour tous, pas de riches, pas de pauvres, pas de propriétaires, pas de domestiques.

Oglethorpe et ses associés avaient observé tout ce qui, selon eux, n'allait pas dans la société anglaise contemporaine et en exemptèrent leur colonie. Leur but n'était pas d'offrir un nouveau départ aux habitants de la Géorgie, ils voulaient créer les conditions de leur bonheur.

À l'énoncé de ces lois, quatre des candidats au départ annoncèrent qu'ils renonçaient. Quatre autres protestèrent contre le système qui leur refusait la propriété de la parcelle de terre qu'ils allaient amender.

Ils furent remplacés.

Le départ était prévu à la mi-novembre, au port de Gravesend, sur la Tamise. Le bateau réquisitionné se nommait le *Ann*, un galion de deux cents tonneaux commandé par le capitaine Thomas.

Philip et Rebecca firent leurs adieux à Ken et Marcia Goodrich et à Conrad et Edith Standish.

Ken Goodrich, qui avait refusé de retourner sur les rives du Savannah, leur donna de précieux conseils, à la fois triste et heureux de voir partir ses deux protégés. Sa femme Marcia ne cessait de pleurer ; elle avait confectionné pour le couple tous les vêtements nécessaires à leur vie en Géorgie.

Les Goodrich sollicitèrent cependant une faveur :

— Sur l'île de Tomoguichi, vous trouverez la tombe d'un chef indien, le grand Squambô, chef des Yeohs et père de Kitgui. C'est nous qui l'avions consolidée. Veillez sur elle, s'il vous plaît.

Philip et Rebecca en firent le serment solennel.

Le père de Rebecca, Conrad Standish, qui avait jusque-là fait mine de ne pas pardonner à sa fille son mariage avec Philip, se laissa gagner par l'émotion. À la surprise de tous, il leur remit les quatre-vingts livres qu'il gardait en secret depuis toutes ces années passées à la Fleet.

— L'argent ne sera pas nécessaire en Géorgie, protesta Rebecca qui voulait que cette somme restât à ses parents. Tout sera pris en charge par la colonie !

Standish haussa les épaules :

— J'attends de voir, dit-il. Je ne crois pas aux contes bleus, moi.

Edith eut une pensée émue pour son amie Shannon. Un ultime recueillement eut lieu dans la cour de la Fleet.

Le 6 novembre, Philip et Rebecca rejoignaient Gravesend et montaient à bord du *Ann*.

L'atmosphère y était indéfinissable ; certains des passagers redoutaient la traversée en mer plus que tous les récits d'attaques d'Indiens ou de colons morts de faim. D'autres, séduits par l'utopie, exultaient et se croyaient marchant sur les pas des Hébreux. Philip était de ceux-là.

— Notre entreprise s'accorde davantage avec l'exemple des Romains. Nous ne cherchons pas de nouvelles terres où pouvoir adorer un dieu : nous étendons l'empire anglais.

L'homme qui venait de contredire Philip avait vingt-six ans, le cheveu et les yeux très sombres, la peau mate : Guido Maltesere, l'expert italien de la sériciculture.

Il était accoudé au bastingage et fumait du tabac.

— Vous voyagez seul, à ce que je vois, lui dit Philip.

— J'ai une femme et un fils qui vont m'attendre à Liverpool.

— Vous ne comptez pas demeurer à Savannah ?

— Je le déciderai quand Savannah existera.

Philip s'esclaffa :

— Vous dites cela comme si vous en doutiez...

Guide sourit à son tour, tout en hochant la tête :

— Je croirai ce que je saurai.

Il fit un signe de la main pour englober tous les colons.

— Serais-je le seul à m'étonner que pas un des passagers n'ait jamais mis le pied sur les terres sauvages dont on nous parle avec tant de ferveur ? À moi on annonce le paradis de la soie ; et pour m'en convaincre, j'ai droit à un vulgaire croquis de mûrier d'un certain Lamar qui m'a l'air botaniste comme je suis acteur dans la troupe du Roi. Je te le dis : j'attends de voir.

Philip aima le franc-parler de l'Italien.

Ils fraternisèrent tout de suite.

Le dernier dimanche avant le départ, le révérend Herbert fit un grand sermon aux partants. L'homme de Dieu était si sensible au caractère exceptionnel de l'entreprise, qu'il avait demandé à être du *Ann*, à ses frais.

Le jeudi, sept administrateurs de la Société de Géorgie vinrent de Londres assister à la dernière réunion présidée par Oglethorpe à bord du *Ann*.

Le 17 au matin, à neuf heures, l'ancre fut levée ; quatre-vingts jours de mer attendaient Philip et Rebecca Muir, de Gravesend jusqu'à Beaufort en Caroline du Sud, première étape avant l'entrée aventureuse sur les eaux cuivrées du Savannah.

Trois jours plus tard, après une courte escale à Deal et à Douvre, Philip et Rebecca, debout sur le pont supérieur, virent disparaître à l'horizon les derniers reliefs de terre du Vieux Continent :

— Tu rêvais du soleil de la Grèce ou de l'Italie, il faudra te contenter des Tropiques, plaisanta Philip.

— Si ce n'était que cela !

— Tu as peur de ce qui nous attend ?

— Non. J'ai confiance en toi.

Elle désigna Oglethorpe.

— Et en lui.

Très vite, le parlementaire s'avéra être un organisateur hors pair et un excellent donneur d'ordres. Sa présence rassura les passagers pendant le cap critique des premières heures sur les flots.

La deuxième nuit de pleine mer, un matelot héla tout le monde sur le pont.

Un trait blanc et intense était apparu dans le ciel.

— Une comète !

Cette apparition inattendue fut diversement accueillie par les passagers et les membres d'équipage.

— Sans doute nous indique-t-elle la voie à suivre ? dit Philip en prenant Rebecca entre ses bras. Je veux croire qu'il s'agit d'un heureux présage.

Pour l'heure, rien ne pouvait entamer son bonheur et sa confiance en l'avenir.

Elle et lui étaient prêts à tout.

À Londres, le vieil Augustus Muir gisait sur son lit, malade, presque agonisant. Sa seule joie ces derniers temps avait été d'assister au retour en Angleterre de son précieux *Rappahannok*. Depuis lors, il s'affaiblissait inexorablement. Son fils Clemens lui parla du passage de la comète. Ne pouvant se lever, Augustus devina seulement sa lueur à travers une des fenêtres.

Qu'importait la comète, il y avait longtemps que tout était pour lui annonciateur de désastre.

La nuit, il fit d'horribles cauchemars, à demi éveillé : il lui semblait voir flotter les ombres des Monroe et de Shannon Glasby venues pour l'expédier chez les morts ; des combles du palais, il croyait entendre descendre le rire de chouette de sa vieille femme Tracy qui fêtait ses derniers moments…

À Clerkenwell, les Goodrich profitaient du spectacle céleste sur le toit de la Tunique Rouge. Ils se souvinrent dans leur prière de Squambô, d'Impatiemment-Attendu et de Fracas-du-Tonnerre, récitant à voix basse, en langue muskogee. À eux deux, ils étaient tout ce qui subsistait dans le monde de la tribu disparue des Yeohs : deux marchands, dans un quartier londonien populeux.

La même nuit, aux environs de Dumfries, ville du sud de l'Écosse, la famille Faiveley assistait, comme tout le royaume, à l'apparition de la comète.

Ce soir-là, Jack et Clara Faiveley accueillaient aussi la naissance de leur première enfant.

Le mari demanda à son épouse de lui choisir un prénom.

— Amanda. Amanda Faiveley ! dit-elle convaincue. C'est joli.

Le père acquiesça et porta sa fille près de la fenêtre.

— Est-il heureux de naître la nuit d'un tel événement ?

— Oui, répondit sa femme. Amanda aura une longue et belle vie. Tu verras. Le monde le verra.

À paraître

AMERICA

TOME 2

La Main rouge

Bibliographie

Ashton, John, *The Fleet, its River, Prison & Marriages*, T. Fisher Unwin, 1899.
Bardon, Jonathan, *A History of Ulster*, Blackstaff Press, 2005.
Barra Foundation, *Philadelphia a 300-Year History*, W. W. Norton & Company, 1982.
Blethen, H. Tyler & Wood Jr., Curtis W., *From Ulster to Carolina : The Migration of the Scotch-Irish to South-western North Carolina*, North Carolina Office of Archives and History, 1998.
Boulton, William B., *The Amusements of Old London*, Vol. 1, John C. Nimmo, London, 1901.
Bridenbaugh, Carl, *Cities in the Wilderness, the First Century of Urban Life in America 1625-1742*, Oxford University Press, 1971.
Brown, William, *The Fleet : A Brief Account of the Prison Called « The Fleet », in the City of London, The Liberty of The Rules ; Ancient Fleet Marriages, etc. Also, Remarks on the Origine and System of Emprisonment For Debt in This and Other Countries*, Henry Wix, London, 1843.
Bruce, Henry, *Life of General Oglethorpe*, Dodd, Mead & Cie, New York.
Burrows, Edwing G. & Wallace Mike, *Gotham, A History of New York City to 1898*, Oxford University Press, 1999.

Cashin, Edward J., *Guardians of the Valley, Chickasaws in Colonial South Carolina & Georgia*, The University of South Carolina Press, Columbia, 2009.

Clark, Dennis, *The Irish in Philadelphia : Ten Generations of Urban Experience*, Temple University Press, 1973.

Cobbett's Parliamentary History of England from the Norman Conquest to the Year 1803, Vol. 8, T. C. Hansard, London, 1811.

Coleman, Kenneth, *A History of Georgia*, The University of Georgia Press, Athens, Georgia, 1991.

Cooper, Harriet C., *James Oglethorpe the Founder of Georgia*, D. Appleton & Co., New York, 1904.

Crane, Verner, *The Southern Frontier 1670-1732*, University of Michigan Press, 1929.

Fraser Jr, Walter J., *Savannah in the Old South*, University of Georgia Press, Athens, 2003.

Garrison, Web, *Oglethorpe's Folly, the Birth of Georgia*, Copple House Books, Lakemont Georgia, 1982.

Gober Temple, Sarah & Coleman, Kenneth, *Georgia Journeys*, University of Georgia Press, 1961.

Hare, Augustus J. C., *Walks in London*, George Allen, London, 1901.

Hatsell, John, *Precedents of Proceedings in the House of Commons*, Vol. 4, Luke Hansard & Son, London, 1818.

Hawke, David Freeman, *Everyday Life in Early America*, Harper & Row, 1988.

Howell, T. B., *A Complete Collection of State Trials*, Vol. 17, T. C. Hansard, London, 1816.

Hudson, Charles M., *The Southeastern Indians*, University of Tennessee Press, Knowville, 2007.

Irving, Washington (alias Knickerbocker, Diedrick), *Histoire de New York depuis le commencement du monde jusqu'à la fin de la domination hollandaise*, 2 volumes, A. Sautelet & Cie, Libraires, Paris, 1827.

Jones, Charles C., *The History of Georgia, Vol. 1, Aboriginal & Colonial Epochs*, Houghton, Mifflin ans Company, New York, 1883.

Kammen, Michael, *Colonial New York ; a History*, Oxford University Press, 1975.

L'Abbé Prévost, *Voyage du capitaine Robert Lade, en différentes parties de l'Afrique, de l'Asie et de l'Amérique contenant l'histoire de la fortune & des observations sur les Colonies & le commerce des Espagnols, des Anglais, des Hollandais, etc.*, Amsterdam, 1784.

Maness, Harold S., *Forgotten Outpost, Fort Moore & Savannah Town 1685-1765*, BPB Publications, 1986.

Mason Harris, Thaddeus, *Biographical Memorials of James Oglethorpe Founder of the Colony of Georgia in North America*, Boston, 1841.

Matson, Cathy, *Merchants & Empire, Trading in Colonial New York*, The John Hopkins University Press, Baltimore, 1998.

McCain, James Ross, *Georgia as a Proprietary Province, the Execution of a Trust*, Richard G. Badger, Boston.

Miller, John, *A Description of the Province and City of New York*, William Gowans, New York, 1862.

Miller, John, *New York Considered & Improved, 1695*, The Burrown Brothers Company, Cleveland, 1903.

Philibrick, Nathaniel, *Le Mayflower : l'odyssée des Pères pèlerins et la naissance de l'Amérique*, J. C. Lattès, 2009.

Purry, Jean-Pierre, *Memorial of Jean-Pierre Purry in Behalf of the Colonization of South Carolina*, London, 1724.

Ramsey, William L., *The Yamasee War, a Study of Culture, Economy and Conflict in the Colonial South*, University of Nebraska Press, Lincoln & London, 2008.

Russel, Preston & Hines, Barbara, *Savannah a History of her People Since 1733*, Frederic C. Beil Publisher, Georgia, 1992.

Scharf, J. Thomas, *History of Delaware*, Vol. 1, L.J. Richards & Co, Philadelphia, 1888.

Steele, William O., *Henry Woodward of Carolina, Surgeon, Trader, Indian Chief*, Sandlapper, 2008.

Stevens, William Bacon, *A History of Georgia from its First Discovery by Europeans to the Adoption of the Present Constitution*, Vol. 1, D. Appleton & Co., New York, 1847.

Stokes, Thomas L., *The Savannah*, University of Georgia Press, Athens, 1982.

Sweet, Julie Anne, *Negotiating Georgia, British-Creek Relations in the Trustee Era, 1733-1752*, University of Georgia Press, Athens, 2005.

Taylor, Alan, *American Colonies : the Settling of North America*, Penguin Books, 2001.

Thomas, Gabriel, *An Account of Pennsylvania & West New Jersey*, The Burrows Brothers Company, 1903.

Todd, Helen, *Tomochichi, Indian Friend of the Georgia Colony*, Cherockee Publishing Company, Atlanta, 1977.

Wilbur, C. Keith, *Home Building & Woodworking in Colonial America*, The Globe Pequot Press, 1922.

Wright, Robert, *A Memoir of General James Oglethorpe one of the Earliest Reformers of Prison Discipline in England and the Founder of Georgia in America*, Chapman & Hall, London, 1867.

Table

DU MÊME AUTEUR

ROMANS

Pardonnez nos offenses, XO Éditions, 2002.
L'Éclat de Dieu, XO Éditions, 2004.
Personne n'y échappera, XO Éditions, 2006.
Délivrez-nous du mal, XO Éditions, 2008.
Quitte Rome ou meurs, XO Éditions, 2009.

CONTES

Une seconde avant Noël, XO Éditions, 2005.
Sauver Noël, XO Éditions, 2006.
L'Arche de Noël, XO Éditions, 2008.

TRADUCTION

Fitzgerald, père et fille : Lots of love, correspondance inédite, Bernard Pascuito éditeur, 2008.

Composé par Nord Compo Multimédia
7, rue de Fives, 59650 Villeneuve-d'Ascq

Cet ouvrage a été imprimé en France par

CPI
BUSSIÈRE

à Saint-Amand-Montrond (Cher)
en août 2010

N° d'édition : 1771/01 – N° d'impression : 102255/4
Dépôt légal : septembre 2010